Domenico Gisberti

Die Reise der durchlauchtigsten kurfürstlichen Familie von Bayern nach Salzburg anno 1670

Übersetzt, kommentiert und mit einer Einleitung versehen von
Irene Schrattenecker

Schriftenreihe des Salzburg Museum · Band 18

a Massimo

Domenico Gisberti

Die Reise der durchlauchtigsten kurfürstlichen Familie von Bayern nach Salzburg anno 1670

Übersetzt, kommentiert und mit einer Einleitung versehen von
Irene Schrattenecker

Herausgegeben vom Salzburg Museum
Mitherausgeber: Kulturelle Sonderprojekte „Schatzkammer Salzburg"

Herausgegeben vom Salzburg Museum
Mitherausgeber: Kulturelle Sonderprojekte „Schatzkammer Salzburg"

Lektorat, Redaktion, Gestaltung und Satz:
Peter Laub

Repro-Fotografien:
Peter Laub, Rupert Poschacher

Herstellung:
Druckerei Roser Ges.m.b.H. & Co. KG, Salzburg

ISBN 978-3-900088-23-1

Mozartplatz 1 · 5010 Salzburg
office@salzburgmuseum.at · www.salzburgmuseum.at

Für den Inhalt verantwortlich ist Irene Schrattenecker

Printed in Austria

In diesem Band wurden die alten Rechschreibregeln angewendet.

SALZBURG MUSEUM

Schatzkammer Land Salzburg Kulturelle Sonderprojekte

Bibliografische Information Der Deutschen Bibliothek:
Die Deutsche Bibliothek verzeichnet diese Publikation in der Deutschen Nationalbibliografie;
detaillierte bibliografische Daten sind im Internet über http://dnb.ddb.de abrufbar.

Abbildung Umschlag: Johann Anton Eismann: Blick über die Salzach auf die Stadt Salzburg, um 1660 (Ausschnitt).
Öl auf Leinwand. Salzburg Museum, Inv.-Nr. 1150/96 (s. Abb. S. 84/85)

Inhalt

Einleitung

Aufbruch

München, 18. August 1670, 9 Uhr morgens. Das Isar-Tor öffnet sich und gibt einer eindrucksvollen Reisegesellschaft den Weg Richtung Osten frei. Schwere Kutschen mit dem kurfürstlichen Emblem, Reiter auf festlich aufgezäumten Pferden, Lakaien in bunt betreßten Livreen, ein Dutzend Trompeter, Rüstwagen, vollbeladen mit Zelten, Tischen und Stühlen, Wäsche und Musikinstrumenten, Geschirr, Silberzeug, Gläsern, Besteck und köstlichsten Speisen, bilden den Zug. Eine neugierig gaffende Menschenmenge drängt sich bewundernd um das Schauspiel grandioser Prachtentfaltung eines mächtigen Fürsten.

Der bayerische Kurfürst Ferdinand Maria ist der barocke Herrscher, der hier mit seiner Gemahlin, der piemontesischen Herzogin Henriette Adelaide, mit seiner Tochter, der gerade zehnjährigen Maria Anna Christine, und dem zwei Jahre jüngeren Kurprinzen Maximilian Emanuel zu einer Reise mit großem Hofstaat aufbricht. Die kurfürstliche Familie will Fürsterzbischof Max Gandolph von Kuenburg im benachbarten Salzburg die Ehre eines Besuches erweisen.

Salzburg und Bayern um 1670

Als Pufferstaat zwischen dem mächtigen habsburgischen Österreich und Bayern, das im Heiligen Römischen Reich Deutscher Nation eine bedeutende Rolle spielte, hatte es Salzburg manchmal recht schwer, seine Interessen zu wahren. Die Beziehungen zwischen Bayern und Salzburg waren häufig getrübt, das Salz gab oft Anlaß zu ernsten Auseinandersetzungen. Aber in diesem Jahr, 1670, war die Lage entspannt, und man wollte sich gegenseitig mit Staatsbesuchen der Freundschaft versichern. Der Gegenbesuch Max Gandolphs in München fand im Sommer des darauffolgenden Jahres statt. Am 20. Juli 1671 reiste er mit ungefähr 300 Personen und ebensovielen Pferden nach München, wo er wie ein König empfangen wurde und in den achtzehn Tagen seines Aufenthaltes eine Lustbarkeit nach der anderen geboten bekam.

Trotz dieser Bezeugungen der gegenseitigen Wertschätzung mußte man in Salzburg schon 1674 befürchten, daß die Bayern im Zuge der Kriegshandlungen zwischen Frankreich und dem Kaiser in das Land einfallen und Salzburg besetzen würden[1]. Der Fürsterzbischof ließ deshalb die Befestigungsanlagen in und um die Stadt ausbessern, die Artilleriestücke in brauchbaren Stand setzen und die Berge mit der Landmiliz besetzen. Man war entschlossen, im Falle des Falles ernsthaften Widerstand zu leisten[2]. Gottlob waren diese Vorsichtsmaßnahmen dann doch überflüssig.

Eine Fürstenreise anno 1670

Wenn im Zeitalter des Barock Fürsten reisten, so war mit ihnen – sofern sie nicht unerkannt und unbehelligt reisen wollten – ein großes Gefolge von Personen aller Stände unterwegs. Nicht weniger als 500 Personen umfaßte der Reisezug des Kurfürsten nach Salzburg[3], und es ist anzunehmen, daß sich in der Begleitung von Ferdinand Maria außer den bereits erwähnten Trompetern u.a. auch adelige Damen und Herren, Edelknaben, Lakaien, Kammerfrauen, Leibärzte, Apotheker, Beichtväter, Köche, Teller- und Silberwäscher, Bratspießdreher, Geflügelputzer, Zuckerbäcker, Kellermeister, Männer zum Errichten der Laubhütten und Küchenzelte, Barbiere, Friseure, Pferdeknechte und Einspänner befanden. Sicher waren auch mehrere Akademiker mit im Gefolge, und einer davon hatte die Aufgabe, von der Reise einen Bericht zu verfassen und in geeigneter Form zur Drucklegung vorzubereiten. Von ihm wird an späterer Stelle noch eingehend die Rede sein.

Das Münchener Kurfürstenpaar

Ferdinand Maria, ältester Sohn des Kurfürsten Maximilian I. aus dessen zweiter Ehe mit Erzherzogin Maria Anna, der Tochter Kaiser Ferdinands III.[4], war prachtliebend und schätzte die Genüsse fürstlichen Lebens, obwohl er am Münchener Hof durchaus nicht verwöhnt worden war. Dort hatten in den letzten Lebensjahren des greisen, gebrechlichen Maximilian Einfachheit und Sparsamkeit, eisernes Pflichtgefühl und strenge Sitten geherrscht. Schließlich befand man sich damals, in den 40er Jahren des 17. Jahrhunderts, noch mitten im Dreißigjährigen Krieg. Einzig Prozessionen und Litaneien zu Ehren der Heiligen, das Fischen und die Jagd – eine der beliebtesten Beschäftigungen des Münchener Hofes – boten Gelegenheit, der verordneten Langeweile zu entrinnen.

Ferdinands Erzieher hatten die Vorschrift, den Kurprinzen und seinen Bruder Max Philipp in geistes- und naturwissenschaftlichen Fächern zu unterrichten, daneben sollten sie aber auch handwerkliche Tätigkeiten erlernen. Ferdinand Maria fand besonderen Gefallen am Drechseln von Elfenbein. Mathematische und feinmechanische Geräte scheinen den jungen Kurprinzen mehr interessiert zu haben als das Studieren über Büchern[5]. Überdies lernte er das Spiel auf Orgel, Spinett und Theorbe[6]. Daß die Prinzen in sportlichen Disziplinen wie Reiten, Schwimmen und Scheibenschießen sowie im „Pallonenspiel“[7] unterrichtet wurden, versteht sich sozusagen von selbst, ebenso, daß sie mit den Regeln der Jagd bereits früh vertraut gemacht wurden. Die Prinzen besaßen schon als Knaben eigene Hunde, Pirschrohre, Waidtaschen, Pistolen und Hirschfänger[8].

Als der bayerische Kurprinz im Dezember 1650 per procurationem mit der gleichaltrigen savoyischen Herzogstochter Henriette Adelaide[9] verheiratet wurde, war er ein in sich gekehrter Jüngling, der von der Pflege seiner äußeren Erscheinung nicht viel wissen wollte, geschweige denn von gerader Haltung und gravitätischen Tanzschritten[10]. Das mußte sich ändern, sollte die Verbindung mit der verwöhnten, an ein buntes Hofleben, rauschende Feste und den Umgang mit charmanten piemontesischen Kavalieren gewöhnte Prinzessin nicht gänzlich unglücklich werden. Ein piemontesischer „ballarino“ wurde gefunden, der die Münchener Prinzen, Hofdamen und Pagen lehrte, sich im Tanze elegant zu bewegen[11]. Außerdem bemühte man sich in München, augenscheinlich vorzuführen, daß man es verstand, Feste zu feiern. Ein Opernhaus und ein Turnierhaus sollten entstehen, Musiker und Sänger aus Italien sollten den bayerischen beigesellt werden, und zum Auftakt wurde am 12. Feber 1651 gleich einmal die Heirat der beiden blutjungen Fürstenkinder zum Anlaß genommen, ein großes Fest zu veranstalten, das den vorangegangenen Feierlichkeiten in Turin den Rang ablaufen sollte. Bei dieser Gelegenheit kam es zur ersten Aufführung einer italienischen Oper in München, einer Comoedia in musica zu Ehren der piemontesischen Braut, deren Bild am Ende auf einem Triumphwagen zu bewundern war. Jacopo Porro schrieb die Musik zu dieser Herkules-Oper, in der die beiden Herrscherhäuser der Brautleute verherrlicht wurden.

Persönlich vor den Traualtar traten Ferdinand Maria und Henriette Adelaide dann am 25. Juni 1652, da hatte der Bräutigam schon das Erbe seines Vaters als Kurfürst angetreten.

Maximilian I. war 1651 gestorben, und der blutjunge Ferdinand Maria kam an die Regierung, zunächst unter der Vormundschaft seiner überaus tatkräftigen und willensstarken Mutter[12]. Der grausam wütende Dreißigjährige Krieg war drei Jahre zuvor beendet worden, die Wunden, die er dem Reich geschlagen hatte, waren noch längst nicht vernarbt, noch einige Jahrzehnte sollte es sich wirtschaftlich und politisch nicht erholen. Die Bevölkerung war um ein Drittel, in manchen Gegenden sogar um bis zu drei Viertel vermindert worden, war verarmt, kulturell verfallen. Der junge Kurfürst bemühte sich, Verschuldung, Ruin und Verödung zu beseitigen und seinem Land wieder auf die Beine zu helfen[13], indem er den Bauern die Abgaben ermäßigte, die ausgemusterten Reitpferde verteilen ließ, Verwaltung und Heer reformierte. Mit Österreich schloß er 1658 einen Zollvertrag, das verhalf Handel und Industrie zu rascherem Aufschwung. Durch die Stadt- und Marktordnung von 1670 dämmte er den um sich greifenden Nepotismus ein, und dem uferlosen Wachstum des geistlichen Besitzes gebot er durch die Pragmatik von 1672 Einhalt. Gleichwohl tat der bei den Jesuiten streng im Sinne der Gegenreformation Erzogene – nicht zuletzt unter dem Einfluß seiner katholisch-frommen Gemahlin – auch viel für die katholische Kirche: Karmeliten, Theatiner, Salesianerinnen und Ursulinerinnen konnten sich über Klostergründungen in München und Landshut freuen, und die 1556 säkularisierten oberpfälzischen Klöster ließ er wiederherstellen.

1657 war ihm die Kaiserkrone so gut wie sicher, aber obwohl Kurfürstin Henriette Adelaide all ihre List und Phantasie aufgeboten hatte, um ihren ehrgeizigen Traum verwirklicht und ihren Gemahl und sich selbst auf dem Kaiserthron zu sehen, verzichtete Ferdinand Maria schlußendlich auf seine Kandidatur. Nicht aus Zuneigung für den habsburgischen Erzherzog Leopold, der dann zum Kaiser gekrönt wurde, oh nein, sondern weil mit dem Kaisertum hohe Auslagen verbunden gewesen wären und die Kaiserkrone eine wachsende Gefahr für sein Stammland bedeutet hätte.

Der bayerische Kurfürst war nicht Mitglied des Rheinbundes von 1658 geworden, den der Mainzer Kurfürst Johann Philipp von Schönborn gegründet hatte, um auf Kosten des Kaisers den französisch-spanischen Streit zu beenden[14]. Ferdinand Marias Interesse war es stets, die deutschen Staaten aus den Zwistigkeiten zwischen den Bourbonen und den Habsburgern herauszuhalten. Die zentralistischen und absolutistischen Bemühungen Kaiser Leopolds I. gefielen ihm gar nicht, und er bekämpfte sie, indem er 1670 mit Frankreich einen Subsidienvertrag schloß. Sollten die Habsburger in Wien oder in Madrid aussterben, so galt es, kurbayerische und französische Erbansprüche auf österreichische Gebiete zu erheben. Der Reichskrieg konnte schließlich doch nicht verhindert werden, zu stark waren die Interessen der Bourbonen und Habsburger. Zu militärischen Maßnahmen war Ferdinand Maria aber keinesfalls zu bewegen, nicht einmal von Henriette Adelaide, die für den französischen Monarchen unvermindert starke Sympathie empfand. Kurbayern blieb neutral. Ferdinand Maria unterstützte stattdessen mit Nachdruck schwedische Bemühungen, die auf einen Friedenskongreß abzielten. Durch beträchtliches Verhandlungsgeschick und seinen Willen, als Friedensstifter in die Geschichte einzugehen, gelang es Ferdinand Maria, alle Beteiligten so weit zu bringen, daß sie den Vertrag von Nymwegen unterschrieben. Nicht viel wünschte der bayerische Kurfürst für seine Vermittlungsdienste: Er wollte nichts weiter als die würdige Erwähnung seines Namens in der Präambel des Vertrages. Aber im einleitenden Text war dann doch nicht die Rede von ihm. Und sensibel wie er war, verwand Ferdinand Maria diese Kränkung nicht, fühlte sich gedemütigt, eine Zielscheibe des Witzes, wie der französische Sondergesandte Kardinal d'Estrées in München in einem Brief berichtete. Zudem vergällte ihm ein Leistenbruch die letzten Lebensjahre. Und sein Gemütszustand änderte sich auch nicht mehr bis zu seinem Tod am 26. Mai 1679[15].

Die Nachwelt hat Ferdinand Maria widersprüchlich beurteilt. Ein klarer Rechner und nüchterner Realist sei er gewesen, meinen die einen[16]. Ihm sei in jungen Jahren nicht sehr viel Weltkenntnis zuteil geworden, habe er doch erst 1667 seine erste größere Reise gemacht[17]. Der schärfste Kritiker urteilt gar, er sei der einzige langweilige Herrscher, der Bayern regiert habe. Sein Trübsinn sei die einzige außerordentliche Eigenschaft, die man an ihm feststellen könne, und es habe nicht eben vieler besonderer Gaben bedurft, Ferdinand Maria an Verstand und Energie zu übertreffen[18]. Von Zeitgenossen wurde er allerdings dankbar als „Vater des Vaterlandes und des Friedens" bezeichnet[19], denn die fast dreißig Jahre seiner Regierung wurden eine auf vielen Gebieten fruchtbare

Kurfürst Ferdinand Maria von Bayern, 1662. Kupferstich. München, Bayerisches Hauptstaatsarchiv – Geheimes Hausarchiv

Melchior Küsell: Kurfürstin Henriette Adelaide von Bayern, 1667? Kupferstich. Staatliche Graphische Sammlung München, Inv.-Nr. 246 523 D

Sebastiano Bombelli: Max Emanuel II. und Maria Anna von Bayern als Kinder. Öl auf Leinwand. München, Bayerische Staatsgemäldesammlungen, Inv.-Nr. 7502

Friedenszeit. Und das ist doch heroisch anmutenden Kriegstaten und ehrgeizigem Streben nach Einfluß und Würden bei weitem vorzuziehen, so meinen wir jedenfalls!

Kurfürstin Henriette Adelaide war eine Prinzessin aus dem Hause Savoyen-Piemont, die jüngste Tochter des Herzogs Vittorio Amedeo I. und der Christine de Bourbon, der Schwester Ludwigs XIII.[20]. Christine war eine Frau von lebhaftem Geist und großem Ehrgeiz[21] und mit der Tochter, die am 6. November 1636 zur Welt gekommen und auf die Namen Henriette Maria Adelaide getauft worden war[22], hatte sie Großes vor: Sie sollte die Frau Ludwigs XIV. von Frankreich werden.

Henriette Adelaide war intelligent, anmutig, lebhaft, hatte ein fröhliches Wesen und eine wunderhübsche Gestalt. Wie ihre Mutter war sie ehrgeizig und eine ausgesprochen starke Persönlichkeit. Als Sechsjährige war sie in Chambéry zu den Schwestern des Annunziatenordens gegeben worden, wo sie die französische Sprache in Wort und Schrift erlernte[23] und nachhaltig zur Frömmigkeit erzogen wurde. Später erhielt sie in Turin hauptsächlich Unterricht in Latein, Kosmographie, im Spielen von Harfe, Gitarre, Laute und Spinett. Im Gegensatz zu Ferdinand Maria war sie in einer Umgebung des Luxus und des Überflusses aufgewachsen und sehr verwöhnt.

Erst als die lang gehegte Hoffnung der Herzogin Christine, ihre jüngste Tochter mit dem französischen Thronfolger vermählt zu sehen, sich in Luft auflöste, erklärte sie sich damit einverstanden, sie mit dem bayerischen Kurprinzen zu verheiraten.

Von ihrer Mutter bekam Henriette Adelaide die Ermahnung mit auf den Weg ins neue Leben, sich die Liebe und Zuneigung ihres Gemahls zu erwerben und um deren Erhalt bemüht zu sein. Außerdem sollte sie danach trachten, von ihrer Schwiegermutter geliebt und geachtet zu werden. Aber Henriette Adelaide wagte es sogar, sich in manchen Belangen der überstarken Maria Anna zu widersetzen und scheute auch böse Auftritte nicht[24]. Aus ihrer Heimat hatte sie eine Schar Piemontesen mitgebracht, aber in München war man bemüht, sie von ihrem italienischen Gefolge, so es ging, fernzuhalten.

Glücklich war Henriette Adelaide in München, wo es in den langen Wintermonaten so unwirtlich war, nicht. Ihr Trost war der Briefwechsel mit ihrer Familie, waren Musik und religiöse Übungen. Und sie begann in aller Heimlichkeit, hinter den Kulissen Politik zu treiben. Nicht im Sinne ihrer Schwiegermutter und des Hauses Habsburg, nein. Maria Anna hatte sie immer von den Geschäften ferngehalten, sie zurückgesetzt und damit ihren Ehrgeiz und ihren Stolz verletzt. Als Mazarin, der gut über die Charaktereigenschaften und die Machtverhältnisse am bayerischen Hof informiert war, nach dem Tod des Kaisersohnes Ferdinand im Jahr 1653 eine Möglichkeit ausklügelte, wie die frankophile Henriette Adelaide geheime Botschaften nach Paris schicken konnte, war sie sogleich Feuer und Flamme. Sie tat fortan alles ihr Mögliche, die Macht der Habsburger zu schwächen und Ferdinand Maria zu den höchsten weltlichen Würden aufsteigen zu sehen. Doch vergeblich, wie wir wissen. Der bayerische Hof blieb bis auf weiteres seiner habsburgerfreundlichen Politik treu.

Erst nach der Geburt ihres lang ersehnten ersten Kindes, der gutherzigen Prinzessin Maria Anna Christine am 17. November 1660[25], und besonders nachdem sie am 11. Juli 1662 dem Kurprinzen Maximilian Emanuel das Leben geschenkt hatte[26], wurde die junge Kurfürstin ruhiger und zufriedener, wurde ihre Position am Hof stärker, ja, sie wurde der eigentliche Mittelpunkt der Hofgesellschaft. Unumschränkte Herrscherin war sie im Reich der Musen, wo sie ihre Begabungen und die Vielseitigkeit ihres Wesens entfalten konnte.

Pracht und Glanz des Münchener Hofes

Das Kultur- und Bildungsideal der Zeit war italienisch bestimmt. Umso lieber ließ Ferdinand Maria, der seiner mit ihrem südländischen Temperament ihm so wesensfremden Gattin in Zuneigung herzlich verbunden war, ihr in den Belangen von Kunst und Kultur freie Hand. Und unter Henriette Adelaides Führung schuf sich das bayerische Kurfürstenpaar „mit großer Geste den barocken Rahmen“[27]. Mit Hilfe des savoyischen Gefolges der Fürstin und der vielen oberitalienischen Künstler und Gelehrten, die sie nach München holte, wurde die Stadt zu einem der glanzvollsten Musenhöfe in Europa. Italienische und französische Dichtung und Literatur, Oper

C.P. List: Der Salzburger Erzbischof Max Gandolph von Kuenburg als Jäger (?), 1680. Öl auf Leinwand. Dommuseum zu Salzburg

und Ballett machten aus dem ehemals provinziellen Münchener Hof einen Mittelpunkt barocker Kunst und Kultur, der seinesgleichen suchte. Auf Theater und Musik, Bücher, Gemälde und antike Kunstwerke wandte das Kurfürstenpaar beträchtliche Summen. Gab es Anlaß zum Feiern, so wurden Komödien und Opern aufgeführt, Turniere und Schlittenfahrten veranstaltet. Und die prunkvollen Prozessionen waren nicht nur Ausdruck der Frömmigkeit, sondern gaben dem Herrscherpaar auch reichlich Gelegenheit, sich dem Volk eindrucksvoll zu präsentieren.

Durch Henriette Adelaides Willen wurde auch, wie erwähnt, die Macht der Jesuiten zurückgedrängt, erhielten z.B. die Theatiner 1662 die Erlaubnis zur Niederlassung in München[28], wurde ihr Ordensgründer, der hl. Kajetan von Thiene, 1672 zum Schutzpatron des Landes Bayern erklärt, wurden zur Mädchenerziehung die Englischen Fräulein aus Italien in die Hauptstadt berufen. Henriette Adelaides Aufgeschlossenheit für den neuen Kunststil ist es zu danken, daß der Barock triumphalen Einzug in München hielt. Nur drei Beispiele seien erwähnt: 1663 gab das junge Kurfürstenpaar den Auftrag zum Bau der grandiosen Theatinerkirche, unter Henriette Adelaides Planung erfolgte die Umgestaltung der Münchener Residenz, 1664 wurde mit dem Bau von Schloß Nymphenburg begonnen: bleibende Zeugen von der Schönheitsliebe der Henriette Maria Adelaide Principessa di Savoia, Elettrice di Baviera, von ihrer Persönlichkeit und ihrem Kunstverstand.

Die Kurfürstin starb am 18. März 1676, von vielen Schwangerschaften, Fehlgeburten und Geburten geschwächt, an den Folgen eines Herzanfalls.

Wem galt der Besuch?

An den Hof des Fürsterzbischofs von Salzburg sollte die Reise führen, und Fürst und Erzbischof von Salzburg war 1670 Maximilian Gandolph von Kuenburg[29]. Er entstammte einem der ältesten und angesehensten Adelsgeschlechter Altösterreichs, das vor allem in der Kirchengeschichte seiner Kronländer eine große Rolle spielte: Nicht weniger als drei Erzbischöfe von Salzburg kamen aus dieser Familie: Michael (1555–1560), Georg (1586) und eben Max Gandolph[30]. Sein Vater war Reinprecht Moritz Freiherr von Kuenburg, Regierungsrat in Graz und später Landes-Vizedom in der Steiermark, seine Mutter Helena Freiin von Schrattenbach, mit der Reinprecht Moritz in zweiter Ehe verheiratet war. Nachdem er in Graz bei den Jesuiten erzogen worden war, studierte er an der Salzburger Universität Theologie. Am Collegium Germanicum in Rom vervollkommnete er seine Studien. Schon 1644, als 22-Jähriger, erhielt er ein Kanonikat am Salzburger Domkapitel, seit 1647 war er Wirklicher Domherr, 1654 wurde er Konsistorial-Präsident und 1655 Bischof von Lavant. 1664 bekam er die Verwaltung des Bistums Seckau zugesprochen und im Jahr darauf das Bistum selbst.

Am 30. Juli 1668[31] wurde Max Gandolph zum Erzbischof und Fürsten von Salzburg gewählt und im selben Jahr mit seiner ganzen Familie in den Reichsgrafenstand erhoben. 1686 bekam er den Kardinalshut. Er starb am 3. Mai 1687 an Hautwassersucht und einem Gehirntumor.

Max Gandolph hat in der Zeit seiner Regierung viel zur Entwicklung Salzburgs zum „aufgeklärten" Staat beigetragen: 1678 erließ er eine Sicherheits-Ordnung, weil die Raufereien zwischen Studenten und Handwerkern das erträgliche Maß überschritten. Im selben Jahr führte er auch eine Almosen-Ordnung, eine Sauberkeits-Ordnung für die Stadt, eine Feuer- und Auflauf-Ordnung und eine neue, verbesserte Zivilprozeß-Ordnung ein, die bis zum Anfang des 19. Jahrhunderts gehandhabt wurde und nach ihm benannt war. Max Gandolph hat sich auch um den Volksunterricht verdient gemacht: Er errichtete zwölf neue Vikariate, ließ auf dem Land Schulen bauen, gab eine neue Schulordnung in Auftrag.

Merkantilistischen Unternehmungen gegenüber war Max Gandolph aufgeschlossen: 1677 ließ er im Nonntal eine Wollmanufaktur errichten, die bis in die ersten Jahre des 18. Jahrhunderts florierte. 1671 legte der Landesfürst den Grundstein zur Wallfahrtskirche Maria Plain, er beauftragte 1685 Giovanni Gaspare Zuccalli, den Bau der Kajetanerkirche in Angriff zu nehmen. 1672 stiftete er die Hofbibliothek im „Neugebäude" der Residenz, die 1807 mit der Universitätsbibliothek vereinigt wurde[32], und er ließ, da er dem Augustinerorden besonders

A. Paoletti (Zeichner), G. Bernasconi (Stecher): Bildnis Domenico Gisberti, 1858. Lithographie. Privatbesitz

verbunden war, die Augustinerklöster in Hallein und Tittmoning errichten. An den Fürsterzbischof erinnert auch noch das Palais Kuenburg in der Salzburger Sigmund-Haffner-Gasse (von 1670) und die mächtige Kuenburg-Bastei auf der Festung (1681).

Kein Ruhmesblatt bedeutet für uns Nachgeborene, daß er 1684 die Defereggger Bauern, die sich zum Protestantismus bekannten, zum Auswandern zwang. Insgesamt betrug die Zahl der Exulanten beinahe 1.000 Personen. Den Defereggern folgten später die Halleiner Bergknappen um Joseph Schaitberger. In der Verantwortung Max Gandolphs liegen auch die scheußlichen Hexen- und Zaubererprozesse, denen vorwiegend die zahlreichen Bettler und Landstreicher zum Opfer fielen, die das Land nach dem Dreißigjährigen Krieg bevölkerten. Die „Malefikanten", die meist Eigentumsdelikte begangen hatten, wurden nach entsetzlichen Folterungen, mit denen man ihre Geständnisse erzwang, durch Verbrennung, Erdrosselung oder durch das Fallbeil getötet[33].

Ein verheerendes Unglück traf Salzburg in Max Gandolphs Regierungszeit, nämlich der große Bergsturz in der Gstätten, der in der Nacht vom 16. Juli 1669 dreizehn bis fünfzehn Häuser, das Priesterseminar, die Markus- und die Berglkirche zerstörte und 230 Menschenleben forderte. Die halbe Stadt war mit Kalkstaub bedeckt und der Jammer der Einwohner grenzenlos[34].

Auf Grund der Reichsverfassung von 1521 gehörte Salzburg zum VIII. oder Bayerischen Kreis und nahm auf der „geistlichen Bank" den ersten Platz ein. Der Salzburger Erzbischof war – wie der Kurfürst – „kreisausschreibender Fürst" und leitete abwechselnd mit diesem das Kreisdirektorium. Als Primas Germaniae und Legatus natus des Heiligen Stuhls führte er im Wechsel mit Österreich das Direktorium im Reichsfürstenrat[35]. Max Gandolph war folglich ein bedeutender Fürst und umgab sich gern mit besonderem Gepränge. Die hohen Salineneinnahmen ermöglichten ihm den standesgemäßen Prunk.

Hier trafen sich also zwei gleichermaßen prachtliebende Fürsten, um sich gegenseitig ihrer Wertschätzung zu versichern.

Der Verfasser der barocken Reisebriefe

Domenico Gisberti ist der Mann, dem die Aufgabe zufiel, von der kurfürstlichen Reise nach Salzburg einen Bericht zu verfassen.

Wer war Domenico Gisberti? Einen ersten Hinweis auf ihn finden wir in Jöchers Gelehrtenlexikon. Dort heißt es, er sei „ein Italiänischer Dichter, in der letzten Hälfte des vorigen Jahrhunderts, von welchem man hat: Poesie liriche. Monaco 1670"[36]. Von den Nachschlagewerken jüngeren Datums versagt die so gut wie nie um Auskunft verlegene Enciclopedia italiana seltsamerweise den Bescheid, und das Lessico universale italiano geizt auch mit Nachrichten. Immerhin geht aus dem Eintrag hervor, daß Gisberti am Münchener Hof als Sekretär des Kurfürsten gelebt und neun Gedichtbände verfaßt habe, deren jeder einer Muse den Titel verdankt[37].

Bei einer ersten Recherche in den Münchener Archiven war merkwürdigerweise kein Hinweis auf den zu seiner Zeit doch einigermaßen berühmten Poeten zu finden. In den Beständen des Stadtarchivs München haben sich keine Unterlagen zu Domenico Gisberti ermitteln lassen[38]. Weder im Staatsarchiv noch im Bayerischen Hauptstaatsarchiv war Einschlägiges zu finden, weder ein Akt noch ein einzelnes Schriftstück. Eine stichprobenartige Überprüfung der Rechnungsbände bzw. Ausgabenbücher des kurfürstlichen Hofzahlamts zum Jahr 1670 blieb ohne Erfolg[39]. In der Handschriftenabteilung der Bayerischen Staatsbibliothek sind in den diversen Handschriftenkatalogen keine Materialien zu Gisberti nachgewiesen. Auch zwei Nachlässe, in denen sich reiche Sammlungen zur Münchener Kulturgeschichte befinden, enthielten nichts auf ihn Deutendes[40]. Und auch die Suche im Deutschen Theatermuseum blieb ergebnislos, weder Rezensionen seiner so zahlreichen Stücke noch Theaterzettel oder Briefe mit Auskünften über Domenico Gisberti sind dort zu finden[41]. Die Bayerische Staatsbibliothek besitzt zwar zahlreiche Schriften von Domenico Gisberti – allerdings nicht „Il viaggio dell' AA. SS. EE. di Baviera a Salzburgo ..." – aber in den Katalogen sind keine Publikationen über ihn nachweisbar. Auch in den dort verfügbaren biographischen Nachschlagewerken konnten keine Nachrichten über ihn gefunden werden[42]. Ein enttäuschender erster Befund.

Aber in seiner Geburtsstadt wird sich doch hoffentlich etwas über Domenico Gisberti herausfinden lassen. Also auf nach Venedig!

Ja, tatsächlich. Im Archivio di Stato und in der Biblioteca Nazionale Marciana finden sich mehrere Publikationen, die Auskunft über unseren Dichter erteilen[43]. Folgendes kann daraus ermittelt werden: Gisberti wurde 1635 in Murano geboren. Der hochbegabte Knabe fand gute Lehrer, wurde Geistlicher, widmete sich aber Zeit seines Lebens der Philologie, insbesondere der Poesie und Redekunst, und da er in seinen Schriften keinen Hinweis auf seinen Stand gab, wußten seine Zeitgenossen vielfach nicht, daß der Verfasser der zahlreichen Werke eigentlich Priester war.

Um seinen Interessen den richtigen Rahmen zu geben, gründete Gisberti 1660 in Murano die Accademia degli Angustiati (Akademie der Bekümmerten), eine Dichterakademie, deren gelehrte Mitglieder sich vorwiegend dem Verfassen von Dramen verschrieben. Emanuele A. Cicogna berichtet, daß Gisberti überdies Mitglied der Gelehrten Akademien von Wien, München, Rom, Parma und Padua war, neben seiner Muttersprache und dem Lateinischen sechs Sprachen sprach und schrieb, versiert war in Geographie, Astrologie und Mathematik und sich zum Vergnügen auch in der Malerei übte, z.B. Raffael und Rubens kopierte[44].

Gisberti begleitete Giorgio Cornaro, als dieser 1664 als Botschafter der Republik Venedig an den Hof Kaiser Leopolds I. berufen wurde, und kam in Wien rasch zu Ansehen. Die aus Mantua stammende Witwe nach Kaiser Ferdinand III., Eleonora, schätzte ihn besonders. Cornaro starb 1666, und Gisberti kehrte nach Venedig zurück.

Als Kurfürst Ferdinand Maria auf seiner Italien-Reise 1667 in Venedig weilte, wurde Gisberti ihm vorgestellt, und da ihm schon der Ruf eines exzellenten Dichters und Redners vorauseilte, wollte der bayerische Kurfürst ihn gern bei sich am Hof sehen. Gisberti folgte der Einladung und übernahm das Amt eines Sekretärs und Hofdichters in München. Während seiner Tätigkeit am Münchener Hof wurde er in seiner Stammkirche S. Stefano in Murano 1671 zum zweiten Priester gewählt. Aus Cicognas Quellen geht hervor, daß Gisberti eine überzeugende Redegabe besaß und den durch Irrglauben Gefährdeten von der Kanzel herab erfolgreich ins Gewissen predigte und sie zum rechten Glauben zurückholte.

In München wurde der Venezianer bald als „Vater der Armen" bezeichnet und führte ein sehr gottgefälliges Leben, vermelden Cicognas Quellen. Er kasteite sich oft durch Entbehrungen und Fasten, sodaß die Ärzte ihm diese Form der Frömmigkeit untersagen mußten, weil die Gesundheit des schmächtigen Mannes darunter allzu sehr litt.

1675 und 1676 ist Gisbertis Aufenthalt in Rom verbürgt – auch Papst Innozenz XI. hätte ihn gern an seinem Hof gesehen. Wann Gisberti München verlassen hat und nach Venedig zurückgekehrt ist, weiß Cicogna nicht, es geht auch aus den anderen Artikeln über unseren Poeten nicht hervor. Das Datum seines Todes ist jedenfalls verbürgt: am 15. August 1677 ist Domenico Gisberti – erst 42-jährig – in Murano gestorben und wurde in seiner Kirche, S. Stefano, feierlich beigesetzt[45].

Sollte es möglich sein, daß sich in den Münchener Archiven tatsächlich so gut wie nichts über den – wie wir nun wissen – so beliebten und bekannten Hofpoeten erhalten hat? Wir können es nicht glauben und machen uns auf nach München, um in einem zweiten Durchgang genauer nachzuforschen.

Und siehe da, in den Beständen des Bayerischen Hauptstaatsarchivs finden sich sehr wohl Dokumente über Gisberti! Und so erfahren wir schließlich doch noch, wann unser Venezianer München verlassen hat: Im Oktober 1675 ist er in die Heimat zurückgekehrt und hat für seine Dienste als Dichter und Sekretär eine hohe Abfindung bekommen[46].

Gisberti war ein äußerst fruchtbarer Librettist und hat die Texte für die Opern von Johann Kaspar von Kerll[47] und Ercole Bernabei[48] geschrieben[49]. Sein Werkverzeichnis ist umfangreich und umfaßt neben den Libretti Reden, moraltheologische Schriften, unzählige Gelegenheitsdichtungen zu Turnieren und kleineren Feierlichkeiten, (Huldigungs-) Gedichte und auch viele Bühnenstücke, ferner einen Bischofskatalog des Bistums Freising, eine Genealogie der baierischen Herzöge, und 1671, also im Jahr nach dem Besuch in Salzburg, verfaßte Gisberti eine Fürsterzbischof Max Gandolph von Kuenburg gewidmete Chronologie der Äbte, Bischöfe und Erzbischöfe von Salzburg[50].

Die Reisebriefe

Domenico Gisberti hat den Verlauf der kurfürstlichen Reise, die besuchten Orte, die zu Ehren der Gäste in Salzburg statthabenden Empfänge und Lustbarkeiten aufgezeichnet und historische Daten und Fakten eingewoben in den Bericht, den er überdies mit zahllosen literarischen und mythologischen Anspielungen ausschmückte. Zweifellos hat er während der Reise seine Beobachtungen notiert und dann, nach der Reise zurück in München, in die passende Form gebracht. Gisberti wählte dafür die dem Zeitgeschmack entsprechende der Reisebriefe. Noch im Laufe des Jahres 1670 ist das Büchlein im Duodezformat und 193 Seiten stark beim Münchener Hofdrucker Johannes Jäcklin erschienen[51].

Fiktiver Adressat ist der Bruder von Henriette Adelaide, Carlo Emanuele II. Herzog von Savoyen (1634–1675), der zweitgeborene Sohn von Vittorio Amedeo I. und der Christine de Bourbon[52]. Ihm widmete Gisberti die 27 Briefe.

Der erste Brief trägt das Datum 15. August 1670 und ist eine in barocker Manier verfaßte Huldigungsadresse an den Herzog. Gisberti kündigt darin an, daß der Hof in drei oder vier Tagen zur Reise nach Salzburg aufbrechen und daß er selber dabeisein werde. Ab dem 19. August, dem Tag des Reiseantritts, folgt ein täglicher Bericht, die letzten beiden Briefe vom 12. und 13. September betreffen eigentlich nicht mehr die Reise, sind gleichsam eine Ergänzung, enthalten nur mehr Informationen über Salzburgs Geschichte, über Funktionen und Ämter am Salzburger Hof. Es ist anzunehmen, daß Gisberti sich hierfür eines zeitgenössischen Geschichtswerks bedient hat, etwa der Chronik des Franz Dückher von Haslau zu Winckl (1609–1671) von 1666, oder der Relatione

IL VIAGGIO / Dell' AA. SS. EE. / di Baviera / A / SALZBURGO / IN GIORNATE / DIVISO, / E / ALL' ALTEZZA / REAL DI SAVOIA / In lettere di Ragvaglio / descritto. / MONACO, / Per GIOVANNI JECKLINO, / Stampatore ELETTORIALE. / M. DC. LXX.
13,1 x 7,7 cm / 13,1 x 16,2 (aufgeschlagen), 12,7 x 7,2 cm (Seite). Privatbesitz

dell' Arcivescovato e Prinicipato di Saltzburg, delli Vescovati, e Principati di Bamberg, d' Eistet, e dell' Abbatia di Fulda des Galeazzo Gualdo Priorato (Köln 1668).

Die Briefe sind ein aufschlußreiches Zeitdokument, bei der Lektüre erfährt man eine Menge kulturgeschichtlich Wissenswertes über das Salzburg von 1670: über fürstliche Feste und Lustbarkeiten, über Sitten und Bräuche wie z.B. das in Laufen und Oberndorf noch immer geübte Schifferstechen, auch über in Vergessenheit Geratenes, wie zum Beispiel prachtvolle Tafelaufbauten und Schauessen oder die Kunst des Feuerwerks, die seinerzeit so hoch entwickelt war und von der wir uns kaum mehr als eine schwache Vorstellung machen können. Und: Wer kennt ihn nicht, den Vergleich Salzburgs mit Rom! Daß der Venezianer Domenico Gisberti vermutlich der erste war, dem die Stadt „wie ein kleines Rom" vorkam, weiß hingegen kaum jemand[53]. Dabei hatte Johann Bernhard Fischer von Erlach seine an Berninis Formensprache geschulte Kunst in Salzburg noch nicht zur Entfaltung gebracht, hatte Giovanni Gaspare Zuccalli weder die Kajetaner- noch die Erhardkirche gebaut, hatte die Stadt noch nicht das vorwiegend barocke Antlitz, wie es uns vertraut ist.

Manch heutiger Leser mag von der blumigen Sprache des Hofdichters, von den Schnörkeln und panegyrischen „Kratzfüßen" befremdet sein, nichts so sehr aber wie die Art, mit der er sich in seinen Reisebriefen an den Fürsten wendet, vermittelt ein Bild von barocker Aufbauschung und Formulierlust. In Gisbertis schöner Sprache läßt es sich geradezu wohlig versinken. Unglaublich reich ist sein Wortschatz, bunt und lebendig sind die Bilder, die der Dichter in die Köpfe der Leser zaubert, besonders dann, wenn der Venezianer Wasser und Wasserwelten beschreibt, wie am Chiemsee und in Hellbrunn.

Hier und da gibt Gisberti auch ein klein wenig über sich selber preis: Aus mancher Formulierung kann man ablesen, daß Gisberti viel Selbstbewußtsein hatte. Und wahrscheinlich besaß er wenig Geduld, das kann man zumindest aus mehreren Briefstellen schließen: „Ich habe einen Geist, der das Warten nicht kennt", schreibt er am 24. August, „... denn weil ich keine Geduld habe, lange Verzeichnisse zu lesen ...", am 3. September. Jedenfalls weiß er, was er seinen Lesern zumuten kann und was zu erfahren ihnen langweilig wäre, und des öfteren schiebt er „Zeitmangel" vor, um die Geduld der Leser nicht über Gebühr zu strapazieren. Auch auf sein Temperament gibt Gisberti einen Hinweis, wenn er in dem Brief vom 21. August schreibt „... in mir ist die angeborene Leidenschaftlichkeit groß" und am 24. August vermerkt: „Nehmt denn ... die einen Atemzug dauernden Berichte einer ungestümen Natur".

Ist alles gesagt, was die geneigten Leser und Leserinnen wissen müssen, um sich der Lektüre von einer „bayerischen Reise anno 1670" mit dem nötigen Hintergrundwissen widmen zu können? Es scheint uns so. Nun denn, auf ins Vergnügen!

Anmerkungen

1 *Das Heilige Römische Reich Deutscher Nation wurde in den 60er und 70er Jahren des 17. Jahrhunderts von mehreren Seiten bedroht: Im Frühjahr 1663 hatten die Osmanen mit dem Angriff auf das Haus Habsburg begonnen und im September die wichtige Festung Neuhäusl erobert. Die Habsburger Monarchie stand zur Zeit Max Gandolphs unter dem Eindruck der ungarischen Magnatenverschwörung und des Aufstands der Kuruzen. 1683 belagerten die Türken noch einmal – wieder erfolglos – Wien. Im Westen begann Ludwig XIV. in Verfolgung zweifelhafter Erbansprüche 1667 mit einem Angriff gegen die spanischen Niederlande, dem ersten Devolutionskrieg. 1670 besetzte Frankreich Lothringen, führte 1672 bis 1678 wieder Krieg gegen die spanischen Niederlande. In den Reunionskriegen machte der „Sonnenkönig" mit Waffengewalt ungerechtfertigte Ansprüche auf Reichsgebiet geltend, besetzte schließlich 1681 Straßburg. Vgl. Reinhard Rudolf Heinisch: Die Zeit des Absolutismus. In: Heinz Dopsch und Hans Spatzenegger (Hrsg.): Geschichte Salzburgs. Stadt und Land. Bd. II/1. 2. Aufl. Salzburg 1995, S. 167–244, bes. S. 225 ff.*

2 *Siehe Judas Thaddäus Zauner: Neue Chronik von Salzburg. Zweyter Theil. Salzburg 1816, S. 443 bzw. S. 448/449.*

3 *Siehe J.Th. Zauner (Anm. 2), S. 420. Das Gefolge wurde in verschiedenen Herbergen und Privathäusern untergebracht.*

4 *Ferdinand Maria ist am 31.10.1636 in München geboren und am 26.5.1679 in Schleißheim gestorben.*

5 *Dies und die spätere Unlust des Kurfürsten beim Lesen von amtlichen Schriftstücken und Gesandtschaftsberichten mag vielleicht mit seiner Kurzsichtigkeit zusammenhängen.*

6 *Eine Baßlaute mit doppeltem Wirbelkasten, vom 16. bis zum 18. Jahrhundert in Verwendung.*

7 *Ein damals häufig geübtes Ballspiel mit hölzernen Schlägern.*

8 *Vgl. Roswitha von Bary: Henriette Adelaide. Kurfürstin von Bayern. Regensburg 2004. Unveränderter Nachdruck der Originalausgabe, München 1980, S. 60.*

9 *Geboren am 6.11.1636, gestorben am 18.3.1676. Vgl. Enciclopedia italiana di scienze, lettere ed arti. Rom 1950, Stichwort Adelaide Enrichetta, und Allgemeine Deutsche Biographie. Bd. 6. Leipzig 1877, S. 677 ff., Stichwort Henriette Adelheid.*

10 *Vgl. R.v. Bary (Anm. 8), S. 56.*

11 *Der Tanzmeister Emanuele Somis aus Pinerolo traf im Juni 1651 in München ein und blieb viele Jahre lang. Vgl. R.v. Bary (Anm. 8), S. 56.*

12 *Adelaide Enrichetta berichtet ihrer Mutter am 27.9.1652 in einem Brief nach Turin, daß der junge Kurfürst ohne Wissen seiner Mutter keinen Schritt tun dürfe, ja daß er sie fürchte. Bezeichnenderweise schrieb sie den besagten Brief zu einem Zeitpunkt, da sie sicher sein konnte, daß ihre Schwiegermutter und deren Vertrauensmann Obersthofmeister Graf Kurz auf ihrer Reise nach Prag die Grenze von Kurbayern nach Böhmen überschritten hatten und die Post nicht wie sonst kontrollieren konnten. Diese und die weiteren Ferdinand Maria betreffenden Informationen vgl. Allgemeine Deutsche Biographie (Anm. 9), S. 677 ff. – Harro Georg Raster: Der kurbayerische Hofrat unter Kurfürst Ferdinand Maria 1651–1679. Funktion, Ausbau, Personal und Umfeld. Starnberg 1995, S. 5 ff. – Hans und Marga Rall: Die Wittelsbacher in Lebensbildern. Kreuzlingen 2000, S. 140 ff.*

13 *Laut offiziell genannter Zahl des bayerischen Gesandten bei den Friedensverhandlungen in Osnabrück waren etwa 900 Städte, Märkte und Ortschaften des von ihm vertretenen Landes zerstört, die Bevölkerung war landesweit auf die Hälfte zurückgegangen, in München von 24.000 auf 9.000 Einwohner, in Landshut gar von 12.000 auf 2.500. Vgl. H.G. Raster (Anm. 12), S. 6.*

14 *Gemeint ist der von Richelieu 1635 an Spanien erklärte Krieg, der sich nach dem Westfälischen Frieden noch lange fortsetzte. Vorausgegangen war dem Rheinbund die sogenannte Rheinische Allianz, das 1654 geschlossene Bündnis zwischen Pfalz-Neuburg, Münster und den Kurfürsten von Köln und Trier, mit dem Ziel eines Regionalblocks zwischen Habsburg und Frankreich. Der Kurfürst von Mainz war dieser Allianz 1655 beigetreten. Auf sein Betreiben wurde 1658 der Rheinbund geschlossen, in dem sich die drei geistlichen Kurfürstentümer, Pfalz-Neuburg, Hessen-Kassel, Braunschweig-Lüneburg, Bremen-Verden und Frankreich zu einem Interessensbund vereinten. Er blieb bis zu seiner Auflösung 1668 ein Instrument der französischen Politik in Deutschland. Vgl. Der Große Ploetz. Auszug aus der Geschichte. Freiburg – Würzburg 1980, S. 653.*

15 *Vgl. H.G. Raster (Anm. 12), S. 8 ff.*

16 *H. u. M. Rall (Anm. 12), S. 140.*

17 *Die Allgemeine Deutsche Biographie (Anm. 9), S. 677, läßt den Kurfürsten bei dieser Gelegenheit bis Rom reisen, was nicht den Tatsachen entspricht: Die Reise führte das Kurfürstenpaar mit 120 Personen über Innsbruck, den Brenner, Trient, Rovereto, Verona, den Gardasee und Padua bis Venedig und wieder nach Battaglia bei Padua, wo man ein paar Wochen blieb, weil die Fürstin eine Badekur machte. Auch mit dabei: Töchterchen Maria Anna Christine.*

18 *Eberhard Straub: Repraesentatio maiestatis oder Churbayerische Freudenfeste. Die höfischen Feste in der Münchner Residenz vom 16. bis zum 18. Jahrhundert. Miscellanea Bavarica Monacensia 14, 1969, S. 179.*

19 *Siehe H. u. M. Rall (Anm. 12), S. 141.*

20 *Ihre Eltern waren der calvinistische König Heinrich IV. von Frankreich und seine zweite Frau Maria de' Medici.*

21 *Da ihr der Herzogstitel nicht genügte und sie nach der Königskrone strebte, machte das Haus Savoyen die alten Rechte auf den Königstitel der Insel Zypern geltend, und durch Christines Zähigkeit gelang es Vittorio Amedeo tatsächlich, die teilweise Anerkennung als König von Zypern zu erringen. R.v. Bary (Anm. 8), S. 12 f.*

22 *Später wird sie unterschreiben als H.M. Adelaida di Savoya Elettrice di Baviera. Sie hatte übrigens eine Zwillingsschwester, Caterina Beatrice, die schon 1637 starb. Ihre älteren Geschwister waren Luisa, Francesco Giacinto, Carlo Emanuele, der nachmalige Erbe der Krone, und Margherita Violante.*

23 *Ihre eigentliche Muttersprache war das Piemontesische, ein gallo-italienischer Dialekt.*

24 *Siehe H.G. Raster (Anm. 12), S. 369.*

25 *Mit Maria Anna Christine erfüllte sich schließlich, was ihre Großmutter Christine von Savoyen für Henriette Adelaide erträumt hatte: Sie wurde 1680 mit dem Sohn Ludwigs XIV., dem 1661 geborenen Grand Dauphin Louis verheiratet. Königin wurde sie allerdings nicht: Sie starb 1690. Und auch Louis gelangte nicht auf den Thron, er starb 1711, drei Jahre vor seinem Vater.*

26 *Maximilian II. Emanuel, 1679–1705 und dann wieder von 1714 bis zu seinem Tod 1726 hochstrebender Kurfürst von Bayern, sollte dem Reich und auch Salzburg durch seine Pläne zur Gründung eines wittelsbachischen Königreichs große Schwierigkeiten bereiten. Er wurde 1691 Generalstatthalter der spanischen Niederlande. Sein Sohn Joseph Ferdinand war zum Thronfolger in Spanien bestimmt, starb aber schon 1699. Und so führten die widerstreitenden Interessen Österreichs und Frankreichs zum Spanischen Erbfolgekrieg (1701–1714). Obgleich Schwiegersohn des Kaisers, kämpfte Max Emanuel an der Seite Frankreichs, weil er sich Gebietsgewinne und die Kaiserkrone erhoffte. Frankreich und Bayern holten bereits zum entscheidenden Schlag gegen Österreich aus, aber Prinz Eugen von Savoyen konnte die Gefahr abwenden: Im Zusammenwirken mit Herzog John Churchill von Marlborough fügte er 1704 am Schellenberg bei Donauwörth den Franzosen eine schwere Niederlage zu. Max Emanuel flüchtete daraufhin aus seinem Stammland, Bayern wurde österreichisch. 1714, nach den Friedensschlüssen von Rastatt und Baden, wurden die Wittelsbacher wieder in ihre alten Rechte eingesetzt. Vgl. Max Braubach: Vom Westfälischen Frieden bis zur Französischen Revolution. Gebhardt. Handbuch der deutschen Geschichte, Bd. 10, 4. Aufl. München 1980, S. 72–107. – Gottfried Franz Litschauer und Walter Jambor: Österreichische Geschichte. 5. Aufl. Wien 1974, S. 167–176.*

27 *H.G. Raster (Anm. 12), S. 656.*

28 *Nach Salzburg wurden die Theatiner erst 1684 berufen, die ab 1685 unter der Leitung von Giovanni Gaspare Zuccalli erbaute Kajetanerkirche erinnert daran.*

29 *Geboren am 30.10.1622 in Graz, ist er am 3.5.1687 in Salzburg gestorben. Zu den folgenden Daten und Fakten über Max Gandolph vgl. Conrad von Wurzbach: Biographisches Lexikon des Kaiserthums Oesterreich. 13. Teil. Wien 1865, S. 318 ff. – Franz Martin: Salzburger Fürsten im Barock. 3. Aufl. Salzburg 1966, S. 120. – Reinhard Rudolf Heinisch: Die Zeit des Absolutismus. In: H. Dopsch u. H.Spatzenegger (Anm. 1), S. 227–235.*

30 *Außerdem ein Erzbischof von Prag (Franz Ferdinand, 1713–1732), zwei Bischöfe von Chiemsee (Johann Ehrenfried, 1609, und Karl Joseph, 1723–1735), ein Bischof von Gurk (Polycarp Wilhelm, 1674–1675) und ein Bischof von Lavant (Gandolph Ernst, 1790–1794), von den zahlreichen Pröpsten, Domherren, Äbtissinnen und dgl. mehr ganz zu schweigen.*

31 *C.v. Wurzbach (Anm. 29) gibt als Datum der Wahl den 28. Juni an.*

32 *Heute ist die Max-Gandolph-Bibliothek in der Neuen Residenz vielen als grandioser Rahmen für Ausstellungen und Veranstaltungen ein Begriff.*

33 *R.R. Heinisch (Anm. 1), S. 231.*

34 *Siehe J.Th. Zauner (Anm. 2), S. 415. Recht merkwürdig ist, daß Domenico Gisberti den Bergsturz, der auch im Ausland Aufsehen erregt hatte, in seiner Reisebeschreibung mit keiner Silbe erwähnt.*

35 *Wilhelm Schaup: Salzburg auf alten Landkarten 1551–1866/67. Salzburg 2000, S. 134.*

36 *Christian G. Jöcher: Allgemeines Gelehrten-Lexikon. Fortsetzungen und Ergänzungen v. J.C. Adelung. Bd. 2, 1787, S. 156.*

37 *Lessico universale italiano di lingua, lettere ed arti, scienze e tecnica, vol. IX. Rom 1972.*

38 *Schriftliche Auskunft von Herrn Dr. Heimers, Stadtarchiv München.*

39 *Schriftliche Auskunft von Herrn Dr. Höppl, Bayerisches Hauptstaatsarchiv.*

40 *Schriftliche Auskunft von Frau Dr. Sigrid v. Moisy, Bayerische Staatsbibliothek München, Abteilung für Handschriften und Seltene Drucke.*

41 *Schriftliche Auskunft von Frau Monika Lück, Deutsches Theatermuseum München.*

42 *Schriftliche Auskunft von Frau Dr. Edith Schipper, Bayerische Staatsbibliothek München.*

43 *L. Ferrari: Onomasticon. Repertorio biobibliografico degli scrittori italiani dal 1501 al 1850. Mailand 1865, S. 363. – Emanuele A. Cicogna: Delle iscrizioni veneziane, Venedig 1824–1853. Vol. VI, S. 473–482 und 919. – Emanuele A. Cicogna: Illustri Muranesi richiamati alla memoria. Venedig 1858, S. 16. – Giovanni Cinelli Calvoli: Biblioteca volante, continuata dal dott. Dionigi Andrea Sancassani. Edizione seconda in miglior forma ridotta. Tomo III. Venedig 1734–1747, S. 51. Cicogna fügt seinen beiden Publikationen ein Porträt von Gisberti bei: Aus dem von G. Bernasconi nach einer Zeichnung von A. Paoletti gestochenen Stahlstich gehen die Lebensdaten und der Geburtsort hervor. Auch wird Gisberti als „poeta e Segretario dell' Elettore di Baviera“ bezeichnet (s. Abb. S. 16 in diesem Band).*

44 *Vgl. E.A. Cicogna: Delle iscrizioni ... (Anm. 43), S. 474.*

45 *Necrologii di Santo Stefano di Murano, Libro dal 1676–1703. Eintrag vom 15. August 1677.*

46 *Bayerisches Hauptstaatsarchiv, Fürstensachen 644; Hofzahlamtsrechnungen 1675 f. 453.*

47 *Kerll wirkte 1656–1673 in München als Hofkapellmeister. Er war in Rom ausgebildet worden, war berühmt für seine Orgelimprovisationen, beherrschte das Musikleben in München auf weltlicher und geistlicher Ebene.*

48 *Der Römer Bernabei wurde 1674 Kerlls Nachfolger als Leiter der Münchener Hofkapelle.*

49 *Siehe Wilfried Schaber, Übersetzung ins Deutsche von Irene Schrattenecker: Drei Briefe aus Hellbrunn – 1670 im August geschrieben von Domenico Gisberti. In: Barockberichte, Heft 31, 2001, S. 15–22. Schaber faßt den Stand der Forschung der Rezeptionsgeschichte des „Viaggio" zusammen.*

50 *La Cronologia Degli Abbati, Vescovi, & Arcivescovi Di Saltzburgo, all'Altezza Reverendissimo et Eminentissimo, Massimiliano Gandolfo, Arcivescovo di Saltzburgo; Legato nato della Santa Sede Apostolica, Principe del S.R.I. Vescovo di Seccovia, Conte di Küemburgo, Signor in Prunsee, Rabenhofen, & c. Encomio di Domenico Gisberti Segretario del Serenissimo Elettor di Baviera.*

51 *Der Schwabe Johannes Jäcklin war auf das Drucken italienischen Schrifttums spezialisiert und erfreute sich bei Hof besonderer Gunst. Vgl. R.v. Bary (Anm. 8), S. 293.*

52 *Er wurde bereits 1638 Herzog, aber wegen seines zarten Alters führte seine Mutter die Regierungsgeschäfte. Erst 1663, nach dem Tod der energischen Christine de Bourbon, übernahm der fröhliche, ritterliche, lässige junge Herzog tatsächlich die Regierung, blieb aber zeitlebens unter dem Einfluß Ludwigs XIV., dessen Diplomaten ihn wie einen Vasallen behandelten. Er wandte sein Augenmerk auf die militärische Organisation seines Staates und gründete das Arsenal von Turin. Außerdem förderte er Industrie und Handel. Von überschwenglichem und feurigem Charakter, liebte er die angenehmen Seiten des Lebens. Vgl. Enciclopedia italiana. Vol. IX. Rom 1950. Die Verbindung zwischen Carlo Emanuele und Henriette Adelaide war nicht nur liebevoll, sondern auch politisch bedeutsam.*

53 *Franz Martin schreibt es in seinem Beitrag: Salzburg in alten Reisebeschreibungen. In: Heinrich Zillich (Hrsg.): Das Flügelroß. Salzburg 1941, S 172–184, hier S. 178, und er erwähnt auch, daß Gaspare Zuccalli in einem Schreiben an Erzbischof Johann Ernst Thun sage, daß Salzburg nicht selten „das deutsche Rom" genannt werde.*

Abb. S. 24/25 Rupert Marith: Karte des Erzbistums Salzburg (Ausschnitt). Salzburg 1675. Kupferstich. Salzburg Museum, Inv.-Nr. SL 18/3

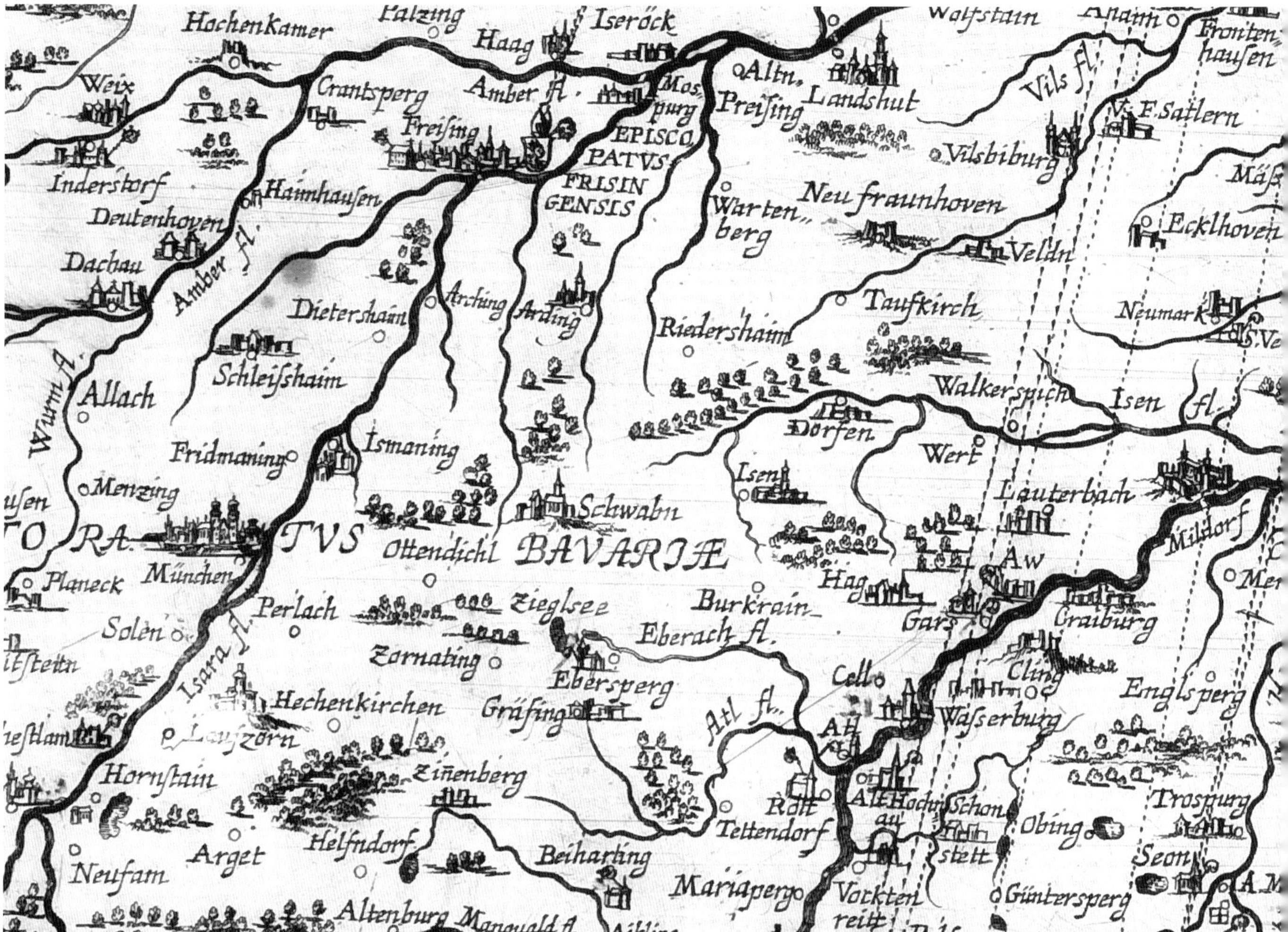
Hochenkamer
Palzing
Haag
Iseröck
Wolfstain
Frontenhausen
Weix
Crantsperg
Amber fl.
Mospurg
Altn.
Landshut
Preising
Vils fl.
F. Satlern
Freising
EPISCOPATUS FRISINGENSIS
Vilsbiburg
Inderstorf
Hainhausen
Deutenhoven
Neu fraunhoven
Wartenberg
Ecklhoven
Dachau
Amber fl.
Dietershaim
Arching
Arding
Taufkirch
Neumark
Wurm fl.
Schleissheim
Riedershaim
Allach
Walkerspich
Isen fl.
Dorfen
Fridmaning
Ismaning
Wert
Menzing
Isen
Lauterbach
Schwabn
TUS
RA.
BAVARIÆ
Ottendichl
München
Mildorf
Planeck
Hag
Aw
Perlach
Zieglsee
Burkrain
Solen
Gars
Eberach fl.
Graiburg
Zornating
Isara fl.
Ebersperg
Cell
Cling
Hechenkirchen
Grüfing
Atl fl.
Englsperg
Wasserburg
Laufzorn
Hornstain
Zinenberg
Trosperg
Rott
Schonstett
Obing
Tettendorf
Helfndorf
Neufarn
Arget
Beiharting
Mariaperg
Seon
Vocktenreitt
Güntersperg
Altenburg
Manguald fl.
Palsee
Aibling
Rosnhaim
EPISCOPATUS CHIEMSEENSIS
Pampur
Dietrambszell
Irsenberg
Puelach
Kalt fl.
Perchting
Wejr
Hechenberg
Kirchdorf
Göschling
Miespach
Chimsee
Tölz
Peirn
Schlier
Asthau
Traunst
Arzt
Hochberg
Schlier
See
Vischlpuchau
Falkestain
Nusdorf
Grassa
Marguardstai
Tegernsee
Aw
Lachnaj
Stumpfsee
Weitsee
Kreitt
Aurdorf
Schleching
Reiterwinkl
Sachrang
Isara fl.
Rott Valdep fl.
Walchen See
Walkhen fl.
Khuefstein
Lofe
Ris
Inn fl.
Waidring
Achen
Kirchbichl
Kirchdorf
Erpfendorf
Pille See

Aller spach
Ortenburg
Firstenzell
Hafnerzell
Streimasberg
Kirchen
Eggnfeld
Pfarkirch
Neuburg
Wern stain
Griespach
Farmbach
Wesen
Wurmansquerk
Trufftlern
Schärdng
Sutten
Schönburg
Weidenholz
Chöstlarn
Waldperg
Walpars Kirchen
Tann
Reitt
S. Leonh
Malching
Raichers perg
Daxperg
Raith
Althaim
Kemmaten
Märkl
Seiber storf
Brau nau
Ransho ven
Ried
Hochwart
Inn
Neukirche
Maur Kirchen
Aspach
Wels
Hoburg
Vttendorff
Wolfeck
Lambach
Egglsperg
Mattikoven
Radigund
Mundsing
Geieröck
Ostermiëting
Rait haim
Wildshut
Mosach
Bälding
Franckenmark
Perndorf
Friburg
Gemundt
Camer
Lampol ding
Sebaim
Cell
Mattsee
Straswalchen
Lautach See
Haunsperg
Ob. Trum
Atter See
Peding
Alt See
Neimark
Traun Kirch
Deisendorf
Waller See
in der zell
Salzburg hoven
ARCHI
ARCHIEPISC SALLSBURG
Manse
in der Lambat
Heglwirt
Plain
Strass
E.P.
im zell
LIS
Wals
Salzburg
Talgau
Wartnfels
Piding
BVR
Hölger See
Hoff
Staufenök
Gmain
GENSIS
Fuschl see
Crotnsee
Tumsee
Reichen hal
Brun
S. Gilgn
S. Wolfgang
Ischl
Vorderoffen See
Weispach
Caltn hausen
Lueg
Abr
Carl stain
Schneizel reit
Hellel
Strobl
Holstatt
Daubnsee
Dürnperg
Hin ter See
Berchtolds gad
Kuchl
Creidnsee
in der Gosau
Halstatt

IL

VIAGGIO

Dell' AA. SS. E E.

di Baviera

A

SALZBURGO

IN GIORNATE

DIVISO,

E

ALL' ALTEZZA

REAL DI SAVOIA

In lettere di Ragvaglio

descritto.

MONACO,

Per GIOVANNI JECKLINO,

Stampatore ELETTORALE.

M. DC. LXX.

Abbildung im Maßstab 1:1

DIE

REISE

Der durchlauchtigsten kurfürstlichen Familie

von Bayern

nach

SALZBURG

IN TAGESREISEN

UNTERTEILT,

UND

SEINER KÖNIGLICHEN

HOHEIT VON SAVOYEN

In Briefen

zur Kenntnis gebracht.

****

MÜNCHEN,

JOHANNES JÄCKLIN

KURFÜRSTLICHER Drucker.

1670

AN SEINE KÖNIGLICHE
HOHEIT
CARLO
EMANUELE
DEN ZWEITEN,
HERZOG VON SAVOYEN, ecc.[1]

Das Papier duldet keine Scham, die Feder keine Dreistigkeit, und so lädt das eine die andere ein, die Hochachtung von ihrer Verpflichtung zu allzu strenger Verschwiegenheit zu entbinden, in der Hoffnung, daß die Neugier zu ihrem Recht kommen möge. Heute in drei oder vier Tagen wird der kurfürstliche Hof nach dem Reiseziel Salzburg aufbrechen. Da ich auch dabeisein und ihm zu Diensten sein werde, habe ich beschlossen, die müßige Zeit auf das Berichten zu wenden und Euch damit, so es die weisen Unterhaltungen Eurer königlichen Hoheit wohlwollend zulassen, mit Hilfe der auf meinen Blättern erzählten Neuigkeiten die langweiligsten Augenblicke des Tages zu vertreiben. Eure königliche Liebenswürdigkeit möge bewirken, daß mich der Genius mit seinen guten Wünschen begleite. Da nun verbannt der falsche Glaube an *man darf nicht* oder *es ist nicht erlaubt*, der den Großen der schönsten Freuden beraubt, so gönnt dem guten Zweck Euer freundliches Wohlgefallen. Die Erlaubnis, daß auch jemand rede, der nicht über eine Sprache verfügt, die eines Königs würdig wäre, bedeutet, daß Ihr dem Untertanen den Mut verleiht, die Stimme zu erheben, der sonst aus Furcht Dinge verschweigen könnte, die eines Fürsten würdig sind. Wenn königliche Nachsicht liest, dann schreibt ungekannter Eifer, und so schafft die öffentliche Anhörung der Briefe Abhilfe gegen den privaten Hang zu Übertreibungen, die aus tausend falschen Rücksichten sich nähren. Nichts kann den Diener verbergen, wenn der Herrscher alles sieht. Diese Worte entfallen meiner Hand nicht zur Verteidigung der allzu kühn zu Eurer Majestät sprechenden Zunge, sondern um den Blick zu einem höheren Zwecke zu locken, den Blick, der sich mit größtem Überdrusse und geringem Nutzen in der Betrachtung meiner Schwächen verliert. Besser weiß ich mich nicht auszudrücken, habt Nachsicht mit mir, demütig flehe ich Euch an. Denn allein die Furcht, vor den großen Herrschern auch im Schatten zu stehen, verwirrt die Seelenkräfte. Sie sind im Aufruhr, und solches geschieht dem, der die Grenzen der eigenen Talente nicht kennt. Von zu hohem Ausgangspunkt habe ich meine Flügel zum Fluge gebreitet, habe den Straußenfedern die Kraft der Adlerschwingen schlecht angemessen. Mein Schritt bräuchte einen längeren Fuß, mein Ziel größere Schritte. Ich habe gefehlt, aber ich bedaure es nicht, denn der Irrtum ist eine Mißgeburt, die meine ergebenste Untertänigkeit nicht wollte. Wenn ich schlecht ausdrücken kann, was ich gut machen wollte, so verdient doch diese Schuld keine Verachtung, umso weniger, als ein großer Wille genug ist für ein großes Unterfangen. Da ich also will, was nötig ist, arbeite ich, so gut ich kann, und wenn ich keine große Schuld abtrage, so stille ich doch ein großes Verlangen. Und glaubt mir, fehlen auch der Tinte die passenden Worte für das Unternehmen, so fehlt doch nicht die Erkenntnis dieser Unzulänglichkeit. Wenn also das Talent der wortreichen Hingabe nicht gleichkommt, so wird das Leben in den Adern es ersetzen, und das Blut wird anstelle der Wortgewalt der Welt bei jeder Gelegenheit beteuern, daß ich

1 Die Herzogswürde erhielt er am 14.10.1638, aber wegen seines kindlichen Alters regierte die Mutter in seinem Namen. Erst nach ihrem Tod 1663 regierte er selbst. Er widmete u.a. der militärischen Organisation seines Staates große Aufmerksamkeit, gründete das Arsenal in Turin, förderte Industrie und Handel (s.a. Einleitung).

Eurer Königlichen Hoheit
ergebenster, treuester, ehrerbietigster
Diener bin.

DOM. GISBERTI.

München
15. August 1670.

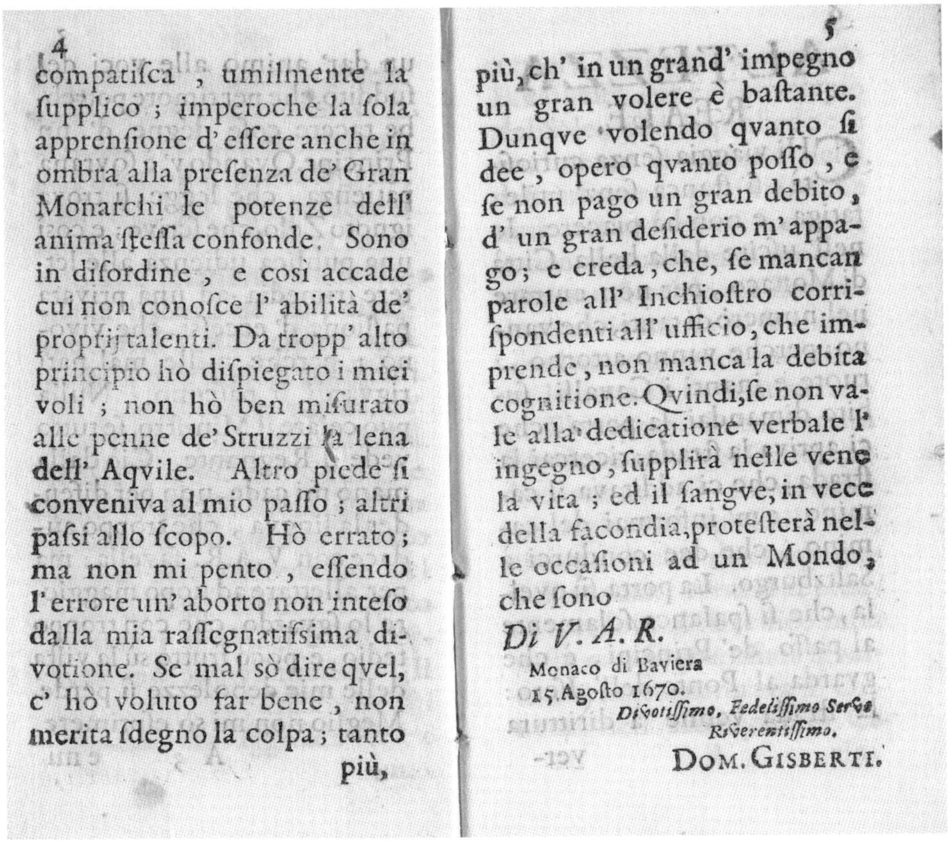
4
compatiſca , umilmente la ſupplico ; imperoche la ſola apprenſione d'eſſere anche in ombra alla preſenza de' Gran Monarchi le potenze dell' anima ſteſſa confonde. Sono in diſordine , e così accade cui non conoſce l' abilità de' proprij talenti. Da tropp' alto principio hò diſpiegato i miei voli ; non hò ben miſurato alle penne de' Struzzi la lena dell' Aqvile. Altro piede ſi conveniva al mio paſſo ; altri paſsi allo ſcopo. Hò errato ; ma non mi pento , eſſendo l' errore un' aborto non inteſo dalla mia raſſegnatiſsima divotione. Se mal sò dire qvel, c' hò voluto far bene , non merita ſdegno la colpa ; tanto più,

5
più, ch' in un grand' impegno un gran volere è baſtante. Dunqve volendo qvanto ſi dee , opero qvanto poſſo , e ſe non pago un gran debito, d' un gran deſiderio m' appago ; e creda , che, ſe mancan parole all' Inchioſtro corriſpondenti all' ufficio, che imprende , non manca la debita cognitione. Qvindi, ſe non vale alla dedicatione verbale l' ingegno , ſupplirà nelle vene la vita ; ed il ſangve, in vece della facondia, proteſterà nelle occaſioni ad un Mondo, che ſono

Di V. A. R.

Monaco di Baviera
15. Agoſto 1670.

Divotiſſimo, Fedeliſſimo Servo, Riverentiſſimo.

DOM. GISBERTI.

KÖNIGLICHE
HOHEIT.

Wer ohne Neugier reist, ermüdet zwecklos, müht sich ab und hat kein Vergnügen. Als ich die schöne Stadt München verließ, fragte ich, weil ich nicht unter den vielen Reisenden sein wollte, die um die Räder und Pferde herumstreichen, sogleich nach dem Tore, das uns den richtigen Weg öffnete. Ich suchte die Straße, die uns den Weg anzeigte, und erkundigte mich nach der Strecke, die uns nach Salzburg bringen muß. Das Tor war jenes, das sich nur dem Schritt der Fürsten öffnet und zur Isar-Brücke hinausgeht. Die Straße führte geradewegs nach Osten, und einzig die Sonne, der sie gehört, hat das Recht, sie zu betreten[2]. Und schließlich führte der Weg über entzückendes flaches Land, und er bleibt lieblich, auch wenn er sich verschlungen in vielen merkwürdigen Windungen verliert. In Zorneding kamen wir gegen 11 Uhr mittag an, da wir schon vor 9 Uhr am Morgen aufgebrochen waren. Ebersberg erreichten wir noch vor 4 Uhr am Nachmittage; da die Strecke nicht mehr als vier Doppelmeilen betrug, brauchten wir dafür nicht länger als fünf Stunden[3]. Vor dem Essen verlor sich der Blick im weiten Land, das Grün reichte bis dorthin, wo der Himmel den Horizont begrenzte, nachher sah das Auge nur Wald, vor dem Prospekt unzähliger Bäume erfaßte der Blick daher ein nicht enden wollendes Grün. Wir speisten in dem Dorfe, und als der Hof sich niedergelassen hatte, glich er einem Heere, zumindest taten es die riesigen Zelte, unter denen der waffenstarrende Hunger der Tafelnden ein Gemetzel unter den Toten anrichtete[4]. Ich will das fröhliche Spektakel des auf hundert Tische verteilten Gelages nicht beschreiben, denn da der Verstand eine so große Mahlzeit nicht verdauen kann, ist das keine Speise für meine Feder. Ich sage nur, daß das Goldene Zeitalter in das Dorf zurückgekehrt schien, und da die ländlichen Gerätschaften sich in den Gläsern und den königlichen Silbertassen spiegelten, vermischte sich Armut mit Prunk. Auch kann ich bei aller Überlegung noch nicht unterscheiden, ob die ländliche Einfachheit großartiger war als die verstreuten Schätze, oder ob dieser ausgebreitete Reichtum ehrgeiziger war als die bäuerliche Unbekümmertheit. Wohl weiß ich, daß das Gepränge keine schöneren Smaragde, keinen anmutigeren Emailschmuck bekommen konnte als die grünenden Pflänzlein und die bunten Blümlein von Zorneding. Und der Staatsschatz von München hätte sich nirgends prächtiger präsentieren können als in diesen Wäldern. Beim Schall von zwölf Trompeten entfernte sich das edle Durcheinander aus dem Umkreis des Dorfes. Nachdem wir mitten durch Neukirchen gekommen und der einsamen Gegend den Neid aus der Brust genommen hatten, den der allzu lange Aufenthalt an einem so wohlgefälligen Ort erzeugt hatte, fanden sich alle in der Ortschaft Ebersberg zum Abendessen ein. Ich stelle Eurer königlichen Hoheit die reiche Erhabenheit des Zuges nicht dar und nicht den Pomp, denn ein großer Fürst weiß ohnehin genau, mit welchem Gefolge ein großer Fürst reisen muß. Kurz ist die Fahrt, nicht aber der Sinn dessen, der sie unternimmt. Es ist Seine Durchlaucht FERDINAND MARIA[5], der als wahrer Sohn Maximilians das Herz Alexanders in sich trägt und die enge Beschränktheit der Welt beweint. Und um zu verstehen, welch Glanz hier herrscht, reicht die Erwähnung, daß Ihre Durchlaucht Prinzessin Adelaide[6] hier ist, die Schwester Eurer königlichen Hoheit, die Eurem stolzen Geblüt und Eurer Ehre würdig ist, und daß sich auch die kurfürstlichen Sprosse[7] hier be-

2 Um welche Straße, um welches Fürstentor es sich handelt, bleibt unklar, auch die Recherche im Stadtarchiv München blieb erfolglos. Möglicherweise einer der sogenannten Fürstenwege, die mit Schranken verschlossen waren und vom übrigen Verkehr nicht berührt wurden.

3 Gisberti schreibt von „quattro leghe". Das Wort „lega" stammt aus dem Spätlateinischen und bezeichnet eine Maßeinheit für Wegstrecken, deren Wert nach Land und Epoche variiert(e), aber nie weniger als zwei miglia (Meilen) umfaßt. Eine italienische „lega di posta" beträgt 3.898 m. Das Wort miglia kommt vom lateinischen „milia passuum" (1.000 Doppelschritte). d.h. ca. 1.480 m, und bezeichnet wie „lega" ein Längenmaß, das nach Ort und Epoche variiert. In Venedig betrug eine Meile 1.834 m, in Piacenza 1.480 m, im Piemont 2.468 m, ein „miglio italiano" betrug 1.856 m. Eine österreichische Meile entsprach 7.586 m, die Sächsische Postmeile 7.500 m, eine schwedische Meile 10.688,4 m. Gisberti gebraucht die dem Adressaten der Reisebriefe geläufige piemontesische Maßeinheit. Fünf Stunden Wegdauer für ca. 20 km Wegstrecke: Das bedeutet, daß der Reisezug sich im Schritt-Tempo bewegte.

4 Samuel Chapuzeau: Relation de l'estat present de la Maison electorale et de la cour de Bavière. Paris 1673, Hinweis in: Roswitha von Bary: Henriette Adelaide. Kurfürstin von Bayern. Regensburg 2004. Unveränderter Nachdruck München 1980, S. 185, informiert darüber, welch umfangreicher Vorbereitungen eine solche Verköstigung in Wies und Feld es bedurfte und daß für die Bereitung der Speisen Küchenzelte aufgestellt wurden, die ein Heerlager vortäuschten. Als Unterkünfte wurden Laubhütten errichtet.

finden, das bedeutet zwei weitere vollkommene Hofhaltungen. Sicher sind nach unserer Durchreise die öden Gegenden bevölkert, überfüllt die Dörfer und Täler, und selbst die Städte gedrängt voll. Schon können wir uns in einer Gerichtsbarkeit von eineinhalb Doppelmeilen Land, einem alten Benediktiner Erbe, nicht bewegen. Hier, wo 1.500 Seelen die Regeln des Jesuitenordens befolgen, ist ein fürstliches Paradies entstanden[8]. Hier, wo man siebzigtausend Gulden Einkünfte erzielt, befindet sich eine unbezahlbare Schatzkammer. Und hier hat sich schließlich ein Kloster von zwanzig Patres in einen Palast für 500 Personen verwandelt. Der Ort heißt Ebersberg und wurde ab dem Jahr 900 von Sieghard, Graf von Sempt[9], zu einer Festung gegen die Einfälle der Ungarn errichtet[10]. Man sieht diese Festung zwischen den beiden Flüssen Ebrach und Seeon in dem Wald, der vorher nach dem Eber, den der Gründer hier fand, Carnodunese und später Ebersberger Forst genannt wurde. Sie ist so günstig gelegen, daß die Herrlichkeit den Sternen kein schöneres und reicheres Bauwerk errichten könnte. In der Einfriedung dieser berühmten Burg ließen Eberhard und Adalbert[11], auch sie Grafen zu Sempt und Enkel von Sieghard, Söhne seines Sohnes Ratold, nachdem sie im Jahre 955 unseres Heils aus dem Ungarnkrieg zurückgekehrt waren, gemeinsam mit ihrer Schwester Wilbirg dem hl. Sebastian eine Kirche erbauen[12], und so wurde der Grundstein für dieses große Kloster gelegt. Ulrich, der Sohn des Adalbert, errichtete hier den Augustiner-Mönchen ein Kolleg. Adalbert der Ältere und seine Frau Richhild, die Schwester von Welf III., Herzog von Kärnten, machten aus der Sieghardsburg und dem Ulrichskloster ein Benediktinerkloster[13]. Die souveräne Oberhoheit von Bayern übertrug schließlich mit päpstlicher Erlaubnis Burg, Kirche und Kloster den Jesuiten, so wollten es die unbeständige Natur des Seins, die wechselhaften Veränderungen der Zeit, die unverstandenen Geheimnisse des Himmels. Daß diese gelehrte und gerühmte Religion die Unterstützung des kurfürstlichen Hauses genießt, beweist die schöne Basilika des noch lebenden hochwohlgeborenen Herzogs und Bischofs von Freising und Regensburg, Albert von Bayern[14], die zu Ehren des hl. Heerführers des Diokletian[15] errichtet wurde und es wahrlich verdient, als goldener Tabernakel die Hirnschale eines so bedeutenden Märtyrers zu bergen und zugleich der würdevollste Bau für das Gelübde zu sein, mit dem reichsten Schmuck.

Morgen vormittag werde ich Eurer königlichen Hoheit die heilige Zeremonie rund um den Wein beschreiben, den man am Altar dieses Heiligen zu trinken pflegt. Ich will mich mit eigenen Augen besser unterrichten, bevor ich davon spreche. Inzwischen nehmt großzügig den Bericht vom ersten Tag entgegen. Erlaubt, daß die Schatten meiner Feder der Dunkelheit des Abends weichen und erweist mir die Ehre Eures hohen Schutzes, denn damit verbleibe ich

Eurer königlichen Hoheit
ergebenster, untertänigster, ehrerbietigster
Diener

Dom. Gisberti.

Ebersberg, 19. August 1670.

5 Kurfürst Ferdinand Maria, geboren in München am 31.10.1636, gest. in Schleißheim am 26.5.1679, Sohn des Kurfürsten Maximilian I., regierte seit 1651. Durch merkantilistische Wirtschaftspolitik und Zentralisierung der Verwaltung förderte er den Aufbau des Landes nach dem Dreißigjährigen Krieg. Von Habsburg wandte er sich allmählich ab und lehnte sich an Frankreich an, mit dem er 1670 ein Bündnis einging (s.a. Einleitung). Für Ferdinand Maria war es nicht der erste Besuch in Salzburg, bereits 1659 hatte er gemeinsam mit seinem Bruder Philipp die nachbarliche Hauptstadt besucht.

6 Henriette Adelaide (Henriette Adelheid), geboren am 6.11.1636, gest. am 18.3.1676, seit 4.12.1650 mit Ferdinand Maria von Wittelsbach verehelicht (s.a. Einleitung).

7 Maria Anna Christine (1660–1690), die zukünftige Frau des französischen Thronerben Louis (1680 wurde sie mit ihm verheiratet) und Maximilian II. Emanuel (1662–1726), 1679–1705 und wieder ab 1714 Kurfürst von Bayern.

8 934 wird von der Gründung eines Augustiner-Chorherrenstiftes auf dem Stammsitz der Grafen von Sempt-Ebersberg berichtet. 1596 zogen die Jesuiten ein. Reclams Kunstführer, Baudenkmäler. Band I: Bayern, Stuttgart 1959, S. 223.

9 Die Grafen Eberhard und Adalbert von Sempt waren die Stifter des Klosters.

10 Die Magyaren unternahmen unter dem Fürstenhaus der Árpáden weite Raubzüge in die westlichen Nachbarländer, bis Otto der Große sie 955 durch den Sieg auf dem Lechfeld nach Ungarn zurückdrängte.

11 Vgl. Anm. 9.

KÖNIGLICHE
HOHEIT.

Das Licht des heutigen Tages hat mir so großes Vergnügen bereitet, daß mir ist, als hätte ich es eben erst erblickt, so rasch die Sonne aufgegangen ist, so schnell ist sie bei meinem genialen Zeitvertreib auch untergegangen. Wie wahr ist es doch, daß Nächte, die uns mit Unruhe quälen, uns wie Jahrhunderte vorkommen, und Tage, die uns mit Kurzweil unterhalten, wie flüchtige Augenblicke! Ein Himmelsblitz war mir der Tageslauf, und wenn ich die Unwahrheit sage, mögen Eure Majestät ihn mit einem vernünftigen Zeitmaß messen. Der Tag brach mit dem Morgengrauen an, ich besuchte in der Kirche meinen Schöpfer, und nachdem ich den Tagesanfang Gott geweiht hatte, wandte ich die ersten Bitten auf die schöne Zusammenkunft der Fürsten. Ich stieg zum Jesuitenkloster hinauf, betrat die Basilika, hörte die Messe, und am Altar kniend wurde mir die Gnade zuteil, aus der Hirnschale des hl. Sebastian mit Hilfe eines dünnen Silberhalmes in einem Schluck Weines ein Meer von Andacht zu trinken. Indem sie die Gläubigen die Gefäße der Barmherzigkeit zusammen mit dem Gottlosen schauen lassen, machen die weisen Patres anschaulich, daß die Religion auch noch durch die Reliquien ihrer zu Märtyrern gewordenen Heiligen triumphiert, obwohl die Tyrannen ihre Siege angesichts der Leiden der gemetzelten Feinde feierten. Wenn jetzt ein geifernder Lästerer sagte, daß die Deutschen sogar im Blute der Märtyrer den Wein suchen und in den heiligen Hirnschalen die Becher[16], so bin ich, ganz erfüllt von diesem wahrhaft frommen und andächtigen Brauche, gezwungen, ihn zu tadeln und zu erklären, daß die Christen Norikums den Durst des Geistes löschen und die Seele kühlen und daß sie nur danach trachten, auch die Versuchungen des Reichtums in etwas Wertvolles zu verwandeln & die Säfte, die trunken machen, zu Tropfen heilvollen Maßes. Soll der Baier aus Ebersberg doch aus einem so schönen Kelch sein Heil trinken. Möge er ruhig seinen Gaumen mit dem heiligen Tranke heiligen. Und zur ewigen Erinnerung soll man schreiben: Wo ein anderer die Lippen mit Lust netzt, die Tugend ertrinkt und die guten Werke untergehen, dort reinigt der Deutsche die Eingeweide dem heiligen Eifer, ertränkt er die Sinnlichkeit. Und in einem Akt der reinen Anbetung wird die Versuchung des Lasters geopfert. Und hier gehe ich, damit ich mich nicht weiter bei den dankbaren Erinnerungen meines geistigen Vergnügens aufhalte und Eure königliche Hoheit allzu sehr langweile, zum Bericht von jenen Stunden über, die mich gegen Mittag und am Abend an den Tisch führten. Nachdem wir von dem kleinen Hügel von Ebersberg in ein entzückendes kleines Tal hinuntergefahren waren, fanden wir in Gesellschaft der frischen Lüfte des Zephyros[17] die heißen Düfte des Mittagsmahles in Tulling, und mit Hilfe des von Äpfeln schweren Herbstes ernteten wir den Sommer einer glühheißen Küche. Der Sehsinn wurde erfreut, als wir uns dort hinbegaben, der Geschmackssinn wurde erquickt, als wir uns setzten, und Seufzer der Lust lösten sich vom Gaumen. Der Weg hätte schöner nicht sein können, die Tafel nicht üppiger. Nachdem die Tischtücher wieder verbracht und die Fürsten ausgeruht sind, spannt man beim gewohnten Erschallen der Trompeten die Rösser neuerlich an, steigt in die Kutschen, und hurtig fahren wir zu den hohen Ufern des Inns, die in dicht aufeinander folgenden Hügeln sich heben und senken und um Wasserburg gleichsam einen Kranz von Bäumen bilden. Wasserburg liegt

12 Die Wallfahrtskirche St. Sebastian, in der die Hirnschale des hl. Sebastian angebetet wurde.

13 1043 übergab Graf Ulrich das Kloster den Benediktinern.

14 Bischof Albert Sigmund von Wittelsbach, Herzog von Bayern, regierte von 1668 bis 1685.

15 Der hl. Sebastian war römischer Offizier und Märtyrer der Diokletianischen Verfolgung in Rom gewesen.

16 Franz Martin: Salzburgs Fürsten in der Barockzeit. 3. Aufl. Salzburg 1966, S. 117, berichtet, daß Königin Christine von Schweden aus Anlaß des Konklaves 1667 über Erzbischof Guidobald Graf Thun geschrieben habe, daß er deshalb die Achtung seiner Landsleute, ja eine gewisse Berühmtheit erlangt habe, weil er ein Fäßchen Wein austrinken konnte, ohne betrunken zu sein, und jeder Mann, der weniger trinke, in Deutschland als Dummkopf gelte. Diese Anekdote fügt sich in die Reihe der Stereotypen und Vorurteile, welche die Italiener sich seit der Völkerwanderungszeit von den nördlichen Nachbarn gebildet haben. Vgl. dazu u.a. Peter Amelung: Das Bild des Deutschen in der italienischen Renaissance 1400–1559. München 1964.

17 Zephyros, lat. Favonius, im Altertum der Westwind. In der griechischen Mythologie der Sohn des Astraios und der Eos. Mit der Harpye Podarge zeugte er die schnellen Rosse des Achilles.

18 Gisberti verwendet das deutsche Lehnwort „Borgo“ (Burg), das hier wohl mit „Stadt“ zu übersetzen ist.

19 Die Stadt liegt in einer Innschleife.

tief unten, doch schön; verborgen, aber lebendig; würdig, nicht Stadt[18] genannt zu werden, sondern Wasserfestung, denn der Fluß dient ihr ringsum als breiter, tiefer Graben mit starken Mauern und stolzen Ufern[19]. Die Stadt ist von annähernd ovalem Grundriß, und da sie eingefaßt wird von zinnenbewehrten Häusern, erscheint sie wie von Türmen bekrönt, und weil sie vom Wasserlauf umschlossen wird, erscheint sie wie eine Halbinsel im Meer, und da sie von viel Grün durchbrochen ist, gleicht sie einem Garten. Üppig ist sie und erkennt den Vorteil, den das Wasser ihr bietet. Sicher ist sie und erhält ihren Frieden durch die Lage. Alles in allem dehnt sie sich nicht weiter als eine italienische Meile aus, wohl hat sie viele Wohnbauten, doch weitet sich nicht mehr als ein Platz. Innerhalb der frommen Mauern erheben sich sechs alte Kirchen[20]: Außerhalb steht das ganz neue Kapuzinerkloster, und allenthalben sieht man sehr wohlgefällige Bauten[21]. Sie hat einen niedrigen Turm, der im Osten als Tor dient, dort kann man über eine gewaltige Brücke den Innfluß überqueren[22], & am Tor zwischen Norden und Westen dient ihr ein großes Bauwerk als Burg[23]. Hier unterhält Seine Durchlaucht der Kurfürst eine Kompagnie zur Bewachung und einen Obersten als Statthalter, den man als Pfleger bezeichnet und der die Majestät des Regenten vertritt[24]. Er spricht Recht, spricht frei oder verurteilt, ohne aber dem Vorrecht der bürgerlichen Beschlüsse die Gnade einer scheinbaren Erfüllung zu nehmen. Dies ist das Wasserburg, das Maximilian, Ehre sei seinem Andenken, als berühmte Zuflucht diente[25]; und dies sind die Untertanen, die sich standhaft gegen den Schwedenkönig verteidigten und ihm die Kanonen vom Berg aus zerstörten. Dies ist das Wasserburg, das der Inn beinah umfängt; dies sind die Bewohner, zu deren Schutz sich die Berge beinah bis an die Sterne erheben, und dies ist schließlich alles, was ich in Wasserburg und bei seinen Bewohnern mit allergrößter Freude beobachten konnte, am zweiten Tage unserer Fahrt, die in alle Ewigkeit der Ehrerbietung geweiht ist, die ich in reinster Form dem Königshaus Savoyen bezeige, & meinem in alle Ewigkeit fortdauernden Wunsche, man möge mir glauben, daß ich verbleibe

Eurer Majestät

ergebenster, ehrerbietigster
Diener

DOMENICO GISBERTI

Wasserburg, 20. August 1670.

20 Die 1633 barockisierte Stadtpfarrkirche St. Jakob aus dem frühen 15. Jahrhundert, die Frauenkirche aus der 1. Hälfte des 14. Jahrhunderts, die 1341 gegründete Heilig-Geist-Spitalkirche sind erhalten.

21 Die typisch inntalischen Wohnbauten mit ihren flachen, oft gerade abschließenden Frontwänden, ihren Laubengängen und Grabendächern aus dem 14. bis 16. Jahrhundert.

22 Das 1470 errichtete sog. Brucktor.

23 Die 1531 an der Stelle des mittelalterlichen Palas errichtete Burg.

24 Die Pflegen wurden fast immer an Offiziere vergeben.

25 Der Kurfürst ist am 12.9.1646 nach Wasserburg ausgewichen. Vgl. Dieter Albrecht: Maximilian I. von Bayern 1573–1651. München 1998, S. 1057. Am 19.3.1647 hat er offenbar noch in Wasserburg Waffenstillstandsverträge unterzeichnet. Vgl. Sigmund Riezler: Geschichte Bayerns. Bd. 6. Gotha 1903, S. 611. Danach ist er wohl nach München zurückgekehrt. Zur Zeit der Bedrohung durch Gustav Adolf hat sich Maximilian in Braunau aufgehalten, insgesamt von Dezember 1632 bis Mai 1635. D. Albrecht, S. 848. 1632 hatte Maximilian seine Familie, Schätze und Urkunden nach Salzburg in Sicherheit gebracht, 1648 flüchtete er selbst nach Salzburg, das als uneinnehmbar galt.

KÖNIGLICHE
HOHEIT.

Eine halbe Viertelstunde von Wasserburg entfernt endete das geistliche Hoheitsgebiet des Bischofs von Freising und begann das von Chiemsee, ein Bischofssitz, der ebenfalls Salzburg untertan ist, und dessen Oberhaupt vom Erzbischof und vom Kapitel dieser vornehmen Domherrn gewählt wird[26]. Die Straße war den ganzen Morgen über, bis Pfaffing, schlecht; bei einem befestigten Haus des Ambergs[27] mußten wir durch das Dickicht eines alten, ungepflegten Waldes, oberhalb und unterhalb eines öden Hügels wurde es noch schlimmer, und in und um Höslwang führte sie an alten Hecken entlang, und oberhalb und unterhalb der holprigen Wege war sie unvorstellbar schlecht, umso mehr, als sich die Unebenheit des Weges mit den Unbilden des Wetters verschworen hatte und das Ungemach verdoppelte. Unter Dächern und Lauben aus Heu und Stroh wurde der reiche Tisch gedeckt, und da die königlichen Bedienten die bäurischen Hütten gegen den prasselnden Regen des frechen Himmels verteidigen mußten, wurde mein Geist satter an Gedanken als der Bauch an Speisen, und mir kamen der begehrte ländliche Friede und die ersehnte Ruhe der Einsamkeit zu Hilfe. Oh, wie oft (sagte ich), bekamen Könige und Hof vom Schicksal ihre Sicherheit zwischen Waldeshütten! Wie oft wurden armselige Verstecke zum ungestörten Unterschlupf der Mächtigen, und wie oft schützte sich die Majestät der Monarchen in einem ländlichen Schlupfwinkel vor den Kränkungen der Umstände und der Zeiten! Noch mehr sagte ich und würde ich sagen, wenn dies eine Rede wäre und nicht ein Brief, und wenn meine Langeweile sich unter den Augen Eurer Majestät in Vergnügen wandeln könnte. Weil ich aber sicher bin, daß kein Alchimist imstande wäre, mein allzu lebhaftes Quecksilber in Silber zu verwandeln und die mindere Legierung meiner Adern zu Gold zu veredeln, wohl aber wohlwollendes Mitleid und beschützende Höflichkeit es vermögen, sollte ich mir so günstige Gewogenheit nicht mit Sinnlosem quälen, tue es aber leider zu meiner Scham mit dem knappen Bericht von unserer Reise. Ich will mich also kurzfassen: Eure Majestät stelle sich den Mittagstisch abgeräumt vor, die Pferde aufgezäumt, die Kutschen im Rollen begriffen. Und nach Ablauf einer Stunde die ganze Reisegesellschaft an den flachen Ufern des Chiemsees. Ein Teil hatte gemeinsam mit Seiner Hoheit dem Kurfürsten, mit Ihrer Hoheit der Kurfürstin und mit den Prinzen ein Schiff bestiegen, um dem Kloster der Benediktinerinnen[28] einen Besuch abzustatten, wo eine Adelheid vor Karl dem Großen Zuflucht gefunden hatte[29], eine gekrönte Heldin des königlichen Geblüts von Frankreich (wahrlich, der schöne Name Adelheid begleitete stets Seelen von Ruf!), & die Grundfesten einer Burg zu besichtigten, die der glorreiche Maximilian, Vater Seiner Durchlaucht des Kurfürsten, ein siegreicher Herrscher, zu einem hohen Zwecke hier errichten wollte. Die anderen fuhren in Booten zum Kloster der Augustiner[30], um deren Zellen zu finden und die Erholung vorzubereiten. Eure Majestät stelle sich vor, Ihr sähet einen großen See, drei Doppelmeilen lang, zwei breit, von kreisrunder Form, wenn mich der Blick nicht trügt, in dem zwei schöne Inseln, fast in der Mitte & gleich weit entfernt, die genannten Klöster tragen. Das der Regulardomherren, St. Salvatorabtei genannt, wurde von den alten Baiernfürsten[31] dem Bischof von Metz geschenkt, und König Arnulf, der es gegen Luxeuil vertauschte, gab es für das Seelenheil

26 Der im Kaiviertel gelegene Chiemseehof, um 1300 zur Residenz ausgebaut, als die er bis 1814 dem jeweiligen Bischof zu Chiemsee diente, erinnert noch daran. Siehe a. Anm. 90.

27 Unklar, was Gisberti meint.

28 Frauenwörth im Chiemsee.

29 Nicht eruierbar.

30 Der Salzburger Erzbischof Konrad I. von Abensberg (1106–1147) hatte 1130 hier Augustiner-Chorherren angesiedelt.

31 Zur Schreibweise: „Baierisch“ wird verwendet im ethnologischen Sinn. „Bayern“ wird dagegen verwendet, wo es sich um den politischen Sinn handelt.

Sebastiano Bombelli: Doppelbildnis des Kurfürstenpaares Ferdinand Maria und Henriette Adelaide, Mitte 17. Jh.
München, Bayerische Staatsgemäldesammlungen, Inv.-Nr. 4156.

seines Vaters Karlmann dem Erzbischof Dietmar von Salzburg, und dann wurde es im Jahre 969 Friedrich Graf von Chiemgau, auch er Erzbischof, verliehen. Das Bauwerk ist der königlichen Mildtätigkeit des Baiernherzogs Tassilo II.[32], des Erbauers, würdig und der religiösen Wachsamkeit Konrads, des Bischofs von Juvavia[33], der es restaurierte, nachdem es von den Ungarn zerstört worden war. Das Gotteshaus wurde in den kriegerischen Wechselfällen jener Jahrhunderte von der Benediktinischen an die Augustinische Ordnung übergeben. Es ist ein Bischofssitz, der vom Prälaten gestiftet wurde, dem Gründer des Seckauer und des Lavanttaler Sitzes, nämlich von Eberhard II., dem Bischof von Brixen, aus der Familie der Truchsessen. Eine Diözese, zu deren Besitz Eggstett, Putting, Rühteringen und Strum gehören, außerdem Salzstollen in Hallein und zwei Villen in Grassau, das Recht auf den Zehent und noch mehr, alles im Jahr 1157 von Papst Hadrian bestätigt[34].

Das andere ist ein Frauenkloster, wurde ebenfalls von König Tassilo[35] gegründet und mit folgenden zwölf Gebieten ausgestattet: Evenhausen, Leuchtental, Schonsteten, Tetingen, Sapienzmunster, Puech, Frauhoven, Hofhaim, Fridlfingen, Fraundorf, Palchingen[36]; ein religiöses Exempel des großherzigen Kurfürstenhauses. Der Besitz wurde von Karl bewahrt[37], von Ludwig beschützt[38], von Kaiser Heinrich dem Heiligen geliebt[39], der seine Tochter Irmengard zur Äbtissin machte und seine Schwester Gerpirg in dem selben Amt sehen wollte. Das Kloster wurde von König Heinrich IV. glücklich beschützt und durch die Güte Seiner Durchlaucht

32 Recte Tassilo III.

33 Konrad I. von Abensberg

34 Hadrian IV., der einzige aus England stammende Papst, hatte das Amt 1154–1159 inne.

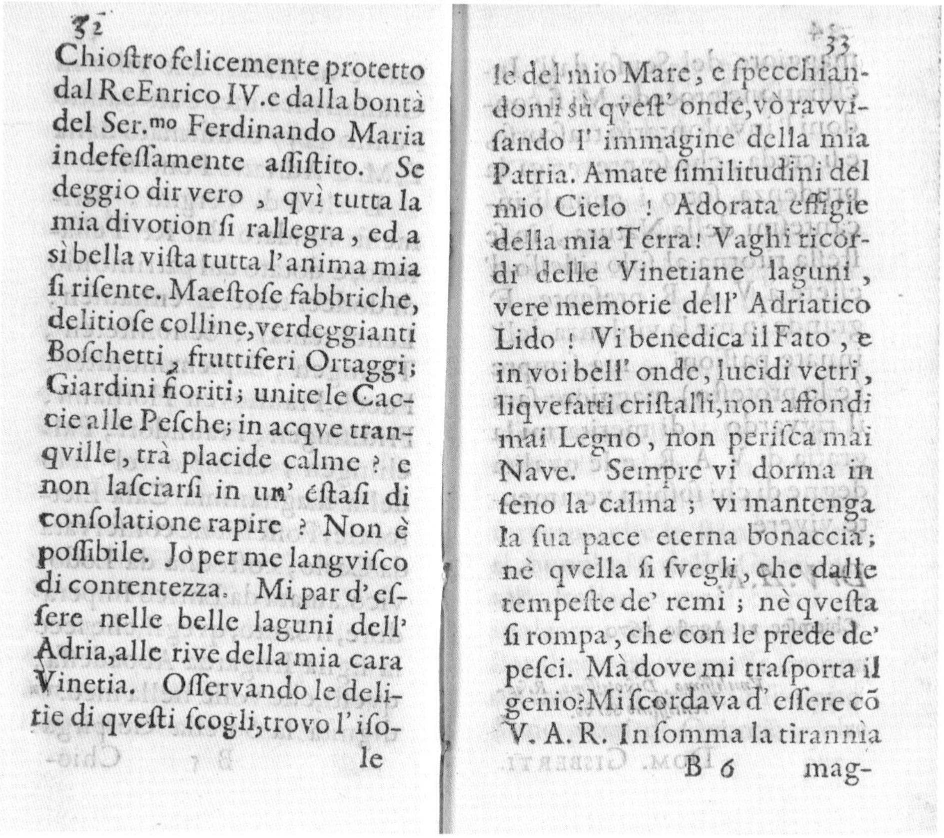

32

Chioſtro felicemente protetto
dal Re Enrico IV. e dalla bontà
del Ser.mo Ferdinando Maria
indefeſſamente aſſiſtito. Se
deggio dir vero , qvì tutta la
mia divotion ſi rallegra , ed a
sì bella viſta tutta l'anima mia
ſi riſente. Maeſtoſe fabbriche,
delitioſe colline, verdeggianti
Boſchetti , fruttiferi Ortaggi;
Giardini fioriti; unite le Caccie
alle Peſche; in acqve tranqville,
trà placide calme ? e
non laſciarſi in un' éſtaſi di
conſolatione rapire ? Non è
poſſibile. Jò per me langviſco
di contentezza. Mi par d' eſſere
nelle belle laguni dell'
Adria, alle rive della mia cara
Vinetia. Oſſervando le delitie
di qveſti ſcogli, trovo l' iſole

33

le del mio Mare , e ſpecchiandomi
sù qveſt' onde, vò ravviſando
l' immagine della mia
Patria. Amate ſimilitudini del
mio Cielo ! Adorata effigie
della mia Terra! Vaghi ricordi
delle Vinetiane laguni ,
vere memorie dell' Adriatico
Lido ! Vi benedica il Fato , e
in voi bell' onde, lucidi vetri ,
liqvefatti criſtalli, non affondi
mai Legno , non periſca mai
Nave. Sempre vi dorma in
ſeno la calma ; vi mantenga
la ſua pace eterna bonaccia;
nè qvella ſi ſvegli , che dalle
tempeſte de' remi ; nè qveſta
ſi rompa , che con le prede de'
peſci. Mà dove mi traſporta il
genio? Mi ſcordava d' eſſere cõ
V. A. R. In ſomma la tirannia
B 6 mag-

Ferdinand Maria unermüdlich unterstützt. Um die Wahrheit zu sagen, hier jubelt meine Frömmigkeit, und bei solch schönem Anblick erwacht meine ganze Seele. Majestätische Bauwerke, entzückende Hügel, grünende Wäldchen, fruchtbare Gemüsegärten, blühende Blumengärten, Jagd und Fischfang vereint. Zwischen stillen Wassern wandeln und sich nicht zu einer Ekstase der Freude hinreißen lassen? Unmöglich! Was mich betrifft, so vergehe ich vor Glück. Es ist mir, als wäre ich in den wunderbaren Lagunen der Adria, an den Gestaden meines herrlichen Venedig. Die Schönheit dieser Felsen schauend, finde ich die Inseln meines Meeres wieder, und mich in diesen Wogen spiegelnd, erkenne ich das Bild meiner Heimat. Geliebter Himmel, der du diesem gleichst! Angebetetes Bild meines Landes! Anmutige Erinnerungen an die Lagunen Venedigs, an die Ufer der Adria! Das Schicksal segne euch, und in euch, schöne Wellen, funkelndes Glas, flüssige Kristalle, möge niemals ein Boot untergehen, möge nie ein Schiff zu Grunde gehen. Stets soll in eurem Busen die Ruhe schlummern, ewige Stille möge euch den Frieden bewahren. Nur der vom Sturm der Ruder verursachte Wind soll sich erheben, nur die schwere Fischbeute die Stille brechen. Aber wohin führt mich mein Sinnen? Ich vergaß, daß ich mich bei Eurer königlichen Hoheit befand. Ja, die Liebe ist der Grund für die größte Tyrannei des Gefühles. Vergebt mir die ungewollte Verfehlung und glaubt mir, wenn die Vernunft angesichts der genialen Zauber der Natur ihren Pflichten zuwiderhandelt, so kehrt sie allein bei dem Gedanken, bei Euch, königliche Hoheit, zu sein, in sich selbst zurück. In mir ist die Gewalt der angeborenen Leidenschaftlichkeit groß, noch größer aber, glaubt mir, ist stets der Vorsatz, mir die Gnade Eurer königlichen Hoheit zu verdienen und die würdigen Eigenschaften eines, der aufrichtig wünscht, zu leben als

Eurer königlichen Hoheit

untertänigster, ergebenster, ehrerbietigster
Diener

DOM. GISBERTI.

Chiemsee, 21. August 1670.

35 Herzog Tassilo III.

36 Nach einem Diplom von Heinrich IV. aus dem Jahr 1077 gehörten zu Frauenchiemsee Axams, Evenhausen, Leukental, Schönstett, Töging, Sapienzenmünster, Reichenhall, Buch am Erlbach, Frauenhofen, Hofheim, Fridolfing, Frauendorf und Hohenpolding (Hinweis Adolf Hahnl).

37 Karl I. der Große aus dem Geschlecht der Arnulfinger, König der Franken (768–814), römischer Kaiser seit 800.

38 Kaiser Ludwig der Fromme (813/14–840), der dritte Sohn Karls des Großen.

39 Heinrich II. der Heilige (1002–1024), geboren 973, seit 995 Herzog von Bayern, seit 1002 König, ließ sich 1004 zum König von Italien krönen und erlangte 1004 die Kaiserkrönung. 1146 wurde er heiliggesprochen.

Kurfürst Ferdinand Maria von Bayern.
München, Wittelsbacher Ausgleichsfond, Inv.-Nr. BT a 108

Kurfürstin Henriette Adelaide von Bayern mit einer Pomeranze.
München, Wittelsbacher Ausgleichsfond, Inv.-Nr. BT a 109

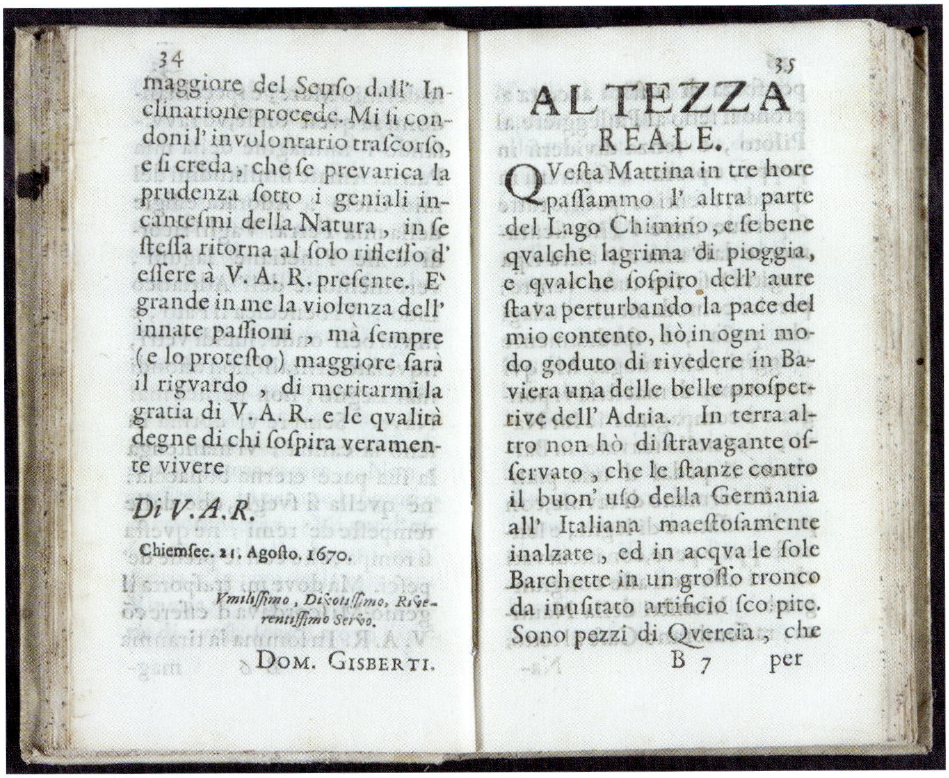
34

maggiore del Senſo dall' Inclinatione procede. Mi ſi condoni l' involontario traſcorſo, e ſi creda, che ſe prevarica la prudenza ſotto i geniali incanteſmi della Natura, in ſe ſteſſa ritorna al ſolo rifleſſo d' eſſere à V. A. R. preſente. E' grande in me la violenza dell' innate paſſioni, mà ſempre (e lo proteſto) maggiore ſarà il rigvardo, di meritarmi la gratia di V. A. R. e le qvalità degne di chi ſoſpira veramente vivere

Di V.A.R.

Chiemſee. 21. Agoſto. 1670.

Vmiliſſimo, Divotiſſimo, Riverentiſſimo Servo.

DOM. GISBERTI.

35

ALTEZZA REALE.

QVeſta Mattina in tre hore paſſammo l' altra parte del Lago Chimino, e ſebene qvalche lagrima di pioggia, e qvalche ſoſpiro dell' aure ſtava perturbando la pace del mio contento, hò in ogni modo goduto di rivedere in Baviera una delle belle proſpetrive dell' Adria. In terra altro non hò di ſtravagante oſſervato, che le ſtanze contro il buon' uſo della Germania all' Italiana maeſtoſamente inalzate, ed in acqva le ſole Barchette in un groſſo tronco da inuſitato artificio ſco pite. Sono pezzi di Qvercia, che

B 7 per

KÖNIGLICHE
HOHEIT.

Heute morgen sind wir in drei Stunden am anderen Ufer des Chiemsees entlanggefahren. Und wenn auch manche Regentränе und manch Luftseufzer den Frieden meiner Freude störte, so habe ich es doch jedenfalls genossen, in Bayern eine der schönen Ansichten der Adria wiederzusehen. Zu Lande habe ich nichts Außergewöhnliches beobachtet, nur daß die Zimmer, entgegen dem guten deutschen Brauch, auf italienische Art majestätisch hoch waren. Und zu Wasser sind die Boote mit ungewöhnlichem Geschick aus einem einzigen dicken Stamm gehauen. Es sind Eichenstücke, die durch die Kraft der ländlichen Axt in ihrer Aushöhlung den Fahrgast und den Steuermann aufnehmen und Kiel und Bug nicht unterscheiden. Auch kennen sie nicht Brüstungen und Bilgen[40] (überflüssige Ordnungen, wo Gewohnheit und Erfahrung sicher von einem ans andere Ufer übersetzen) und sind nur Bauch, damit der Passagier sich bequem niederlassen und der Ruderer sich rasch drehen kann. Aber nicht weniger geschickt als sie aus einem Baumstrunk Boote höhlen, bauen sie hier ihre Schiffe[41]. Sie bilden sie aus Brettern, mit wenig Gerippe und ohne Werg und Pech, mit gebogenen Nägeln verbinden sie Brett mit Brett. Es sind Ungeheuer der Schiffahrt: Ihr Deck ähnelt Häusern, der Kiel Schiffen, die Bilgen Kähnen, die Seiten Tartanen[42] & die Ruder der Mannschaft Brigantinen[43] und Galeeren. Das größte, das bei der Durchreise der durchlauchtigsten Herrschaften neu gebaut wurde, ist ein Abbild des Bucintoro, der auf dem großen Starnberger See goldgeschnitzt glänzt. Glasfenster

40 Die Bilge ist der Kielraum eines Schiffes, in dem sich das Leckwasser sammelt.

41 In der Zeit des Barock wurden für den Würmsee (so hieß der Starnberger See) und für den Chiemsee Prachtschiffe gebaut. Das erste solche Schiff auf dem Chiemsee wurde im Jahr „unserer" Reise, 1670, fertiggestellt. War es vielleicht der Nachbau des Bucintoro, von dem Gisberti weiter unten schreibt? Es war aus Fichtenholz, hatte eine Länge von 22 m und war mit Delphinen und anderem Zierat reich geschmückt. Im Jahr 1676 wurde das Schiff aus dem dauerhafteren Lärchenholz neu gebaut. Es war dann 20 m lang, 4 m breit und hatte 14 Ruder sowie ein Segel. Dieses Prachtschiff und zwei kleine Kähne, die Renner, die das Schiff begleiteten, hatten ihren Standort in Breitbrunn. Vgl. Dieter Seeberger: www.marinekameradschaft-muenchen.de/bucentaur. Der Einbaum war auf dem Chiemsee seit der Latène-Zeit (395–210 v. Chr.) in Gebrauch, wie Fundstüce belegen. Vgl. Thomas Pfleiderer: Einbäume des Chiemsees. In: NAU 11/12 2005, S. 37–44.

42 Die Tartane ist ein im Mittelmeerraum gebräuchliches ungedecktes, meist einmastiges Fischerboot.

43 Die Brigantine ist ein zweimastiges Segelschiff, mit Rahen getakelt.

Der Bucintoro auf dem Starnberger See mit seiner Begleitflotte. Bayerische Staatsbibliothek München, Sign. Hbks F 18-1

schließen es, bemalte Geländer schmücken es, es hat abgeteilte Räume, Mast, Rahen, Segel und Fahnen, die es so sehr verschönern, daß es auch vor den Augen eines venezianischen Hauptarchitekten glänzend bestehen kann[44]. Ich schweige von den Fischen, die vor meinen Augen in langen Netzen an Land gezogen wurden; ich rede nicht von der Menge des Fisches, der in allen bayerischen Gewässern im Überfluß vorhanden ist. Einen einzigen besonderen Vorzug des Chiemsees werde ich erwähnen, & das ist, daß er unter den hundert Seen und Flüssen dieses kurfürstlichen Herrschaftsgebietes den Vorteil hat, daß er die Sicht auf den schönsten Ort öffnet, den man sich vorstellen kann, und daß er die angenehmsten Gelegenheiten bietet, welche die Lust sich ausmalen kann. Ich übertreibe nicht. Er ist eine Bühne, ein Theater der Lieblichkeit, und an den Grenzen Norikums die größte Wonne des Fürsten. Noch immer meine ich ihn zu sehen, obwohl eineinhalb Doppelmeilen weit Bäume mir die Sicht rauben. Ich bin in Traunstein, und trotzdem vermeine ich, über den Chiemsee zu gleiten. Doch da wir uns nicht mehr auf dem See befinden und uns in der Stadt ausruhen, vollziehe die Feder den Ortswechsel und mache Eure königliche Majestät sich die Mühe, darüber eine kurze Auskunft zu lesen.

Traunstein ist eine Burg auf einer Anhöhe, freundlich, volkreich, und wegen des Salzhandels sehr behaglich[45]. (Oh, wie sehr versüßt doch ein gesunder Handel die Armut der Länder!) Sie umfaßt nur ein Stadtviertel, und an den gleich gebauten Häusern und an den taktvollen Menschen erkennt man den Gewinn, den auch die Anlagen des Geistes aus dem Nutzen des Handels ziehen. (Wo der Markt herrscht, führt er zwei große Güter ein, den Anstand, der den Menschen ausmacht, und den Reichtum, welcher Anstand bewirkt.) Diese Stadt hat, wie die anderen auch, ihren Richter, ihre Räte, ihre Verwaltung. Gleich allen anderen hat sie gut gebaute Häuser, schöne Kirchen, eine tüchtige Bevölkerung, aber zudem noch die Salinen, Salzwerke, die es ihrer kunstvollen Anlage und ihrer Nützlichkeit wegen wert sind, betrachtet und beschrieben zu werden.

Es sind dies Öfen, die auf großer Grundfläche und unter einem hohen Dache aus dicken Backsteinen errichtet werden. Nein, es sind Feuerstätten aus Stein, die

44 Ferdinand Maria ließ tatsächlich 1662 eine Nachbildung des Bucintoro, des venezianischen Prunkschiffes der Dogen, bauen, das dann auf dem Starnberger See dem Kurfürstenpaar und seinen Gästen zu einem phantastischen Vergnügen verhalf und dem Original in nichts nachstand. Der venezianische Ingenieur und Theaterarchitekt Francesco Santurini fertigte den Entwurf an und übernahm die Bauleitung. Welsche und deutsche Zimmerer führten die Arbeit aus. Der schwimmende Palast hatte eine Länge von ca. 30 m, war 7,5 m breit und 5 m hoch. Die ursprünglich 80 Ruder waren in zwei Etagen angelegt. Darüberhinaus besaß der bayerische Bucintoro zwei Mastbäume mit Rahsegeln (das venezianische Vorbild besaß keine Segel). Wegen der flachen Bauweise und der relativ hohen Aufbauten war er aber nicht besonders seetüchtig, und bei starkem Wind mußten sogar die Anker geworfen werden. Das schwimmende Lustschloß war in drei Stockwerke gegliedert – der Bucintoro hatte nur zwei Etagen – unten saßen die Ruderer, darüber befand sich die bel etage mit den Passagierräumen. Hier gelangte man vom Heck aus über Treppen in zwei Kabinette. Diesen schloß sich das Zimmer des Kurfürsten in Mannshöhe aufragen, am oberen Ende zum Entzünden des Brennholzes einen Ofen eingebaut haben und so geräumig sind, daß drinnen, im hoch lodernden Feuer, die eisernen Kessel brennen und glühen können. Diese sind ringsum eingemauert und werden in der Mitte von tönernen Säulen gestützt, die sie so hoch über die Feuerstelle und über den Ofen erheben, wie die Flammenzungen sie heiß umstreichen. Sie sind aus so starken Metallteilen gearbeitet und durch so dicke Nägel verbunden, daß jeder seine 5.000 Gulden wert sein wird. Jeder würde mit seiner Größe einen Raum füllen, und mit dem, was einer kostet, könnte man ein Haus bauen. Das Wasser, das von der entstehenden Flüssigkeit das Brackige fortnimmt, wird vom Eifer dessen, der es nahm, als schuldig verurteilt, es wird gezwungen, durch einen zwanzig italienische Meilen langen Bleikerker steile Berge hinab- und aus der Erde herauszufließen, um in den Händen des Gewinnes davon Rechenschaft abzulegen[46]. Vier Doppelmeilen weit der Folter unterworfen, taucht es bei einem hölzernen Brunnen auf, der wenige Schritte von der Stadt entfernt liegt, und gesteht einem arithmetischen Gerät, welches es prüft, den geringfügigen oder großen Salzdiebstahl, den es in den Gruben begangen hat. Danach fließt es weiter, um das Salz weinend unter der Feuerfolter abzuladen und unter der gerechten Wirtschaft der Verwaltung die Vollstreckung des Urteils zu erleiden, welches es wahrhaft gesalzen zu stehen kommt. Aber lassen wir die Allegorien beiseite. Wünschen Eure königliche Hoheit eine einfache Auskunft darüber zu bekommen und wirklich zu erfahren, wie man diese reinweiße Speisenwürze herstellt? Hier ist sie.

Das Wasser kommt, es fließt hernieder & füllt das Becken. Das Feuer brennt, das Wasser kocht, und das Salz bildet Kristalle, denn es ist nichts anderes als eine Ablagerung, die das Wasser durch die Hitze eines großen Feuers auf dem Grund des kochenden Kessels zurückläßt. Nachdem das Salz sich abgelagert hat, kommt ein Arbeiter auf einem Paar sehr hoher Holzschuhe an den Füßen und führt es mit einem Besen in den Händen von der Mitte an die Seiten. Danach sammelt es ein Meister und füllt es in die bereitgestellten Gefäße. Nachdem es in den Gefäßen erkaltet und hart geworden ist, stürzen Gesellen es heraus. Gestürzt, bleibt es in Kegeln, die keine Spitze haben, aber so dick sind, daß man sie gerade mit den Armen unfassen kann, und so groß, daß man sie bequem einen nach dem anderen auf den Schultern tragen kann. Nachdem die Salzkegel von den Arbeitern ins Lager gebracht worden sind, werden sie mit Äxten behauen. Die abgehauenen Splitter werden mit Eisenstößeln in kleine Fässer gestoßen, die man gut vernagelt und verschlossen nach ganz Bayern und anderswohin verschickt. Aber hier endet der Händlerfleiß dieses Ortes nicht! Mit nicht geringerer Geschicklichkeit als das Wasser vom Berge herabläuft, kommt das Holz aus den Wäldern. Ein kleiner Fluß, der aus dem Süden kommend die Stadt im Osten benetzt, Traun heißt und Traunstein seinen Namen gibt, geizt, wo es sein muß, mit seinem Naß, künstlich gezähmt stürzt er hernieder, und an den Toren gefesselt und in Kanäle gezwungen, sammelt er, ob er will oder nicht, alles Wasser, das ihm von der Quelle her zufließt, und breitet es verschwenderisch aus, nach dem Gutdünken dessen, der ihn zum Sklaven macht. Das ist seine Aufgabe. Lange Zeit lassen die Holzfäller das Holz, das im Wald ständig gefällt wird, verstreut liegen. Wo man auch hinschaut, ist der ganze Boden voller Äste und Stämme. Sie sind rundherum aufgeschichtet, ringsum ganze gerodete Wälder. Soviel Vorrat wegzukarren, wäre zu

an. Vorne war das große Tafelzimmer. Auf dem Vordeck befand sich ein Zierbrunnen mit hoher Fontäne. Das offene Obergeschoß war für Musikanten, Diener und Matrosen sowie für den Steuermann gedacht. 1663 erfolgte der Stapellauf, im Juli 1664 waren die Schreiner- und Bildhauerarbeiten abgeschlossen. Vgl. D. Seeberger (Anm. 41). Zur ausführlichen Information sei empfohlen: Gerhard Schober: Prunkschiffe auf dem Starnberger See. Eine Geschichte der Lustflotten bayerischer Herrscher. München 1982. Als Steuermann diente der Kalfaterer Nicolò de Demetrio, den Ferdinand Maria sich durch Baldassare Bartoli, seinen Agenten in Venedig, vom Dogen erbeten hatte. R.v. Bary (Anm. 4), S. 182. Das Amt des Dogen bekleidete 1663 Domenico Contarini (1659–1674), der im selben Jahr um Candia (heute Kreta) gegen die Türken kämpfte.

45 Traunsteins Reichtum beruht tatsächlich auf dem Salzhandel. Die ehemals an seinem Ostende liegende Burg der im 12. Jahrhundert bezeugten Herren von Traun fiel 1704 einem Stadtbrand zum Opfer. 1851 wurde das Stadtbild durch einen weiteren, verheerenden Brand verwüstet, nur der Marktplatz läßt in seiner Geräumigkeit die alte Anlage zumindest noch erahnen.

46 Die 31 km lange Soleleitung zwischen Reichenhall und Traunstein wurde 1617 unter Herzog Maximilian I. erbaut. Sie war durch den ungeheuren Holzverbrauch der Reichenhaller Saline nötig geworden. Vgl. Franz Fuhrmann: Salzburg, Berchtesgaden, Bad Reichenhall, Land um den Untersberg. Lindau – Konstanz 1959, S. 40.

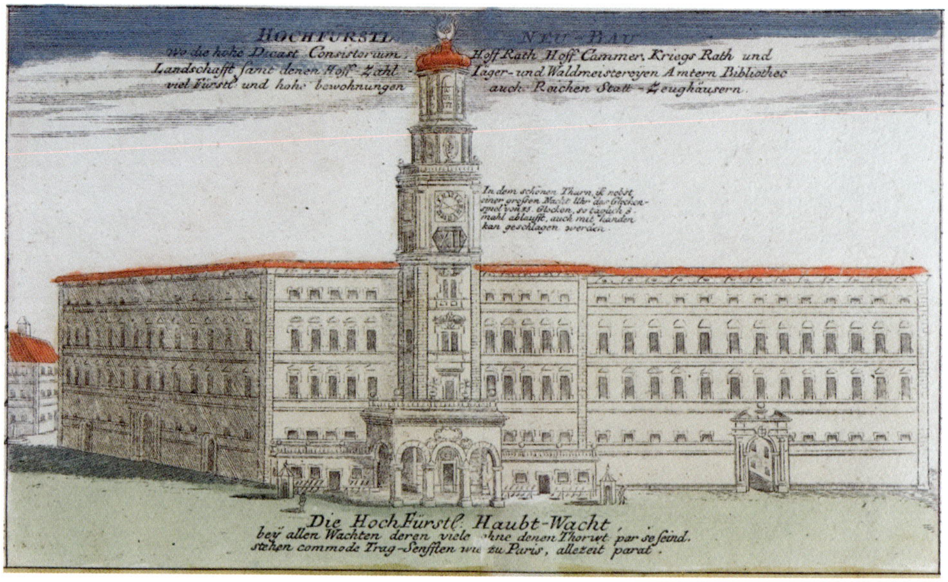

Odilo von Guetrat: Die Neue Residenz in Salzburg, um 1716. Kupferstich, aquarelliert. Privatbesitz

teuer, das Holz zu tragen, die Strecke zu weit. Was macht jetzt das schmale Flüßchen mühelos und unverzüglich? Es erhebt sich, schwillt an, und was es auf dem Boden an Holz findet, lädt es auf den Rücken des Wassers, und auf dem Weg, der ihm zur rechten Zeit geöffnet wird, trägt es dies eilends mit sich fort und bringt es beinah vor die Tür der Brennöfen, und durch gewisse Öffnungen, die ihm der Erfinder bereitgestellt hat, verliert es sich, von seiner Last befreit, nachdem es den Ertrag seiner vergangenen Anstrengungen hinter sich gelassen hat. Auf diese Weise könnte man wöchentlich nicht nur 200 Wagenladungen Holz verbrauchen, wie sie sagen, nicht nur ununterbrochen in vier Brennöfen das Feuer unterhalten, wie sie es tun, nicht nur 1.500 Arbeiter beschäftigen, wie man glaubt, sondern man könnte die Wälder zu Asche machen, Höllen in Brand stecken, eine ganze Welt in Bewegung halten. Die Erfindungsgabe desjenigen, der diesen schönen Kunstgriff erfunden hat, war großartig, aber die Geduld Eurer königlichen Hoheit war auch großartig, die Ihr solch häßlichen Bericht erduldet habt. Ich schließe, aber keinesfalls, ohne zu überlegen, in welcher Form ich meine Ehrerbietung bezeigen und beweisen kann, daß ich ewig auf ein Zeichen Eurer Majestät hin zur Verfügung stehe und daß ich von dem unsterblichen Wunsche ergriffen bin, mich glaubhaft zu machen als

Eurer königlichen Hoheit

untertänigster, ergebenster und ehrerbietigster
Diener

DOMENICO GISBERTI.

Traunstein, 22. August 1670.

KÖNIGLICHE
HOHEIT.

Um uns zu trocknen, sind wir Gott sei Dank alle, von Wasser triefend, in der Teufelsküche angekommen! (So nannte eine deutsche Dame Reichenhall. Es liegt nämlich in den Bergen, eingegraben zwischen hohen Hängen, die es überragen, und bedeckt von dunklen Wassern, die es mit rauchenden Ausdünstungen und Dämpfen umgeben). Die Stadt ist gemauert, doch weder groß, noch schön. Und weil sie eben dort liegt, wo sie ist, nämlich an der Grenze des kurfürstlichen Herrschaftsgebietes, angeheftet an die rauhen Berge, die sie von Mittag ostwärts erdrücken, konnte man sie nicht größer machen und auch nicht besser[47]. Die Saalach, ein Flüßchen, das sich in der Salzach verliert, erfreut die Stadt nicht durch ihren Lauf, sondern betrübt sie mit ihrem Tosen. Sie fließt an der Seite vorbei, wo die Sonne untergeht, und so gequetscht und zerbrochen und sich des Mißgeschicks bewußt, daß sie an so einer traurigen Gegend vorbeifließt, oder des Unglücks, daß sie in so viele Arme zerteilt wird, fällt sie nicht hernieder, sondern weint. Sie läuft nicht, sondern stöhnt. Und deshalb flieht sie schreiend, Hindernisse und Steine scheltend, eilends die Ufer, an denen sie ihre Reste zerstreut. Wir sind hier am Abend angekommen, und die Reise war folgende: Von Traunstein nach Inzell führte uns gut drei Stunden lang das mühselige Getrappel der Pferde, und zwei Doppelmeilen weit begleitete uns der Regen durch Wälder, über Berg und Tal. Dort ließ uns ein Saturnbergwerk, das der Mond für die durchlauchtigste Sonne Bayerns entstehen läßt und aus dem man je hundert Pfund Gewicht sechzig Pfund Blei gewinnt[48], mit größerer Freude die silbernen Tassen leeren und auf das Glück des Fürsten eine Liebe aus purem Gold schwören. Fröhlich brachen wir von Inzell auf, vergru-ben uns zufrieden im Berg, erklommen diesen, stiegen ihn wieder herab. Und nachdem wir auf das Wasser gestoßen waren, das durch seine metallenen Adern zur Salzhalle floß, wir in unzählige Rinnsale getreten waren, die hell und klar aus den Eingeweiden jener steilen Felsen hervorquollen, fanden wir uns in Reichenhall, von wo ich jetzt schreibe, und wo meine neugierigen Augen vor kurzem eine neue Freude genossen haben.

Weil ich den Ursprung der Wasser sehen wollte, die, über 32 Stadien[49] kunstvoll belagert, herniederfließen, um sich endlich böse in den Salinen von Traunstein zu ergeben, habe ich ungeduldig ein Haus betreten, welches ein großes Felsstück verschließt. Und zu meinem Vergnügen habe ich gesehen, was ich im Folgenden beschreibe:

In eine weite Jacke aus Sackleinen gehüllt, einen großen Filzhut auf dem Kopf (der seltsame Anzug der Wächter, der Fremden bereitgestellt wird, welche die Quelle betrachten und nicht durch die fallenden Tropfen naß werden wollen), wurde ich beim Schein eines Windlichts von einem Führer über vier Stiegen zu dem Grunde geführt, woraus die Wasser hervorquollen: linkerhand tiefer innen, und rechts unter einer anderen Quelle, die mit vollerem Strahl herauskam, und das vierte brach salziger & üppiger hervor. Nachdem ich die Schätze der nützlichen Natur betrachtet hatte, verwies der Führer mich auf den Schatz der Kunst, und ich beschreibe nun den Ort, wo man diese Bächlein zum See versammelt und wo die kleinen Flüßchen zum Meere anschwellen. Mit Hilfe von Brettern und Steinen vereinigen sie die Wasser in einem Brunnen[50]. Durch die Kraft großer Räder

47 Bad Reichenhall wuchs wohl stetig durch seine Solequellen, wurde aber durch Überschwemmungen und Brände wiederholt an der städtischen Entwicklung gehindert.

48 Blei gab es in Schwarzleo (Leogang/Saalach), man benötigte es im Salzbetrieb für Rohre. Eisen gab es in Achthal am Teisenberg. Hinweis Adolf Hahnl.

49 Griechisches Längenmaß, in Attika z.B. 177,6 m, in Olympia 192,3 m, jedenfalls in 600 Fuß unterteilt.

50 1504 wurden die Reichenhaller Salzquellen durch Erasmus Grasser in einem marmornen Brunnenschacht zusammengefaßt. F. Fuhrmann (Anm. 46), S. 94.

und dicker Ketten vereint, werden sie über enge Leitungen und mittels Lederrohren verteilt und 420 Fuß hoch nach oben gebracht. Und die erwähnten vier Doppelmeilen entfernt fallen sie hernieder. Diese Räder werden von einem größeren Rad angetrieben, und dies wiederum wird von einem wilden Wasserfall, der aus dem Berge selbst hervorbricht, ständig in Bewegung gehalten. Neben den ersten Wasserströmen, die mit ihrem Gusse viele Holzkugeln drehen, schießen rings herum zu Hunderten die Bäche und Quellen hervor. Damit sich nun die salzigen nicht mit den süßen mischen und das Herabregnen so vieler Wolken den Aufstieg so schöner Fluten nicht stören möge, haben sich Verstand und Aufwand verschworen, und mit tausend Listen unterscheiden, trennen, teilen sie sie. Ein gewölbtes Marmorbecken nimmt viele verstreute Flüsse in sich auf, macht sie zu einem Kanal von einer italienischen Meile, und übergibt nach einer Viertelstunde das Ergebnis den Ufern der Saalach. Gebückt und naß, bin ich etwa hundert Schritt unter diesen Bögen gegangen und über diesen Fluten, die schwankende Bretter von meinem Fuße trennten. Am Ufer angelangt, wollte ich beinah das kleine Boot besteigen, das hier unter Tag und unter Marmorwölbungen zum Flusse führt, und nach St. Zeno[51] rudern. Aber weil sich der Bootsmann weigerte und ich mich fürchtete, ging ich dorthin zurück, wo ich hergekommen war, und habe unverzüglich den Bericht abgefaßt, den ich Euch hier darbringe. Möge ihn Eure königliche Hoheit eines einzigen Blickes würdigen, und das Leuchten Eurer Augen sei der Dank für den Tintenstrahl. Ich wünsche mir für einen Augenblick der Aufmerksamkeit nur einen Moment der Gnade, und als Anerkennung für meine ewige Hingabe möchte ich nur mit dem Rufe ins Grab steigen, daß ich gestorben bin als

Eurer königlichen Hoheit

untertänigster, ergebenster und ehrerbietigster
Diener

DOM. GISBERTI.

Reichenhall, 23. August 1670.

51 Die dem hl. Zeno, dem Schutzheiligen vor den Gefahren des Wassers, geweihte Münsterkirche vor den Toren der Stadt, von Augustiner-Chorherren betreut.

KÖNIGLICHE
HOHEIT.

Wie die Vögel, die sich, nachdem sie tüchtig geflogen sind, auf ihren Flügeln ausruhen, erhole ich mich, nachdem ich tüchtig gelaufen bin, auf meiner Feder. So mache ich es, denn wenn ich nicht sogleich ausführte, was ich denke, würde ich niemals tun, was ich muß. Der Verzug ist das zeitlich wirkende Gift meiner Geschäfte. Ich gehorche dem Wüten meiner Talente, um nicht den langsamen Ratschlägen des Müßiggangs zu dienen. Ich bin immer im gegenwärtigen Augenblicke tätig und wandle von Moment zu Moment in meinem Geist die Gedanken um. Ich treibe nie Mißbrauch mit dem augenblicklichen Gegenstand des Sinnens, denn ich bin sicher, daß das Zukünftige danach nützlich sein wird, und gewiß, daß ich mich über das Vergangene nicht sinnlos zu beklagen brauche. Ich habe einen Geist, der das Warten nicht kennt, eine Vernunft, die nicht aufzuschieben weiß, daher stürzen dieser und jene der Vorstellungskraft hinterher. Dies sei der Anfang meines Briefes, und es diene eher meiner Erzählung als Entschuldigung denn meinem Tun als Geprahle, denn niemals kann ein Wasserfall, der auf steilem Hang sich an tausend wilden Felsen bricht, so schön sein wie der Aufstieg eines Brunnenstrahles, der sich durch die Wege einer mühsam errungenen Kunstfertigkeit in einem anmutigen Regen auf dem Haupte eines blühenden Gartens aus den Brüsten einer aus Stein gehauenen Aurora ergießt. Mein Schreiben ist nicht der Fluß der Beredsamkeit, der sich von den stolzen Ufern mit schwerem Schritt ins Meer der Ehre trägt, sondern ein eiliger Sturzbach, der auf Gelegenheiten wartet, sich groß zu machen; der rasch sein Bett bereitet, solange er fließt, und dort, wo der Zufall ihn verdammt, entschlossen schwitzt und sich müht. Nehmt denn, königliche Hoheit, die fortgesetzten, einen Atemzug dauernden Berichte einer ungestümen Natur, und je kürzer sie sind, desto lieber seien sie Euch, und nur dadurch entschuldbar, daß sie rasch verfaßt worden sind.

Wir waren sehr spät von Reichenhall aufgebrochen und kamen gleich bei St. Zeno an, dem Münster, das unsere Herberge sein sollte[52]. Es ist ein Gebäude, das sowohl in der Kirche als auch im Kloster in allen Winkeln Gnade und Würde ausstrahlt. Eindrucksvoll erhebt es sich in die Wolken, weiträumig besitzt es einen Wald, und reich und schön lädt es die Zunge zum Lobgesang, öffnet es das Auge der Bewunderung. Sein hochherziger Gründer war Konrad, Erzbischof von Salzburg, Enkelsohn des Grafen Babone von Abensberg[53]. Seine frommen Bewohner sind die Regularkanoniker des hl. Augustinus[54]. Üppige Einkünfte erwachsen aus dem großen Erbe eines Grafen Konrad. Man könnte es ein Land nennen, da man sein Ende erst mit Chimpergisort, Munechisfurt, Grunethal, Rinpachis, Ursprung, Aschecke und Peuteris[55] erreicht. Eine Viertelstunde dauerte die Fahrt, drei Stunden das Speisen, und es schienen mir hundert Jahre zu sein, so ungeduldig war ich, das Zusammentreffen der Schar zu sehen, dem wir knapp vor der kurfürstlichen Grenze mitten auf dem Lande beiwohnten. Hier gilt es, die Vielfalt der Ausstattung der einen und der anderen Seite zu beschreiben: die Uniformen, den Reichtum der Kleider, die große Zahl der Kavaliere, das Gepränge, die Anordnung. Für mich ein großes Gewirr, für Eure königliche Hoheit eine langweilige Erzählung. Da das Auge vergebens seine Blicke ermüdet hatte, würde die Zunge vergeblich ihre Worte bemühen. Wenn man mir glaubt, daß es ein würdiges Schauspiel war, so genügt

52 Erzbischof Arno (reg. 785–821) ließ die Kirche St. Zeno für die Salinenarbeiter in Reichenhall erbauen. Erzbischof Konrad I. (reg. 1106–1147) ließ ein Augustiner-Chorherrenstift errichten (s. Anm. 54). Herzog Heinrich der Löwe (reg. 1156–1180) ließ die Kirche als Pfarre für das Reichenhaller Gebiet erneuern.

53 Die Grafen von Abensberg, Nachfahren der Babonen von Abensberg (der Burggrafen von Regensburg), waren seit dem 12. Jahrhundert Grafen, das Geschlecht erlosch 1247 bzw. 1485, der Besitz fiel an das Haus Bayern.

54 Erzbischof Konrad von Abensberg, ehemals Domherr von Hildesheim, versuchte durch die Einführung regulierter Augustiner-Chorherren, die er vom Niederrhein als Grundstock für das 1122 von ihm neu organisierte Domkapitel berief, den sittlichen Stand des Weltklerus zu heben. Das Augustiner-Chorherrenstift St. Zeno gründete er 1136. Franz Martin: Kleine Landesgeschichte von Salzburg. 5. Aufl., revidiert u. erw. v. Reinhard Rudolf Heinisch. Salzburg 1979, S. 26/27.

55 Pfarren waren St. Zeno, St. Nikolaus, Großgmain, Marzoll, Petting, Inzell, Reit im Winkel, Unken, Kössen, Kirchdorf in Tirol. Was Gisberti hier meint, bleibt unklar.

56 Der aus einer Kärntner Familie stammende Max Gandolph Graf von Kuenburg (1622–1687) war seit 1668 Erzbischof von Salzburg (s. Einleitung).

57 Das Treffen fand höchstwahrscheinlich auf dem Walserfeld statt. Mit der „Burg“ ist wohl die Festung Hohensalzburg gemeint.

58 Aus Judas Thaddäus Zauner: Neue Chronik von Salzburg, fortgesetzt von Corbinian Gärtner.

Odilo von Guetrat: Der Domplatz in Salzburg, um 1716. Kupferstich, aquarelliert. Privatbesitz

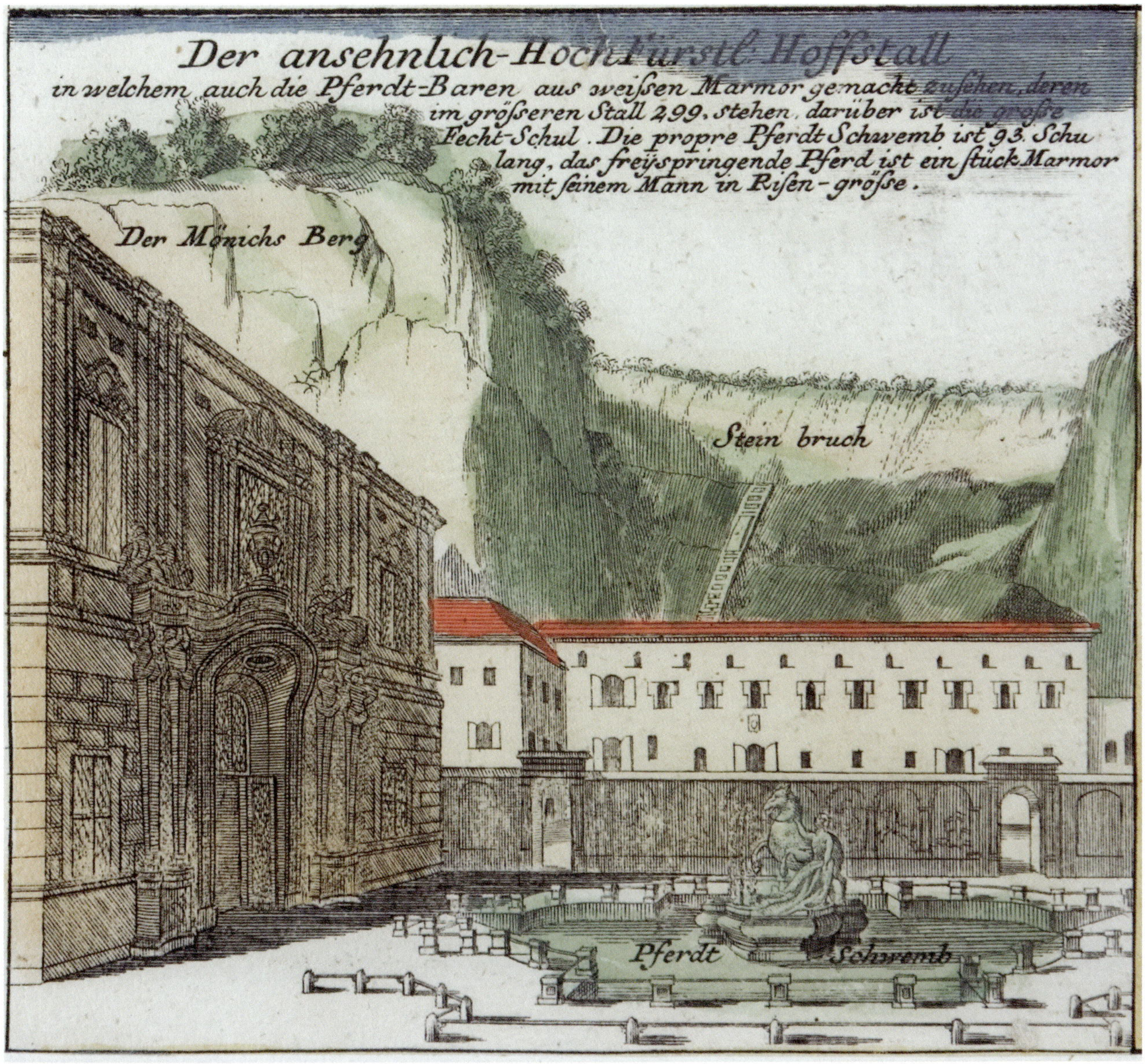

Odilo von Guetrat: Der Hofstall in Salzburg, um 1716. Kupferstich, aquarelliert. Privatbesitz

Zweyter Theil. Salzburg 1816, S. 420/421, erfährt man dazu: „Der Erzbischof erwartete und empfieng Höchstdieselben [= das Kurfürstenpaar samt Gefolge] auf den Walser Feldern unter einem Gezelte. Und nun fuhr man unter der Bedeckung einer zahlreichen und schön montirten Cavallerie und unter 700 Kanonenschüssen über die Rietenburg durch das Nonnthaler Thor in die Stadt".

59 Sicherlich handelte es sich um ein repräsentatives Schau-Essen mit schöner Tafelzier und Besteck aus Edelmetallen. Im Barock liebte man solche Gastmähler, bei denen die erlesenen Speisen nicht nur den Gaumen, sondern auch das Auge der Gäste erfreuten. So wurden ganze Ochsen gebraten, mit Gold, Blumen und Bändern geschmückte Wildschweinköpfe aufgetragen, Weißwein veilchenblau, Milchbrei schwarz gefärbt. Nach verschiedensten Suppen wurden Fasane, Rebhühner, Schnepfen, Tauben, Lerchen, Hühner, Hasen, Kaninchen, Lamm, Kalb, Wildbret, Lachs, Forellen, Karpfen, Hechte, Krebse, Schnecken, Schildkröten, Fisch- und Fleischpasteten – alles kunstvoll dekoriert –, Zungen, Würste, Eierspeisen, Artischocken und Salate gereicht, dann Melonen und andere Früchte, Mandeln, Kastanien, kandiertes Obst, Marzipankonfekt, Lebkuchen und diverses Zuckerwerk. Mit dem Waschen der Hände in den bereitgestellten Schüsseln war das Mahl beendet. Bei manchen Schauessen stellte die Tafelzier an Speisen und Früchten ganze Schiffsschlachten dar, wobei jede Platte eine andere Schiffsform zeigte. Auch wurden Heerlager nachgebildet, Zelte verschiedenster Form und Färbung aufgebaut. Da Ferdinand Maria ein begeisterter Waidmann war und Henriette Adelaide auch gern der Jagd frönte, kann man vermuten, daß besonders viel kunstvoll angerichtetes Wildbret auf die Tafel kam. Einen guten Eindruck sowohl von den Rezepturen als auch von der Kunst,

das. Einen Steinwurf weit entfernt war der Fürsterzbischof von Salzburg[56] aus der Kutsche gestiegen, darauf die durchlauchtigsten Herrschaften, und nach nur wenigen Schritten trafen sie einander und machten sich die Komplimente. Die Zeremonie war recht kurz: die Form sehr anmutig und der Auftritt sehr festlich. Vierhundert bronzene Mündungen hießen uns von der Burg[57] willkommen, und es schienen viertausend zu sein, denn das schöne Echo wurde zwischen Tälern und Bergen vom Schall schwanger und gebar dem weiten Umkreis so viele, daß das laute Dröhnen sich immer wieder vervielfältigte[58]. Gewiß hat mein Ohr niemals ein schöneres Vergnügen vernommen als dieses Donnern, denn dadurch, daß es sich von Berg zu Berg bricht, widerhallt das Geräusch so weit entfernt, daß es zwischen den letzten Hügeln des Horizonts zu verschmachten scheint. Die halbe Stadt vor den Toren, mit ganzen Kompagnien von Musketieren, zog sich der prunkvolle Einzug fort und endete am Hofe. Und so gut ich es zwischen den Schatten des Abends und dem Schein der Fackeln zu erkennen vermochte, stelle ich mir die erzbischöfliche Residenz als mächtiges Bauwerk vor. Ich werde genug Zeit haben, sie ausführlich zu sehen, so hoffe ich, und Eure königliche Hoheit werden morgen getreulich davon Bericht erhalten. Bisher kann ich sagen, daß die Geräte prunkvoll sind, der Aufwand denkwürdig. Zu sagen, das Abendmahl sei großartig gewesen, die Bedienung großartig, und der Aufwand selbst ein großartiger, ist kein Ausdruck[59]. Ich gebe zu, daß mir die ausreichenden Worte fehlen und die hilfreichen Übertreibungen. Die Kraft verflüchtigt sich, wenn ich daran denke. Die Fama hat keine Worte. Die Fürsten haben miteinander gespeist: Minister mit Ministern, Damen mit Damen, Kavaliere mit Kavalieren, Offiziere mit Offizieren, so daß die Tafeln in ebensoviele Welten eingeteilt waren wie die in fünfzig Rangordnungen aufgeteilten Ämter, und der verschwenderische Prunk wird unseren gesamten Aufenthalt über großzügig andauern. Eure königliche Hoheit, Ihr werdet wieder von mir hören, sobald ich besser unterrichtet bin.
Mit immer größerer Ergebenheit und Hingabe

Eurer königlichen Hoheit

ergebenster, untertänigster,
ehrerbietigster Diener

DOMENICO GISBERTI.

Salzburg, 24. August.

Speisen prachtvoll zu präsentieren, gibt das 1719 in Augsburg erschienene Neue Saltzburgische Koch-Buch von Conrad Hagger .

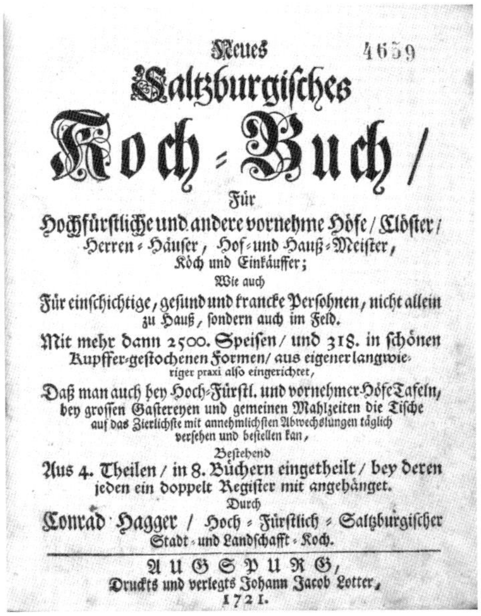

Neues 4659
Saltzburgisches
Koch-Buch /
Für
Hochfürstliche und andere vornehme Höfe / Clöster /
Herren-Häuser, Hof- und Hauß-Meister,
Köch und Einkäuffer;
Wie auch
Für einschichtige, gesund und krancke Persohnen, nicht allein
zu Hauß, sondern auch im Feld.
Mit mehr dann 2500. Speisen / und 318. in schönen
Kupffer-gestochenen Formen / aus eigener langwie-
riger praxi also eingerichtet,
Daß man auch bey Hoch-Fürstl. und vornehmer-Höfe-Tafeln,
bey grossen Gastereyen und gemeinen Mahlzeiten die Tische
auf das Zierlichste mit annehmlichsten Abwechslungen täglich
versehen und bestellen kan,
Bestehend
Aus 4. Theilen / in 8. Büchern eingetheilt / bey deren
jeden ein doppelt Register mit angehänget.
Durch
Conrad Hagger / Hoch-Fürstlich-Saltzburgischer
Stadt- und Landschafft-Koch.
AUGSPURG,
Druckts und verlegts Johann Jacob Lotter,
1721.

Conrad Hagger: Neues Saltzburgisches Koch=Buch. Ausgabe Augsburg 1721. Salzburg Museum, Sign. 4659

KÖNIGLICHE HOHEIT.

Ich habe Juvavia gesehen, oder, um es bei seinem gewöhnlichen Namen zu nennen, Salzburg. Bedeutende Kolonie des Marcus Aurelius Antoninus; denkwürdiger Rest von Attilas tyrannischen Waffen; berühmter Überrest, den Odoaker in den Ruinen zurückgelassen und Vidomar der Ketzer in einem Blutbad begraben hat[60]; großzügiges Geschenk der baierischen Freigebigkeit[61]; reicher Sitz der Erzbischöfe; glückliche Metropole dieses kirchlichen Hoheitsgebietes. Aber ich weiß nicht, ob die Zunge treue Dienerin des Auges sein wird, ob die Worte dem Anblick entsprechen werden. Die Stadt, die von der Salzach in zwei Teile geteilt wird, oder besser gesagt aus zwei Städten besteht, die durch die Brücke vereint werden, kommt mir vor wie ein kleines Rom[62], nicht umsonst wird ihr Herr ein großer Kirchenfürst Deutschlands genannt. Sie liegt auf 40 Grad und 43 Minuten Polhöhe, erfreut sich des selben Längengrades wie Braunau und Deggendorf[63], und wenn auch oft Regenwolken ihr die Sonne verdecken, so läßt der Himmel sie doch an wohltuendem Glanze teilhaben. Die vom Fluße getrennten Stadtteile werden Oberstadt und Unterstadt genannt.

Die nördliche Stadt wird von äußeren Befestigungsanlagen geschützt, von Gräben und den Wällen des hl. Rupert, hl. Heinrich und hl. Virgil[64]. Im Osten wird sie von der Verteidigungsanlage des hl. Franziskus[65] und vom Kapuzinerberg geschützt, der teils von Natur aus, teils durch Kunstfertigkeit stark ist. Im Westen und Süden wird sie von den Wassern der Salzach, von der St. Vitalis Bastei, Kurtinen und Schanzen bewehrt[66], sie hat fünf Tore[67], sieben Kirchen[68], zwei Klöster[69], ein Hospital[70] und den Sebastiansfriedhof, ein Königreich der Toten, und das Schloß Mirabell, die Wonne selbst des Vergnügens.

60 Hier zitiert Gisberti irrigerweise vermutlich die entsprechende Passage in der Chronik des Dückher von Haslau, S. 6 f.

61 Vermutlich bezieht sich Gisberti hier auf die Tatsache, daß der in Regensburg residierende Baiernherzog Theodo dem hl. Rupert die Stadt Juvavum, die „Salzpurch" auf dem heutigen Nonnberg, zum Geschenk machte. Vgl. F. Martin (Anm. 54), S. 19.

62 Gisberti ist der erste, der den seither für Salzburg so oft und in Variationen bemühten Vergleich mit Rom gebraucht. Siehe Franz Martin: Salzburg in alten Reisebeschreibungen. In: Heinrich Zillich (Hrsg.): Das Flügelroß. Salzburg 1941, S. 178.

63 Nach der Karte von Mercator (Beilage zur Chronik des Franz Dückher v. Haslau).

64 Die Mirabellbastion.

65 Das 1629 unter Paris Lodron nach den Plänen von Santino Solari errichtete Franziskischlößl. Es war ursprünglich ein Außenfort mit bastionierten, das Tor flankierenden Flügeln und diente der Sicherung des Berges und der Kontrolle des Geländes zwischen Kapuzinerberg und Kühberg. Erst gegen Ende des 17. Jahrhunderts erhielt das Franziskischlößl durch das Aufsetzen eines bewohnbaren Obergeschoßes seine heutige Gestalt. Guido Friedl: Die Entwicklung der Befestigungsanlagen. In: Historischer Atlas der Stadt Salzburg. Hrsg. von der Landeshauptstadt Salzburg und der Landesinnung der Baugewerbe Salzburg. Schriftenreihe des Archivs der Stadt Salzburg, Nr. 11. Salzburg 1999, Blatt IV/4.

66 Ausgehend von der Mirabellbastion faßte ein gemauerter Wall die Stadt ein, der bis zum Lederer- oder Vitalistor führte.

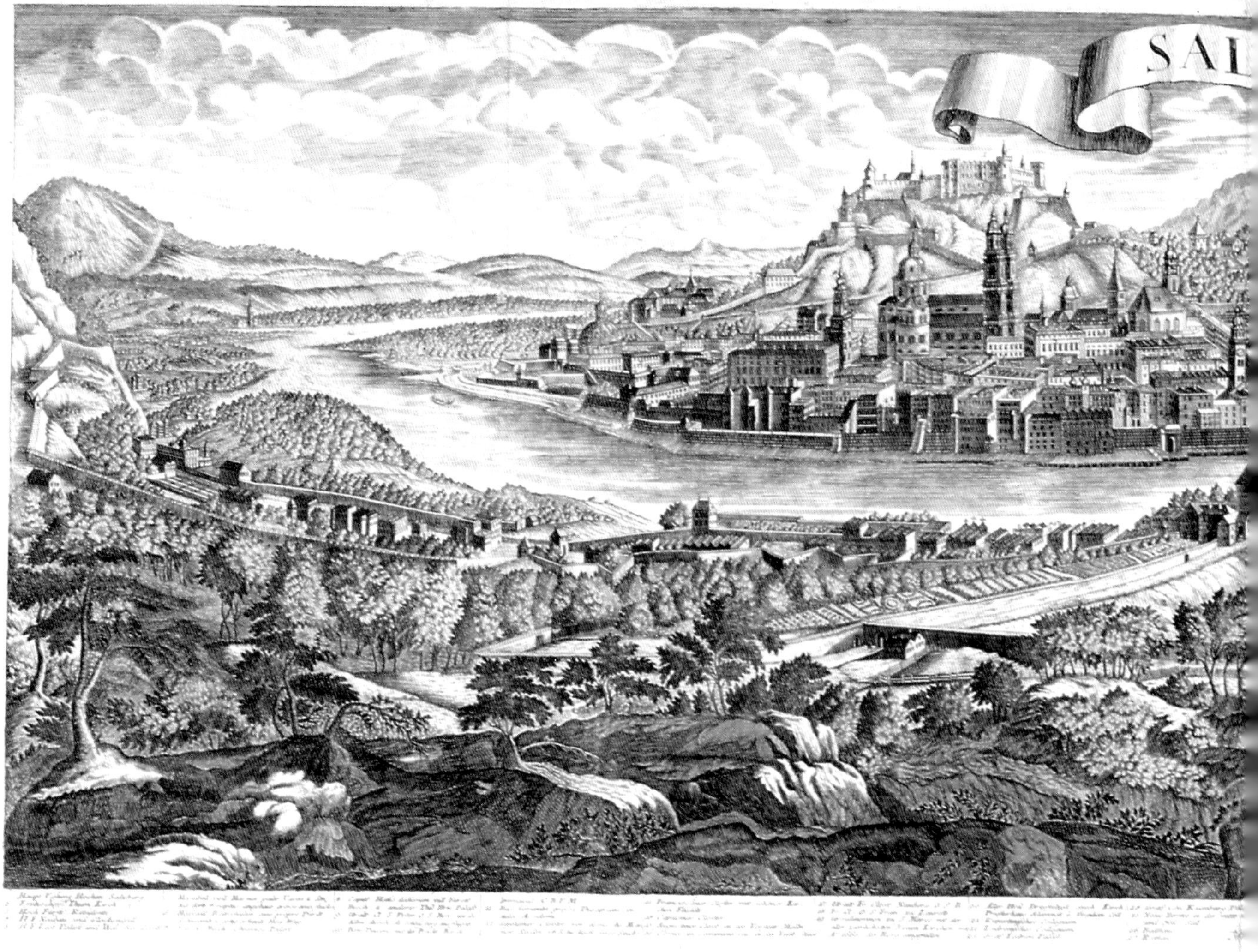

Johann Friedrich Probst. Salzburg vom Kapuzinerberg, um 1710, Kupferstich. Salzburg Museum, Inv.-Nr. 1042/49

67 Die Stadttore waren jeweils in dem zwischen zwei Bastionen zurücktretenden Mauerabschnitt, eben der „Kurtine", eingefügt. Auf der rechten Seite befanden sich die St. Vitalispforte oder Ledererttor, die Felixpforte auf der Kapuzinerstiege, das Johannes dem Täufer befohlene Äußere Steintor, die St. Virgilpforte oder Mirabelltor und das dem hl. Rupert gewidmete äußere Linzertor sowie das Sebastians- oder innere Linzertor.

68 Vermutlich die Maria-Loreto-Klosterkirche, die Bruderhauskirche St. Sebastian, die (abge-

Die südliche Stadt wird ringsum vom Fluß geschützt und von dem am Fischmarkt gebauten Festungswerk[71], vom durch seine Steilwände uneinnehmbaren und durch die Umfassung unschlagbaren Mönchsberg und von der hohen und wohlbewehrten Burg. Sie öffnet sich an vier Toren[72], sechs Gottestempel erheben sich in ihr[73], sie besitzt fünf Klöster[74], eine Akademie der Benediktiner[75], weitet sich zu einem frommen Ort der Bürger, hat einen hundertzwanzig Pferden Platz bietenden Marstall und Häuser, die eine halbe Welt wert sind.

Die Kathedrale, ganz aus Quadersteinen erbaut und von einem großen Kupferdach beschattet, ist ein gigantisches Bauwerk, und weder die erhabene Marmorfassade noch die beiden riesigen Türme, Statuen und Riesenstandbilder verderben es. Der Fußboden besteht aus weißen und farbigen Steinplatten, die so groß sind, daß ich mir nicht vorstellen kann, wie es möglich war, daß Paros[76] und Ägypten so viele Gebeine zu diesem Tempel beigesteuert haben[77]. Elf an der Zahl sind die Altäre, alle goldverziert. Vier Orgeln krönen harmonisch den Chor[78], und eine Kuppel

überragt stolz die erhabene Höhe der Dächer und fängt in acht Ecken ringsherum das schöne Sonnenlicht ein. Da ist kein Bogen, der nicht zur heimlichen Bequemlichkeit der Fürsten eine Loggia bildete. Kein Winkel, der nicht die bewundernde Neugier der Fremden auf sich und die Blicke in die Gewölbe hinauf zöge, die alle in mühsamer Arbeit mit Stuck überzogen und von dem berühmten Pinsel des Arsenio Mascagni[79] bemalt sind. Bedenkt man die wertvollen Materialien, die miteinander wetteifern, die würdevolle Bauweise, die sich hier glanzvoll zeigt, die Reichtümer, welche die Erzbischöfe von Markus Sittikus und Paris Lodron dafür aufgewandt, und schließlich den gelehrten Schweiß von Santino Solari, einem berühmten Baumeister seiner Zeit, bedenkt man dies alles, so ist die Kathedrale eine der schönsten Kirchen Europas[80]. Und wenn ich im Detail von dieser und von den anderen Kirchen, vor allem von St. Peter und von der Franziskanerkirche reden wollte, die eine in Mischung der Baustile, die andere im gotischen Stile durch verschwenderischen Einsatz der Mittel errichtet, gäbe es noch viel anzufügen. Aber da es in meiner Absicht liegt, nur das Hervorragendste zu berühren, breite ich über den Rest Schweigen und gehe von den Kirchen zu den profanen Gebäuden über.

brochene) Andreaskirche, St. Johann am Imberg, die den hll. Franziskus und Bonaventura geweihte Klosterkirche der Kapuziner und die Gabrielskapelle im Sebastiansfriedhof.

69 Das Kloster der Tertiarinnen des hl. Franziskus (Loreto) und das Kapuzinerkloster.

70 Das Bruderhaus.

71 Die sogenannte Türnitz, eine Kaserne am heutigen Hanuschplatz.

Johanna Sibylle Küsell: Der Residenzplatz, um 1690. Kupferstich und Radierung. Salzburg Museum, Inv.-Nr. 1334/49

An Wunderbarem finde ich die Residenz, die es, fast unermeßlich groß, dem Auge beinah unmöglich macht, Anfang und Ende auszumachen. Ein einziges Thema soll uns reichen. Im ersten Stock sind unsere durchlauchtigsten Herrschaften alle vier großartig untergebracht, voneinander getrennt durch eine Flucht von Sälen, Vorzimmern, Zimmern, Kammern, Gängen und Rückzugsmöglichkeiten.

An Prunkvollem sehe ich den Brunnen gegenüber dem Hof, ganz aus Marmor gemeißelt, in dessen Becken, das ein Meer vorstellt, vier Seerösser, aus deren Nüstern und Mäulern sich ein riesiger Strom ergießt. Auf dem Fundament, das heißt dem Felsen, halten drei Giganten ein Becken, auf dem Becken drei Delphine eine Muschel, auf der Muschel ist ein Triton, der über das Antlitz einen sechzehn Fuß hohen Blitz aus Wasser schleudert, das sich, als dichte Wolke niederfallend, in einem Aufruhr von Tropfen, einem Sturm von Regen, einer Gewitterwolke, einem Wirbelsturme bricht, das alles begleitet von tosendem, dröhnendem Rauschen, wodurch die vergnügliche Wonne für Aug und Ohr gleichermaßen groß ist. 45 Fuß hoch erhebt sich die Statue über den Boden und 48 Fuß ist sie breit, und sie hat dreitausend Gulden gekostet & ist die prächtige Erinnerung an eine großzügige Ausgabe des Kardinals von Thun[81].

An Großem betrachte ich den Marstall[82]. Er ist dort ganz mit weißem Marmor verkleidet, wo der von einem mächtigen Streitroß aus Metallguß beherrschte Brunnen seine Unterwerfung beweint und unter 32 dicken Säulen seine Tränen an zweihundert Tiere vergießt[83]

72 Klausentor, Spitalspforte, Johann Baptist-Tor, Festungspforte, Erentrudispforte, Türnitztor am Fischmarkt, St. Michaelspforte, Trencktor oder Löchlbogen, Rathaustor, Klampferertor waren die Stadttore und Pforten um 1670.

73 Meine Zählung ergab acht Kirchen, die 1670 standen: Bürgerspitalskirche St. Blasius, Michaelskirche, Franziskanerkirche, St. Peter, Dom, St. Salvator- oder rote Bruderschaftskirche, Allerseelen- oder schwarze Bruderschaftskirche, Kirche Maria Himmelfahrt im Kloster Nonnberg.

74 Tatsächlich waren es fünf Männerklöster: das Kloster der Augustiner-Eremiten in Mülln, das ehemalige Kloster St. Markus der Barmherzigen Brüder, das Franziskanerkloster, das Benediktinerkloster St. Peter, das Theatiner- oder Kajetanerkloster.

75 Die Leitung der 1617 bis 1622 gegründeten Akademie bzw. Universität oblag den Benediktinern. Sie wurde bald ein geistiger Mittelpunkt für das katholische Süddeutschland, besonders für den Adel. In 172 Jahren wurden mehr als 32.000 Hörer immatrikuliert, sodaß die Salzburger Universität an Hörerzahl nach Leipzig und Wien die meistbesuchte Universität des Reiches war. Sie war auch ein bedeutender Wirtschaftsfaktor in der Stadt, von deren Bewohnern ein Fünftel mit der Universität in Zusammenhang standen. Ihre juridische Fakultät konnte sich mit jeder anderen messen. Die Salzburger Universität war die erste katholische, an der Geschichte gelehrt wurde. Eine medizinische Fakultät wurde zweimal ohne dauernden Erfolg zu gründen versucht. Erst unter Hieronymus Graf Colloredo (1772–1812, Landesfürst bis 1803) wurde Medizin mit Lehraufträgen vorgetragen, bis Kurfürst Ferdinand (1803–1805) eine medizinische Fakultät errichtete. Vgl. F. Martin (Anm. 54), S. 97/98.

Melchior Küsell: Das Innere des Salzburger Domes, um 1682. Kupferstich und Radierung. Salzburg Museum, Inv.-Nr. 71/25

76 Griechische Insel der Kykladen, in der Antike berühmt für ihren weißen, feinkörnigen Marmor, der vor allem für Statuen und zu architektonischen Zwekken verwendet wurde.

77 Ein Bild aus der antiken Mythologie: Das Gestein als Knochen der Erde.

78 Die vier Pfeilerorgeln im Dom. Zum Orgelbau und allgemein zum Musikleben im Erzstift Salzburg vgl. Ernst Hintermaier: Musik-Musiker-Musikpflege. In: Heinz Dopsch und Hans Spatzenegger (Hrsg.): Geschichte Salzburgs. Stadt und Land. Bd. II/3. 2. Aufl. Salzburg 1991, S. 1619–1706.

79 Fra Arsenio Mascagni, Servitenmönch, mit bürgerlichem Namen Donato Mascagni (Florenz 1579–1636). In Salzburg ist er ab 1616 als Hofmaler nachweisbar, war an der Ausschmükkung von Hellbrunn beteiligt und malte die Deckenfresken, das Hochaltarblatt und mehrere weitere Wand- und Altarblätter des Domes. Vgl. Ulrich Thieme und Felix Becker: Allgemeines Lexikon der bildenden Künstler von der Antike bis zur Gegenwart. Bd. 24. Leipzig 1930.

80 Der Dombau fiel in die Regierungszeit von Markus Sittikus von Hohenems (1612–1619) und Paris Graf Lodron (1619–1653). Markus Sittikus berief aus Como-Lugano Santino Solari, eben den, der wahrscheinlich auch für die Planung von Hellbrunn zuständig war. Paris Lodron konnte 1628 den Dom feierlich einweihen.

81 Fürsterzbischof Kardinal Guidobald Graf Thun (1654–1668), der ein großer Brunnenliebhaber war, ließ die barocke Anlage des Residenzbrunnens zwischen 1656 und 1661 wahrscheinlich von Tommaso di Garona errichten.

82 Die fürsterzbischöflichen Stallungen wurden 1606/07 unter Wolf Dietrich erbaut.

83 Die unter Guidobald Graf Thun errichtete Brunnenanlage auf dem Kapitelplatz, für die der Tiroler Hofbildhauer Kaspar Gras den kupfernen Pegasus schmiedete, der 1913 in ein Brunnenbecken im Mirabellgarten versetzt wurde.

84 Guidobald Graf Thun ließ die Winterreitschule (heute Teil des Festspielhauses) 1662 errichten.

85 Die Neue Residenz, heute Sitz des Salzburg Museum.

86 Offenbar war die Stadt schon 1670 in den Augen des venezianischen Berichterstatters ein Bild der Reinlichkeit. Dabei erließ Erzbischof Max Gandolph die sogenannte Sauberkeitsordnung, die der Erhaltung der Gesundheit dienen sollte, erst 1678. Danach durfte nichts auf der Gasse ausgegossen werden, die Ausgüsse und Schläuche waren in die Erde zu versenken, einmal in der Woche und vor den höchsten Festen sollte vor den Häusern gekehrt werden. Acht Tage nach Lichtmeß mußte das Eis aufgehackt werden, jeder Hausherr hatte ein Pflaster bis in die Mitte des Rinnsals machen zu lassen, Epileptiker durfte man nicht auf die Straße lassen, und Kinder durften mit ihrem Geschrei auf der Gasse nicht die Ruhe stören. Vgl. F. Martin (Anm. 16), S. 126. Der Wortlaut der Säuberungsordnung vom 17.2.1678 bzw. die Ergänzungen vom 15.2.1785 sind nachzulesen bei Lorenz Hübner: Beschreibung der hochfürstlich-erzbischöflichen Haupt- und Residenzstadt Salzburg und ihrer Gegenden verbunden mit ihrer ältesten Geschichte. 2. Bd., Statistik. Salzburg 1793, S. 480–483.

87 Kämmerportiere und Hofchargen.

88 Kämmerer, Marschall, Truchseß und Mundschenk waren die vier Erbämter.

Paul Seel: Ansicht des Residenzbrunnens, um 1665. Kupferstich. Salzburg Museum, Inv.-Nr. 1829/49

An Bedeutendem bewundere ich das Turniergebäude, das teils mit Hilfe des Meißels Splitter für Splitter aus dem Berge geschlagen und teils in mühevoller Kunstfertigkeit Stein für Stein hochgezogen worden ist[84].

An Schönem entdecke ich den Kanzleipalast[85], an Anmutigem die Gleichförmigkeit der Häuser, an Reinlichem die ganze Stadt, die jeden Samstag mit Wasser gewaschen wird[86], und an Manierlichem die Leute, umgänglich, fleißig und zurückhaltend. Aber da wir nun schon von den Wohnungen zu den Bewohnern übergegangen sind, so mögen mir Eure königliche Hoheit noch ein wenig Geduld und Zeit zur Beobachtung gewähren.

Die Landleute sind wirklich Barbaren, die Stadtbewohner wahrhaft Deutsche, und die einen wie die anderen von aufrichtig ehrlichem Gemüt und von robustem Körperbau. Die Adeligen, von denen es nur wenige gibt, haben viel Französisches, sie bewirten höflich, bei dieser Gelegenheit erscheinen sie in großem Glanze.

Die Kleidung des gemeinen Volkes ist deutsch, die der Kaufleute italienisch, die der Frauen eine Mischung aus diesem und jenem, wobei die Reichsten üblicherweise goldene Armbänder tragen und die Vornehmsten die modischen Neuheiten der Höfe ringsum. Die Herren Kanoniker geben sich im Palast weltlich und in der Kirche wie Prälaten. Der Erzbischof ist beim Gottesdienst wie ein Kardinal gekleidet, am Altar wie ein Patriarch, und er vergnügt sich überall wie ein Fürst.

Der Hof unterhält, wie alle übrigen Höfe Deutschlands, Ritter vom Goldenen Schlüssel[87], Mundschenke, Pagen, Edelknaben für den Kammerdienst und (ausgenommen den Obersten Haushofmeister) alle Ämter eines großen Fürstenhofes[88], mit Umsicht und Würde verteilt, überdies eine Vielzahl von Offizieren und Kaplanen, Wachabteilungen von Dienern zu Fuß und Leibgarde zu Pferde[89], die ihn bedeutender und vornehmer machen. Die Livreen, beinah so wie die bayerischen geschnitten, sind violett und mit Bordüren aus rotem Samt verziert. Der Wandschmuck ist zumeist aus Purpur und Gold, die Bilder sind zumeist berühmte Landschaften oder moderne von kundiger Hand. Und zu guter Letzt das ganze Geschirr, es ist entweder aus Gold oder aus Silber. Ich schweige von der großartigen Residenz des Bischofs zu Chiemsee[90], einem Staatsschatz, der jährlich hunderttausend Gulden Einnahmen bringt, denn ich fürchte, nicht die Zuneigung und Gnade Eurer königlichen Hoheit zu bekommen, die ich mir so wünsche, sondern mich unbedacht, durch meine allzulange Verbreiterung, verhaßt zu machen. Wenn ich Euch denn aus großem Respekt wenige Passagen vorenthalten muß, so bin ich doch aus großer Ehrerbietung Schuldner mit meiner ganzen Person, und indem ich Euch mit tiefer Verbeugung die Rechte küsse, besiegle ich den unverletzbaren Vorsatz, mich zu nennen

Eurer königlichen Hoheit

ergebensten, untertänigsten,
ehrerbietigsten Diener

DOMENICO GISBERTI.

Salzburg, 25. August 1670

89 Die mit Partisanen und Karabinern bewaffneten Carabinieri.

90 Der Chiemseehof war bis 1814 Residenz der Bischöfe zu Chiemsee. Urkundlich schon 1216 erwähnt, wurde das Gebäude im Jahr 1300 zur Residenz ausgebaut, 1355 erfolgte der Bau der Hauskapelle. In der Folge wurde der Wohnsitz durch den Ankauf von Häusern und Anteilen stetig vergrößert. Ende des 16. Jahrhunderts fielen die mittelalterlichen Gebäude einem Brand zum Opfer, ab 1677 erfolgte der Neubau, so wie er heute zu sehen ist. Vgl. Dehio-Handbuch: Die Kunstdenkmäler Österreichs. Salzburg, Stadt und Land. Wien 1986, S. 587.

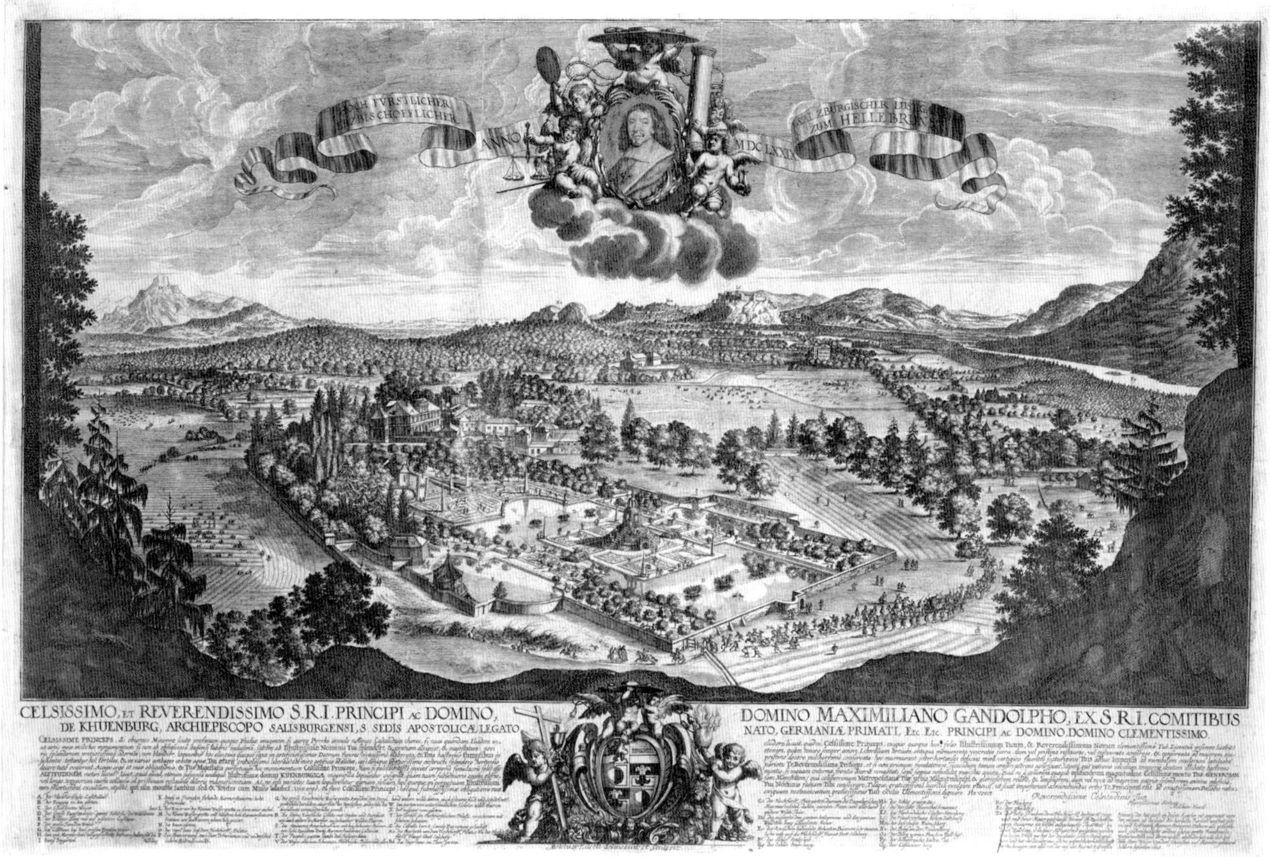

Melchior Küsell: Erzbischof Max Gandolph Graf von Kuenburg mit Schloß und Garten Hellbrunn, 1679. Kupferstich. Salzburg Museum, Inv.-Nr. 1333/49

KÖNIGLICHE HOHEIT.

Oh, welch schönen Rückzugsort, welche Anmut, welch Entzücken, welch kleines irdisches Paradies hatte ich heute, kaum eine Stunde vor Salzburg, zu betrachten das Glück, indem ich meinen durchlauchtigsten Herrschaften diente, die hinfuhren, es zu genießen! Das ist **Hellbrunn**, seines Namens wahrhaft würdig, denn es hat ringsherum Wasser heller als Glas, klarer als Kristall und durchsichtiger und durchscheinender als selbst der Himmel. Ich glaube nicht, daß die Natur, und gäbe sie sich auch noch so große Mühe, ihre Berge zu lichteren Wogen verflüssigen könnte. Begrenzt von marmornen Ufern formen die stillen Wasser dem Blick so schöne Spiegel, daß man tief in ihnen Fisch vom Fische und anderswo Sand vom Sande unterscheiden kann. Wie vielen Zwecken sie dienen, zu wievielen Aufgaben sie durch die Kunst gezwungen werden, können Eure königliche Hoheit sich allein bei der Überlegung vorstellen, daß ihnen die Liebe eines Fürsten, die Zuneigung eines großen Geistes galt[91]. Markus Sittikus, Erzbischof berühmten Angedenkens, liebte diesen Hügel, der mit seinen hundert Bächen im grünen Schoße einer weiten Ebene das brachliegende Glück eines Ortes beweinte, der es

91 Erzbischof Markus Sittikus ließ sich das Lustschloß und den Park Hellbrunn, frühestes Beispiel einer „villa suburbana" nördlich der Alpen, südlich der Stadt und mit ihr durch eine Allee verbunden, in den Jahren 1613–1615 erbauen. Zur Lektüre über das Schloß, die Ausstattung und die Anlagen sei das schöne Buch von Wilfried Schaber: Hellbrunn. Schloß, Park und Wasserspiele. Salzburg 2004, wärmstens empfohlen. Es läßt keine Frage offen, und das reiche Bildmaterial ist kundig kommentiert verdiente, von der Welt begehrt zu werden. Er berief denn aus fremden Gegenden Ingenieure[92], und das bis in seine Zeit durch die Unachtsamkeit der Nachlässigen fortgesetzte Unrecht rächend, hinterließ er der Nachwelt zur Erbauung diese ewige Wonne von Seele und Geist. Und so steht zum ewigen Andenken an sein edles Vergnügen die Erlösung jener verlorenen Freuden in Fels gemeißelt

Quos hîc amœnos Colles,
Herbosa Prata, nitidas vides aquas,
MARKUS SITTIKUS
Archiepiscopus Salisburgensi, et Princeps
Neglecta Naturæ dona,
Non absque commiseratione admirans,
Mœnibus cinxit, Theatris ornavit,
Paludoso Limo
Tot varios fontes collegit,
Dilectæ Posteritati dicavit.
M.DC.XIII.[93]

Und wirklich, betrachtet man die Mauern, kann man sagen, daß dies der Kurzweil Festung ist, betrachtet man die Theater, so ist es des Vergnügens Schauspiel, und was schließlich die Brunnen anlangt, so ist es der Wasser anmutiger Jubel. Ich riskiere es nicht, die Wunder dieses Gartens im Detail zu beschreiben, denn die Vielfalt verwirrt mich, die Rarheit macht mich stumm. Zu sagen, daß man in einem marmornen See mit der Schnur fischt, mit dem Eisen Beute macht und genau unterscheiden kann, wieviele und welche Fische zur Angel kommen, wieviele und welche zu den Spitzen des Dreizacks: zu schreiben, daß unter steinernen Gewölben das Wasser sich zu Nebeln verdichtet, sich als Tau verflüchtigt, zu Licht wird und sich mit den Farben des Regenbogens färbt, wie es aus Sieben sprüht und sich in Regen auflöst, gerinnt und zu Hagelkörnern wird, in Wolken zerreißt, sich in Regengüssen verbreitet, in Strahlen niederfällt, in Tropfen aufsteigt, sich als Sprühen und Tropfen dreht, sich zu Vorhängen spinnend oder zu Tüchern webend, immer anmutig und stets verschieden, diese Erzählung ist zu gering, zu derb sind die Mittel. Erzählen, daß es sich zu quadratischen Glasscheiben weitet und die Bilder bedeckt, ohne sie zu verbergen, daß es sich zu Laternen formt und das Licht umschließt, ohne es zu löschen, daß es aufsteigt in Bechern aus reinem Kristall, die sich im Entstehen fortwährend auflösen und sich anschließend vereinigen und brechen, daß es sich zu Kugeln ergießt und unter den Füßen Amors eine Welt bildet, die umso dauerhafter besteht, je vergänglicher sie ist[94]. Daraus zieht die Sterblichkeit Moral, lernt, daß unser Sein unablässiges Vergehen ist, unser Vergehen ein unaufhörliches Sein, Verderb das Dasein, Leben selbst die Vernichtung. Daß es launisch aus hundert Statuen hervorquillt oder von der Lippe dessen, der es mühelos ausspeit, oder aus den Trompeten dessen, der es herausbläst, oder aus den Instrumenten derer, die es herausspringen lassen, oder aus den Waffen dessen, der es schleudert, daß es zwitschernd und schluchzend den Gesang der Vögel nachahmt, mit jedem Laut wetteifert, auf Schritt und Tritt trügt, das zu zeigen, ist wenig. Daß es den Flug der Enten vortäuscht, die Bewegung der Drachen, den Lauf der Tiere, das Springen der Fische, den Schwingenschlag der Ge-

92 Die Planung oblag wahrscheinlich Santino Solari. Wilfried Schaber vermutet, Gisberti beziehe den Begriff „Ingenieure“ auf die Wasser- und Gartenbaukünstler, die Garten, Brunnen und Grotten spätestens bis 1619 vollendeten. Wilfried Schaber, Übersetzung ins Deutsche von Irene Schrattenecker: Drei Briefe aus Hellbrunn – 1670 im August geschrieben von Domenico Gisberti. In: Barockberichte, Heft 31, 2001, S. 16.

93 „Diese lieblichen Hügel hier, / Diese grasreichen Wiesen, die klaren Wasser, die du siehst, / MARKUS SITTIKUS, / Erzbischof und Fürst zu Salzburg / Hat die vernachlässigten Geschenke der Natur, / Sie nicht ohne Mitleid bewundernd, / Mit Mauern umgeben, mit Theatern geschmückt, / Auf der sumpfigen Schwelle / Viele verschiedene Quellen versammelt / Und der teuren Nachwelt gewidmet. / 1613.“ (Übersetzung von Irene Schrattenecker.) Die Inschrift befindet sich am Sockel der Perseus-Statue an der Rückseite des Schlosses.

94 Die begeisterte Beschreibung gilt den Räumlichkeiten und Anlagen der sogenannten Wasserspiele.

95 *Der Wasserautomat des „Germauls".*

96 *Der Wasserkünstler.*

97 *In der Ruinengrotte wird der Eindruck des Verfalls durch Stuckarbeiten bewirkt.*

98 *Der ehemalige Fasangarten befand sich nördlich neben dem Schloß.*

99 *Das Monatsschlößl oder Schloß Waldems wurde 1615 wahrscheinlich unter der Leitung von Santino Solari erbaut.*

flügelten, das Drehen von Rädern, die Arbeit von Künstlern, das Dröhnen von tönendem Erz, das Aufsperren von Rachen, das Aufleuchten der Lichter, und alle möglichen Merkwürdigkeiten, das zu sagen, reicht nicht. Daß es hinterlistig aus tausend verborgenen Ritzen hervorquillt und untertaucht, beleidigt und angreift, belagert & bedroht, unter Bänken, auf denen man sitzt, aus dem Boden, auf dem man geht, wenn man sich an einen Sockel lehnt oder bei einer Nische verweilt, oder was weiß ich, es ist unglaublich. Zu meinem Erstaunen sah ich es aus einer Wolke regnen, aus einer Sackpfeife blasen, aus Würmern entstehen, mit Schlangen am Erdboden hinstreichen; es umfing mich als Wirbel, schloß den Neugierigen zwischen seinen Gittern ein, wickelte den Unvorsichtigen in seine Netze. Immer wieder wurde ich getäuscht und danke dem Betrug, denn nicht ohne mein Vergnügen wurde ich beleidigt. Ein steinerner Kopf, der sich den Fluten öffnete, mir unter Possen die Zunge zeigte und voller Hohngelüste die Augen rollte, bezauberte mich dermaßen, daß er dann über mein Unglück lachte[95]. Ich wollte fliehen, und alle Türen schlossen sich mit Wasser, laufen, und jeder Schritt war der Huf eines Pegasus, stehenbleiben, und jedes Anhalten war die Behaglichkeit der Schmähung, sodaß ich mich, als es aus so vielen frechen Rohren spritzte, geschlagen gab und ganz durchnäßt vor der List der Quelle kapitulierte, nein der Quellen, denn der Garten war ein Wasserlabyrinth, ein Spiel der Najaden, ein Blumentheater, ein Amphitheater aus Laubengängen, ein Kapitol von Statuen, ein Museum der Grazien, jenes Vernunftwesen[96], das sichtbar ist zwischen dem Ergötzlichen. Ein weiteres schönes Motiv wäre es für die Feder, wenn sie als Pinsel dienen und Eurer königlichen Hoheit einen Raum malen könnte, der als antike Ruine gebaut wurde, deren zerfressene, baufällige Gewölbe in Schrecken versetzen. Die Rahmen zerbrochen und lose, die Wände schief, offen die Bögen, einstürzend die Türen, und alles rundherum vorgeblich Überreste aus alter Zeit, ganz in Auflösung begriffen[97]. Da ich aber weder Schatten noch Farben habe, das wiederzugeben, überlasse ich der Einbildungskraft meine Aufgabe und bestätige nur, daß es eine schöne Ruine ist, ein anmutiger Schrecken & eine der seltsamsten Täuschungen, die ein Architekt erfinden kann. Ich rede nicht vom Gemüsegarten, der den Fasanen zum Wald[98], nicht von dem Berg, der den Kaninchen zur Wohnung wurde, nicht von den Kanälen, die voller Schildkröten sind; nicht von den Ufern, welche indische und türkische Enten bevölkern; nicht von den Adlern, die zahm unter Bäumen sitzen, nicht von den Schwänen, die stumm, wie lebendige Schiffchen, auf den Wellen ihre Kreise ziehen, nicht von den Bächen, die vor den Forellen tun, als wären sie ein unentwirrbarer Mäander. Ich rede zu guter Letzt auch nicht von dem Schloß, das in einem Monat auf der Spitze des Hügels erbaut wurde[99], denn ein Jahr wäre zu kurz, ein ganzes Buch zu dünn, wollte ich von all diesen Dingen erzählen. Ich unterbreche deshalb den Faden des Gesprächs und setze mit der Referenz fort, knüpfe die Verpflichtungen von Geist und Seele noch enger und verbleibe

Eurer königlichen Hoheit

ergebenster, untertänigster,
ehrerbietigster Diener

DOMENICO GISBERTI.
Salzburg, den 26. August.

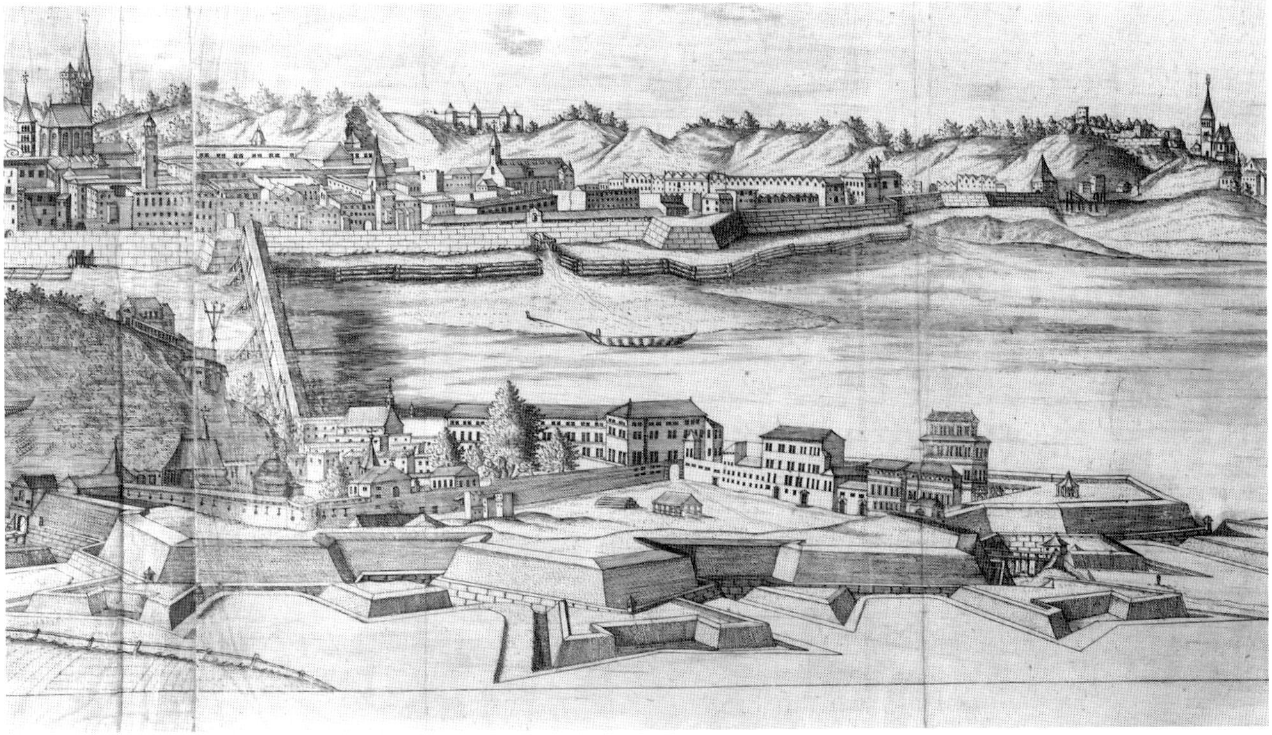

Philipp Harpff: Salzburg von Norden (Ausschnitt), 1644. Kupferstich. Salzburg Museum, Inv.-Nr. 1084/49

KÖNIGLICHE HOHEIT.

Das heutige Vergnügen war *Mirabell*, der in der Stadt liegende Freudenort des Erzbischofs[100]. Es wird so genannt, weil es tatsächlich ein *schönes Ziel* für die Zielscheibe war. Hier versammelten sich die Fürsten, die Damen, die Kavaliere und das vornehmste Gefolge der beiden Höfe. Man stellte die Zielscheibe an ihrem Orte auf, auf einem großen Tische wurden die schönen Preise ausgestellt, und das durchlauchtigste Kurfürstenpaar begann die gerillten Rohre[101] zu entladen. Auch die durchlauchtigste Nachkommenschaft bewaffnete die Arme mit dem schweren Gerät, und beide verdienten bei jedem Schuß die Zuneigung, bei jedem Knall den Applaus. Wer von den Marquis, Grafen und Baronen beim wiederholten Spiele von Eisen und Blei den Lohn von Gold und Silber davontrug, wollte ich nicht wissen, denn da ich in dem von so vielen Verletzungen durchbohrten Herzen der Zielscheibe eine einzige offene Wunde sah, tat es mir leid, daß nicht alle für die Tüchtigkeit ihrer Waffen einen Schatz bekamen. Es erhielten ihn die Geschicktesten, und auch ich wäre seiner würdig, könnte ich bei meinen Erlebnissen Fortuna ein Auge verbinden. Dann fand die martialische Unterhaltung der Kavaliere und die merkurische der Damen ein Ende[102]. Letztere war ebenfalls von der generösen Erfindungsgabe des Großen Gastgebers zu Salzburg eingeführt worden, und während die einen mit erfahrenem Blick die feurigen Kugeln schleuderten, warfen die Hände, welche so feine Stickereien auszuführen verste-

100 Ursprünglich 1606 als Schloß Altenau unter Erzbischof Wolf Dietrich für dessen Geliebte Salome Alt errichtet, wurde es von Markus Sittikus „Mirabell" genannt.

101 Unklar, vielleicht sind damit Gewehre gemeint?

102 Nach Merkur, dem Gott des Gewinnes, des glückhaften Findens.

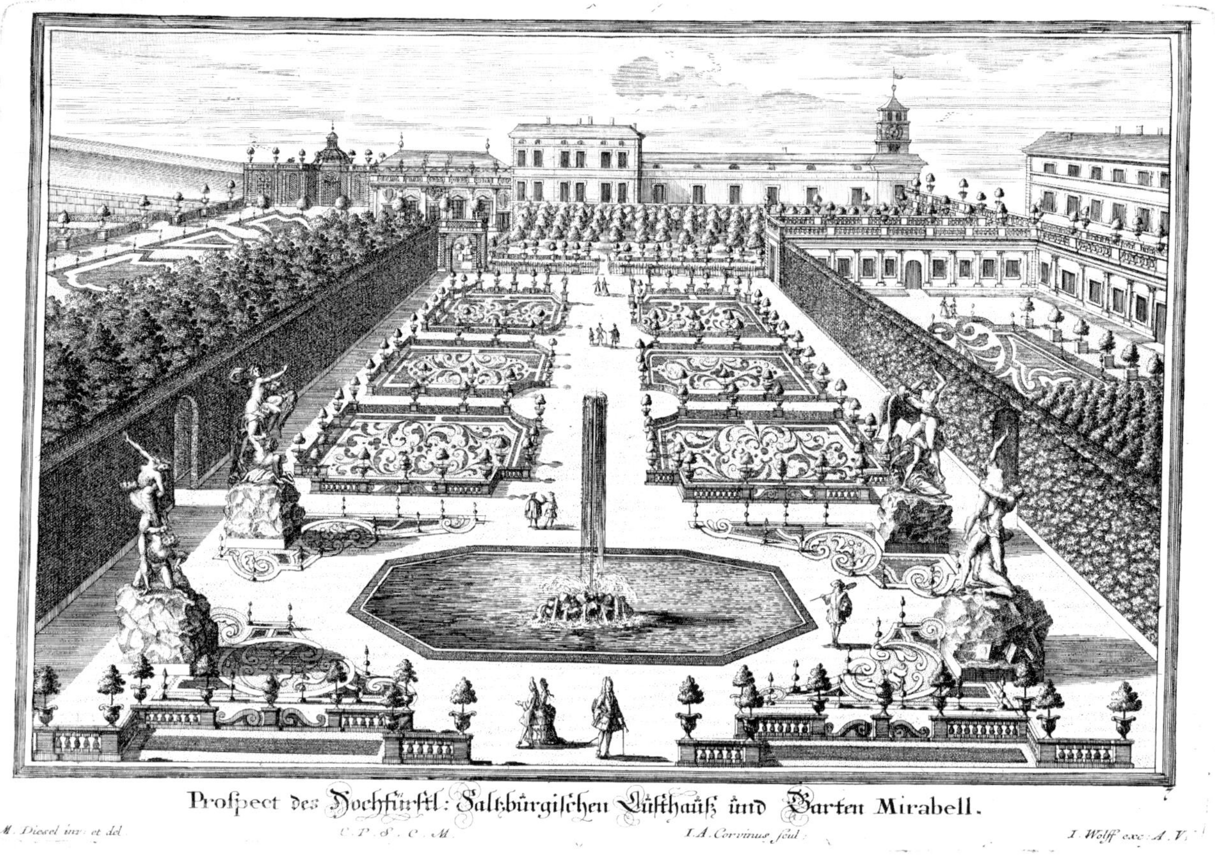

Johann August Corvinus nach Matthias Diesel: Mirabell von Süden, um 1720. Radierung und Kupferstich. Salzburg Museum, Inv.-Nr. 41/56

hen, die Glückswürfel und fanden ihre Freude an einem Stich. Nun stieg man von den Fenstern, von wo so viele Kugeln blitzten, herunter in einen Hof, wo das Kläffen von hundert Hunden die Ohren betäubte und man sich bei der kuriosen Bärenjagd vergnügte. Am Anfang war es zum Lachen, das Ende aber war blutig, denn das Tier wollte zum Ärger der Jäger nicht aus seiner Höhle herauskommen, weil es es sein Leid ahnte, und die Molosser[103] und Doggen wollten nicht von ihrem Beißen ablassen, weil sie von ihrer Beute nicht genug bekommen konnten[104]. Nachdem sich der Gesichtssinn an diesem anmutigen Schauspiel genug ergötzt hatte, war der Geschmackssinn zu einer Zuckerjause geladen, und so wandelte sich Proteus, Liebling der Gastfreundschaft, von Vergnügen zu Vergnügen, ging von einem Gefühl zum anderen über[105]. Deshalb fand er sich im ganzen Tageslauf nicht einen Augenblick lang ohne Unterhaltung. Und ich, der ich, um es Eurer königlichen Hoheit zu erzählen, der Mitternacht eine halbe Stunde & der Ruhe die beste Zeit gestohlen habe, weiß das genau. Sehr verdienstvoll wäre dies, wenn meine Mühe etwas gälte! Schön die Ausdauer, wenn sie demjenigen recht käme, für den ich beobachte! Aber was zweifle ich? Auch in der guten Absicht brennt ein großes Opfer. Es reicht dem Fürsten, der am Göttlichen Anteil hat, das Mögliche gewollt zu haben, was nur menschlich ist. Wenn die Macht, die Kraft fehlt,

103 Doggenähnliche Wach- und Kampfhunde.

104 Tierhatzen waren in der Zeit des Barock ein beliebtes Fest-Vergnügen. In Salzburg wurden die Tierhatzen im Mirabellgarten veranstaltet.

105 Der griechische Mythos weiß von Proteus zu berichten, daß er ein weissagender Meergreis gewesen sei, der sich in verschiedene Gestalten verwandeln konnte.

beobachtet man das Herz, nimmt den Willen an. Verlockt denn von so schönen Hoffnungen, wiederhole ich die Gelöbnisse meiner Hochachtung, bestätige das Bekenntnis der Ergebenheit, und während ich die königliche Rechte küsse, füge ich aus Pflicht meiner Schuld das Vergnügen bei und warte auf die Gelegenheiten, mich mit Taten als das zu erweisen, was ich mit Worten bin,

Eurer königlichen Hoheit

ergebenster, untertänigster,
ehrerbietigster Diener

DOMENICO GISBERTI.

Salzburg, 27. August 1670

92

a baſtanza la viſta, ſe n'andò invitato ad una Merenda di Zuccheri il Guſto, e così Proteo dell' Accoglienza il Diletto, trasformandoſi di piacere in piacere, paſsò da un Sentimento all'altro; onde in tutto il corſo del giorno, non ſi trovò ſenza il ſuo diporto un momento. E lo sò ben' io, che per dirlo a V.A.R. hò rubato alla meza Notte mez' hora, & il più bel tempo al ripoſo. Un gran merito fora qveſto, ſe degna fatiga foſſe la mia! Bella perſeveranza, ſe grata ſuccedeſſe per cui l'oſſervo! Ma di che diffido? Arde anche in una buona intentione un gran ſagrificio. Baſta col Principe, c' hà del

93

del divino l' aver voluto il poſſibile, c' hà dell' umano. S' oſſerva il cuore; s' accetta l' animo, ſe manca il potere, e la forza. Luſingato dunqve da sì belle ſperanze; reitero i voti del mio riſpetto; ratifico la profeſsione dell' oſſervanza, e ribaciando la regia deſtra, aggiungo per obbligatione al mio debito l' aggradimento; ed aſpetto le occaſioni di comprobarmi in effetto, qval ſono in voce

Di V. A. R.

Saltzburgo 27. Agoſto 1670.

Vmiliſſimo, Divotiſſimo, Servo Riverentiſſimo.

DOMENICO GISBERTI.

KÖNIGLICHE HOHEIT.

Wenn man mir erzählte, was ich Eurer königlichen Hoheit beschreiben will, hielte ich diese Erzählung, die in meiner Beschreibung die Ehre der Historie fordert, sicher für ein Märchen. Nahe der Wiese, die Salzburg als irdisches Paradies dient, erhebt sich ein grüner Hügel, auf dessen lieblicher Stirnseite man ein schönes Schloß entdeckt und in dessen steinernem Inneren sich ein großes Theater verbirgt. Von dem Schlosse rede ich nicht, denn ist es auch ein Wunder der Architektur, so leerte doch die Feder umsonst ihre Beredsamkeit über gewöhnliche Wunderdinge aus, deren die Welt ohnehin voll ist. Nur bei dem Theater halte ich mich auf, weil es etwas Rares, vielleicht Einzigartiges ist auf der ganzen Welt. Halb ist es eine natürliche Höhle, halb kunstfertig aus dem Stein herausgemeißelt, und es läßt einen darüber im Zweifel, welchem der beiden großen Ursprünge der Dinge es seinen Ruhm verdankt[106]. In Wahrheit schuldet es beiden sehr viel: Der Natur die Erhabenheit des Einganges, der in Bogenform so gut gebaut ist, daß er darüber und darunter die Zuschauer zu Tausenden auf entzückendste Weise bergen kann, und der Kunst das Meisterwerk der Bühne, deren ovale Form durch die mühevolle Arbeit der Meißel so vollkommen geworden ist, daß sie für jede pastorale oder sakrale Handlung geeignet ist. Zwei riesige Felsblöcke, grün von Gras und geschmückt von Pflanzen, aber vom Meißel verbessert, bilden das Proszenium, und eine kleine Baumpflanzung, die sich aber dem Zufall verdankt, bildet den Orchestergraben. Der Berg hat sich von selbst abgelöst und hat den Himmel als Himmel, nimmt das Licht von der Sonne. Aber nichts wurde nur dem glücklichen Zufall überlassen, überall sind die Spuren des kunstfertigen Eisens zu beobachten, das ihm behilflich war. Der Abstieg selbst zeigte den Werkzeugen, wo die Stiegen zu bauen seien, die Lage eröffnete die Perspektive. Und wenn der Ingenieur zur Bequemlichkeit der Schauspieler sich mühte, so schwitzte zuvor der Boden im harten Fels, der für Schauwagen, für Flüge geeignet ist und wert, daß sein natürlicher Stein von fremdem Applaus zum Sprechen gebracht werde. Ohne Zweifel ist es keine unterirdische Höhle, keine tiefe Grotte, und doch ist der Ort so edel, hat der Fleiß so großen Anteil an diesem Kunstwerk, daß die Neugier nicht anders kann als es zu bewundern, sich daran zu erfreuen. Hier wurde den durchlauchtigsten Herrschaften die Macht der Musik im leidvollen Leben des Orpheus[107] dargestellt, und da keine Stimme war, die nicht zwischen den Felsen mächtiger erschollen wäre, so gab es keinen Fels, der nicht zwischen den Stimmen Harmonie geworden wäre. Selbst die vorgetäuschten Tiere und Bäume wirkten zwischen diesen steilen Felsen echter. Ich habe es in höchstem Maße genossen, und nie hätte ich mir erträumt, im Inneren eines naturbelassenen Hügels das Kulturwerk eines Baues zu sehen, der teils geworden, teils mit der Zeit gewachsen, es verdient, die Zeit zu überdauern. Wer sich, in einen Winkel seines Hauses zurückgezogen, damit zufriedengibt, seinen Teil der Welt in der Heimat zu genießen, glaube mir, daß dies das ungewöhnlichste Bauwerk ist, welches das Vergnügen vom Schicksal bekommen hat. Wer aber in der Schule des Reisens Gewinn und Unterhaltung sucht, komme her und vergewissere sich, er wird nicht ohne edlen Genuß abreisen. Nicht zu Eurer königlichen Hoheit spreche ich so, die Ihr, bevor Ihr lest, schon wußtet, was ich schreiben konnte, und die Ihr, auf einen Wink

106 Beim „Steintheater" am Ostabhang des Hellbrunner Berges handelt es sich um ein Freilichttheater, das unter Markus Sittikus unter Ausnützung von Höhlen und durch Bearbeitung der Felsen geschaffen wurde. Ursprünglich hatte es wahrscheinlich als Steinbruch zum Schloßbau gedient. Ab 1616 wurden hier vor allem italienische Pastoralen dargeboten.

107 Claudio Monteverdis Favola in musica (Musikalische Geschichte) L'Orfeo in einem Prolog und fünf Akten, Text von Alessandro Striggio. Die Pastorale war zu Beginn des Karnevals 1607, im Rahmen eines glänzenden Festes, in der herzoglichen Residenz zu Mantua erstmals aufgeführt worden. Es ist die älteste heute noch auf der Bühne lebendige Oper, deren Schönheiten erst in den letzten Jahren, seit man versucht, mit Hilfe von nachgebauten Instrumenten dem Originalklang nahezukommen, wieder richtig zur Geltung kommen. Vgl. Kurt Pahlen: Das neue Opernlexikon. Weyarn 2000, S. 430 f. Wie W. Schaber (Anm. 91), S. 17, schreibt, ist Gisbertis Brief die einzige Quelle für den Titel des Stücks, das zu Ehren des Kurfürstenpaares im Hellbrunner Steintheater aufgeführt wurde. Artur Kutscher: Das Salzburger Barocktheater. Wien – Leipzig – München 1924, S. 130/131, vermerkt nur, daß anläßlich eines Fürstenbesuchs im August und September des Jahres 1670 eine „Opera" zum besten gegeben wurde.

Eurer teuren Befehle hin, selbst das Unmögliche unter die Gesetze des Fleißes zwingt. Ich stelle mein Talent unter Beweis, indem ich es zu beschreiben versuche. Ich wollte sehen, ob ich Euch eine Bühneneinrichtung darzustellen wüßte, die Ihr genau kennt, und ob sie mir als geeigneter Vorwand dienen könnte, mir Eure Liebe und Euren hohen Schutz zu erringen. Durch die Gunst des Zufalls scheint mir, daß ich von der schönen Absicht nicht weit abgekommen bin. Von dem nun, was meiner Feder fehlt, möge mich Eure Freundlichkeit entbinden. Und laßt mich am Ende Wert auf die Feststellung legen, deren Spuren ewig sichtbar sein sollen, daß ich wirklich und wahrhaftig bin

Eurer königlichen Hoheit

ergebenster und ehrerbietigster Diener

DOMENICO GISBERTI.

Aus Hellbrunn, den 28. August 1670

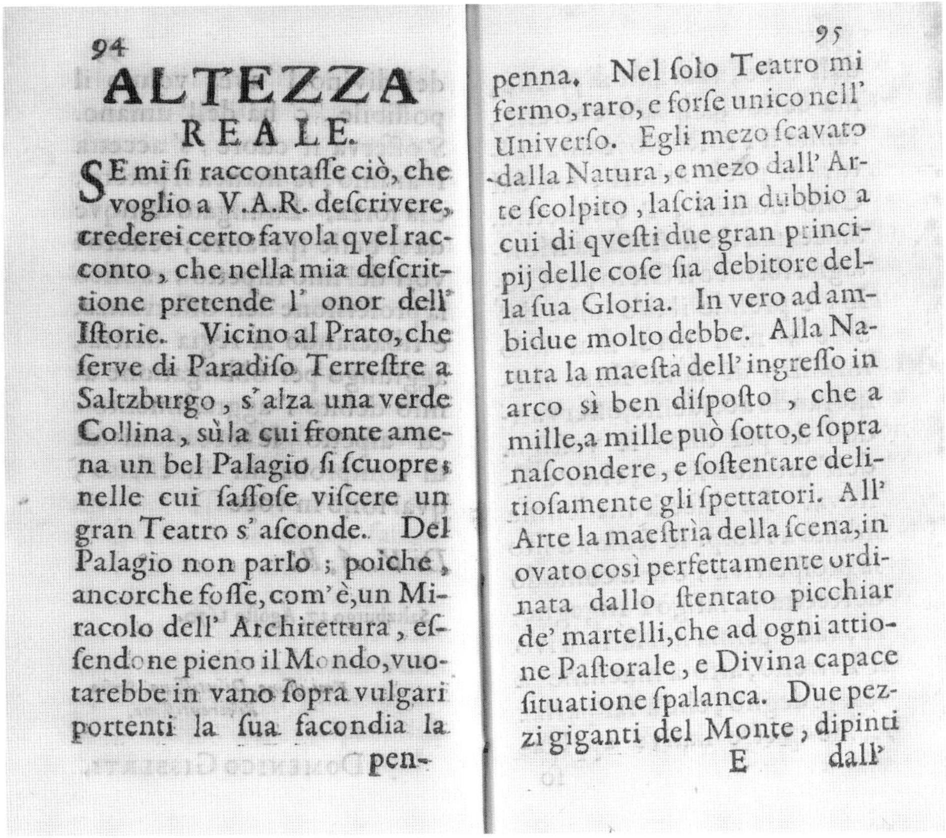

94

ALTEZZA
REALE.

SE mi ſi raccontaſſe ciò, che voglio a V.A.R. deſcrivere, crederei certo favola qvel racconto, che nella mia deſcrittione pretende l' onor dell' Iſtorie. Vicino al Prato, che ſerve di Paradiſo Terreſtre a Saltzburgo, s' alza una verde Collina, sù la cui fronte amena un bel Palagio ſi ſcuopre; nelle cui ſaſſoſe viſcere un gran Teatro s' aſconde. Del Palagio non parlo; poiche, ancorche foſſe, com' è, un Miracolo dell' Architettura, eſſendone pieno il Mondo, vuotarebbe in vano ſopra vulgari portenti la ſua facondia la pen-

95

penna. Nel ſolo Teatro mi fermo, raro, e forſe unico nell' Univerſo. Egli mezo ſcavato dalla Natura, e mezo dall' Arte ſcolpito, laſcia in dubbio a cui di qveſti due gran principij delle coſe ſia debitore della ſua Gloria. In vero ad ambidue molto debbe. Alla Natura la maeſtà dell' ingreſſo in arco sì ben diſpoſto, che a mille, a mille può ſotto, e ſopra naſcondere, e ſoſtentare delitioſamente gli ſpettatori. All' Arte la maeſtrìa della ſcena, in ovato così perfettamente ordinata dallo ſtentato picchiar de' martelli, che ad ogni attione Paſtorale, e Divina capace ſituatione ſpalanca. Due pezzi giganti del Monte, dipinti

E dall'

KÖNIGLICHE
HOHEIT.

Die Fürsten sind zur Jagd aufgebrochen, werden in Hallein zu Mittag speisen und in Golling zu Abend essen. Dort werden sie auch schlafen[108], und die Nacht darauf werden sie in Blühnbach verbringen, und drei Tage hintereinander werden sie sich bei einer ungewöhnlichen Jagd auf zahlreiche Hirsche vergnügen[109]. Ich, der ich weiß, wie diese Tiere beschaffen sind und wie die Waffen der Jäger und wie viele Fallen und Hinterhalte für die Jagdbeute es gibt, habe innegehalten, um mich in der Betrachtung der Schläge zu ergehen, welche die Sichel führt, und der Beute, die der Tod Augenblick für Augenblick in Salzburg macht. Ich habe

108 Vermutlich in Schloß Golling, das bis Anfang des 14. Jahrhunderts den Herren von Guetrat gehörte, dann denen von Kuchl, und seit der 2. Hälfte des 14. Jahrhunderts schrittweise auf den Erzbischof überging.

109 Schloß Blühnbach im Blühnbachtal, 1580 als Herrenhaus aus Holz urkundlich erwähnt, war das Zentrum der erzbischöflichen Jagd in Werfen. 1603–1607 wurde es unter Erzbischof Wolf Dietrich neu erbaut. Später, im 18. Jahrhundert, war es als Gestüt in Verwendung.

Unbekannt: Einzug des Erzbischofs Jakob Ernst Liechtenstein in Salzburg, um 1745. Kupferstich. Salzburg Museum, Inv.-Nr. 4235/49

Unbekannt: Einzug des Erzbischofs Jakob Ernst Liechtenstein in Salzburg (Ausschnitt), um 1745. Kupferstich. Salzburg Museum, Inv.-Nr. 4235/49

den Friedhof von St. Sebastian durchstreift, die vornehmste Wohnstatt, die Tote haben und die prächtigste, deren sich die zu Grabe Getragenen in ganz Deutschland erfreuen können[110], und eine melancholische Stimmung hat darob ihr Fest gefeiert. Auf einem Acker, viel länger als breit, der nur von den todbringenden Spaten der Totengräber bestellt und von den dicht stehenden Grabhügeln zu Furchen und von den vielen Kreuzen zu Himmelsboten gemacht wird, wo im Gegensatz zur Landwirtschaft das Säen ein Ernten, das Zu-Grabe-legen ein Mähen ist, schuf christliche Liebe die Ruhestätte des menschlichen Seins, eine Galerie der Toten, das wahre Antiquarium des Menschen zu Salzburg. Unter freiem Himmel ruhen die Gebeine der begrabenen Armen, aber vermischt mit Erdreich wird dieser glückliche Staub Mutter des Grases, Amme der Blumen. Unter den Bogengängen, die ihn in Form eines Kreuzgangs mit achtundsiebzig quadratischen Säulen (wenn ich mich recht entsinne) umgeben, befinden sich die Überreste der Reichen in Marmorgrüfte eingeschlossen. Aber trotz ihres stolzen Gepränges werden sie Nahrung der Würmer, Speise des Gestanks und des Schreckens. (Auch im Tode beleidigt uns der Luxus, verzehrt er uns.) Da ist kein Bogen, der nicht in einem Steine den Triumph des Schicksals bärge. Jede Wölbung bedeckt eine Grabstätte, jeder Sockel hält eine Gruft, jeder Winkel birgt ein Grabmal. Bei jedem Schritt tritt man auf einen Sarg, findet sich der Fuß im Grabe. Bei jedem Blick auf die Mauer findet das Auge nichts als Grabinschriften. Alle Wörter sind zu traurigen Sätzen gefädelt, alle Sätze zu schmerzvollen Nachrufen. Da ist kein Schnörkel, kein Motto, kein Symbol, kein Emblem, das nicht Tod bedeutete; man sieht keine Statue, keine Malerei, die nicht an Verfall und Verderben erinnerte. Jeder Stein ist in eine Gedenktafel, in ein Mausoleum verwandelt, und jede Inschrift in eine Leichenbahre, ein Totenbett, einen Sarg. Oh, du beispielhaftes Bauwerk! Oh, du wahrer Tempel der Libitina[111], oh, ihr schönen, ihr notwendigen Schrecken! Ich gebe hier nicht eine einzige der Inschriften wieder, denn schließlich endet mit *hier liegt*, *hier ruht*, was jeder Sterbliche an *Vergangenem*,

110 Der Sebastiansfriedhof wurde 1595–1600 im Auftrag von Wolf Dietrich von Elia Castello anstelle eines seit Anfang des 16. Jahrhunderts bestehenden Friedhofs nach dem Vorbild italienischer Campisanti errichtet.

111 Altrömische Göttin der Bestattung, deren kultischer Hain Mittelpunkt des römischen Bestattungswesens war.

was er an *Wachheit* hat! Unter vielen Tausenden Deutschen, die den Weg des Leidens gegangen sind, ist hier ein einziger Italiener begraben: Elia Castello, der hervorragende Bildhauer, und es hat mich gefreut, sein würdiges Andenken in Ruhe bewahrt zu sehen[112]. (Als Tote haben wir schließlich eine gemeinsame Heimstatt und ein allumfassendes Exil.) Sodann habe ich in einem weiteren kleinen Friedhof, der an der Mauer der Pfarrkirche liegt, das *Conditur hîc* des Theophrastus[113] gelesen, dieses Wunders der Medizin, dieses Äskulap des vergangenen Jahrhunderts, und ich staunte, daß selbst der Retter unserer kranken Natur zu einem ungesunden Stein geworden ist. Ach, wie wahr ist, daß es gegen die Todeskrankheiten keinen Arzt gibt! Auf die von Atropos[114] geschlagenen Wunden kann man keinen Balsam träufeln, kein Lebenselixier auf den Tod! Ein Ende muß sein. Wie oft hat die von Zeugung und Verwesung erfüllte Welt sich geleert? Und wie oft, wie oft wird das Universum sich entvölkert bevölkern, sich bevölkert entvölkern? Alle sterben wir, und es wird eine Zeit kommen, da wir nicht mehr in der Zeit sind. Nun wolle der Himmel, daß, wenn ich nicht mehr bin, zumindest eine gemeißelte Erinnerung von mir sagen kann, daß ich gewesen bin

Eurer königlichen Hoheit

ergebenster, untertänigster,
treuester Diener

DOMENICO GISBERTI.

Salzburg, 29. August 1670

112 Seine Brüder Pietro und Antonio errichteten das Grabmal des aus Millesimo bei Como gebürtigen Bildhauers, Stukkateurs, Mosaizisten und Malers 1602, im Todesjahr des Künstlers, aus rotem und weißem Marmor und krönten es mit einer Büste des Verstorbenen. Castello war Hofbaumeister von Erzbischof Wolf Dietrich gewesen. Die Gabrielskapelle auf dem Sebastiansfriedhof, Wolf Dietrichs Mausoleum, stammt von ihm.

113 Der Naturforscher, Chemiker und Arzt Theophrastus Bombastus von Hohenheim, genannt Paracelsus, geb. 1493 in Einsiedeln, starb am 14. September 1541. Schon 1525 hatte er eine Zeitlang in Salzburg zugebracht und sich bei den Badern aufgehalten. Die ursprüngliche Platte mit der Inschrift ist in den Sockel eingelassen, der Obelisk wurde erst 1752 aufgestellt.

114 Atropos, „die Unerbittliche, Unabwendbare", ist diejenige der drei Moiren (Schicksalsgöttinnen), die den Lebensfaden des Menschen zerschneidet.

115 Hallein hatte seit dem Mittelalter große wirtschaftliche Bedeutung für das Erzbistum wegen der Verarbeitung des am Dürrnberg abgebauten Salzes und wegen des Salzhandels.

116 Im Mittelalter gab es vier Sudpfannen, im Barock kamen in den Jahren zwischen 1558 und 1670 die vier Sudhäuser Raitenau, Kuenburg, Ruprecht und Neugoldegg dazu. Vgl. Johann Schatteiner: Der Salzbergbau Dürrnberg und die Saline Hallein. In: H. Dopsch u. H. Spatzenegger (Anm. 78), Bd. II/4, S. 2631–2711, hier S. 2682.

117 Erzbischof Wolf Dietrich brauchte als Renaissancefürst zur Verwirklichung seiner ehrgeizigen Pläne Geld, deshalb steigerte er 1590 die Salzproduktion von den um 1500 geförderten 22.000 auf 36.000 Tonnen, eine Menge, die erst 1960 wieder erreicht wurde. Er vervierfachte auch den Salzpreis,

KÖNIGLICHE HOHEIT.

In Halla, Hellel oder Hallein, wie man es auch nennen mag, wo die Herrschaften sich gestern ihres Mahles erfreut haben, finde ich mich heute zum Abendmahl ein, und weder denke ich daran, daß ich einen Tag versäumt habe, noch bereue ich, drei Doppelmeilen zurückgelegt zu haben. Diese Stadt ist zu Recht die wichtigste Stadt des Fürstentums Salzburg, wegen des Salzgewerbes und wegen der schönen Lage an den Ufern der Salzach. Hier wird in den Salinen dreimal so viel Salz hergestellt wie in Traunstein, und doppelt so viele Leute werden beschäftigt[115]. Die Sudpfannen sind 48 Fuß breit und 55 lang, und jede ist, eingerechnet das Gebäude und die Kunstfertigkeit des Baues, 40.000 Gulden wert und wirft Jahr für Jahr 40.000 an Ertrag ab. Und seit vierzig Jahren widersteht alles dieser Feuerhölle. Noch eine weitere fügt die gute Regierung des durchlauchtigsten MAX GANDOLPH hinzu, gibt ihm den Namen Kuenburg und mehrt die Einkünfte des Fürstentums[116]. Dies ist ein mächtiger Staatsschatz, und er wäre noch größer, wenn Bayern zu größerem Kaufe verpflichtet wäre[117], wenn man in Kärnten mehr davon absetzte. Das Resultat ist gering, weil die Steuern so hoch sind. So hoch sind sie aber dann doch nicht, und auch der Gewinn nicht so klein, daß es nicht für den Erzbischof große Erträge abwürfe und der Bevölkerung zu großer Bequemlichkeit verhülfe. Fast alle Familien leben von diesen Salinen, und wehe Hallein, wenn es sie nicht hätte, und wehe diesem nichtssagenden Brief, wenn er nicht für seine Berichte dieses bißchen Würze gefunden hätte. Ich schaue und schaue, aber Eure königliche Hoheit mögen mir glauben, mehr findet das Auge nicht an Bemerkenswertem. Ausgenommen die schöne Aussicht von einer Anhöhe wenige Schritte vor der Stadt, von der aus man zu einer Kirche hinansteigt[118] und von der aus man den schönen Flußlauf beobachten kann und wo man den auf einem hohen, steilen, uneinnehmbaren, wilden Fels stehenden Turm sieht, der als ewiges Verlies für Hochverräter bestimmt ist[119]. Unerbittliche Strafe für große Verbrechen. Alles atmet Gewöhnlichkeit, alles sieht nach Gemeinem aus. Nicht gemein aber, nicht gewöhnlich wird je der Respekt sein, den ich voller Hochachtung dem königlichen Hause von Savoyen bewahre, dem all meine Ehrerbietung geweiht ist. Durch ihn wird meine Liebe zu Ehrfurcht verwandelt und zu einem Opfer der Ergebenheit nur durch den Glauben, ich sei

Eurer königlichen Hoheit

ergebenster & untertänigster,
ehrerbietigster Diener

DOM. GISBERTI.

Hallein, 30. August 1670

wodurch die Hofkammer einige Jahre hindurch um die 150.000 Gulden (den Gegenwert für ca. 300 kg Gold) einnahm. Salzburg exportierte gut zwei Drittel seines in Hallein geförderten Salzes, und deshalb schloß Wolf Dietrich einen Vertrag ab, der Bayern das Verkaufsmonopol für mehr als zwei Drittel des Halleiner Salzes einräumte. So verlor Salzburg die Verfügungsgewalt über sein wichtigstes Exportgut und mußte überdies die Salzproduktion wieder auf ca. 22.000 Tonnen im Jahr reduzieren. Vgl. Clemens M. Hutter: Der Tennengau. Kleinod am Fuße der Alpen. Salzburg 1992, S. 17. Nachdem es zu einem oligopolistischen Anbietermarkt mit Österreich und Bayern gekommen war, konnten die Wittelsbacher beim Verlust von Absatzgebieten den Salzbezug kürzen und in finanziellen Krisensituationen oder bei Wechselkursstreitigkeiten Zahlungen verweigern bzw. sich erhebliche Rückstände leisten, ohne daß Salzburg sich wirklich zur Wehr setzen konnte. Vgl. Gerhard Ammerer: Verfassung, Verwaltung und Gerichtsbarkeit von Matthäus Lang bis zur Säkularisation (1519–1803) – Aspekte zur Entwicklung der neuzeitlichen Staatlichkeit. In: H. Dopsch u. H. Spatzenegger (Anm. 78), Bd. II/1, S. 240. 1611 führte der „Salzkrieg" zwischen Bayern und Salzburg zur vorübergehenden Besetzung Berchtesgadens durch Erzbischof Wolf Dietrich – er verlor den Krieg, sein Land und die Freiheit.

118 Wohl die 1614 geweihte Wallfahrtskirche Mariae Himmelfahrt auf dem steilen Abhang von Dürrnberg.

119 Die ehemalige Turmanlage Schozzries, nunmehr Ruine Thürndl, auf dem schmalen Bergkamm südlich der Barmsteine.

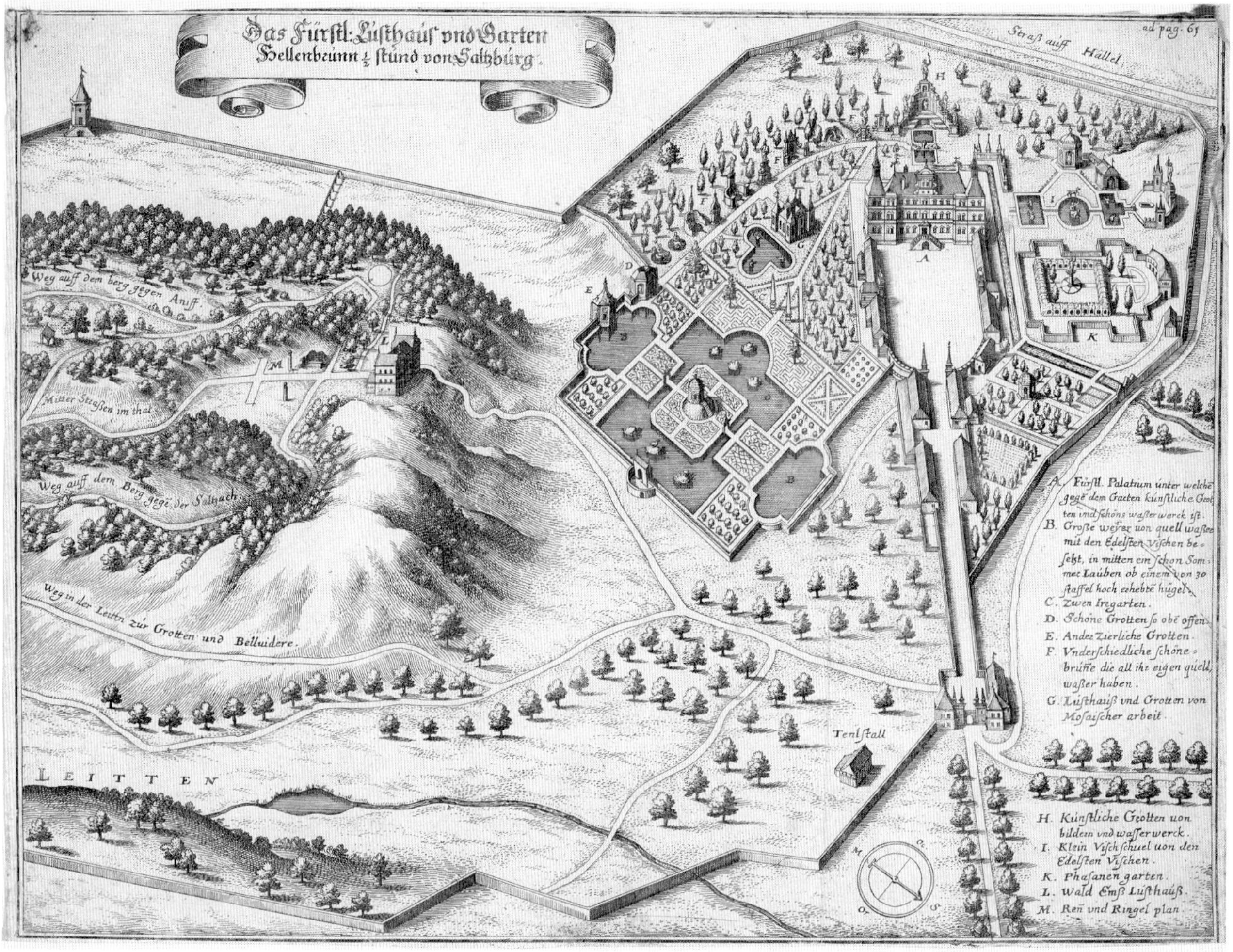

Matthias Merian: Hellbrunn aus der Vogelschau, nach 1644. Kupferstich. Salzburg Museum, Inv.-Nr. 5164/49

KÖNIGLICHE HOHEIT.

Hier, wo der Erzbischof von Salzburg die fürstlichen Hoheiten von Bayern am 26. dieses Monats kleine Lachse und Forellen fischen, am 28. Rehböcke und Gemsen jagen, und an beiden Tagen an Musikern und Klängen sich hat erfreuen lassen, hier lasse ich zufrieden den Blick sich vergnügen und vertraue die Augenlust der Hand an. Hier sehe ich einen unendlich großen Park von einer langen Mauer umschlossen. Über einem Theater[120] erhebt sich in der Mitte ein hoher, freistehender Hügel. Auf dessen Kuppe steht ein großartiges, prunkvolles Schloß[121], ringsherum ein dichter Buchenwald, unten die fischreichen Kanäle, an den Ufern die zum bequemen Lustwandeln eingerichteten Laubengänge und Lusthäuschen, darüber die durch Tempel und Zellen verschönte Einsiedelei[122], und der entzückende umfriedete Raum überall voller angenehmer Möglichkeiten des Zeitvertreibs. Oh, schöne Einsamkeit! Nur von Vergnügungen bevölkert. Oh, abenteuerreicher Wald,

120 Meint Gisberti hier das sog. Römische Theater nördlich hinter dem Schloß Hellbrunn? Es ist ganz unklar, was der Autor hier beschreibt.

121 Was meint Gisberti? Das bereits erwähnte Monatsschlößl? Aber das ist weder großartig noch prunkvoll.

122 Im südlichen Teil des Parks befand sich der Bereich der Eremitorien und Kapellen, davon ist leider nichts erhalten geblie-

nur Königen würdig! Herr, in diesen Wäldern verirre ich mich eher als in einem Labyrinth. Ich habe für so viel Wunderbares keine Worte. Ich finde in diesen Wassern Venedig inbegriffen, Rom zwischen diesen Gebäuden zu einem kurzen Abriß verkleinert und mich über diesen Blättern in höchster Ergebenheit verwirrt. Ich kehre deshalb zum Beweis der größten Hochachtung zurück, und verkürzt in der Erkenntnis meiner selbst verbleibe ich im Schutze

Eurer königlichen Hoheit
Dero
ergebenster, untertänigster,
ehrerbietigster Diener

Dom. Gisberti.

Aus dem Park von Hellbrunn, den letzten August 1670.

ben. Um 1619 lebte dort der Einsiedler Mudet aus Lyon und wurde vom Hof verpflegt. Über seine Vorgänger und Nachfolger ist kaum etwas bekannt. Josef Brettenthaler: Salzburg Synchronik. Die Welt, Deutschland, Österreich, Salzburg Stadt und Land. Salzburg 2006, S. 101.

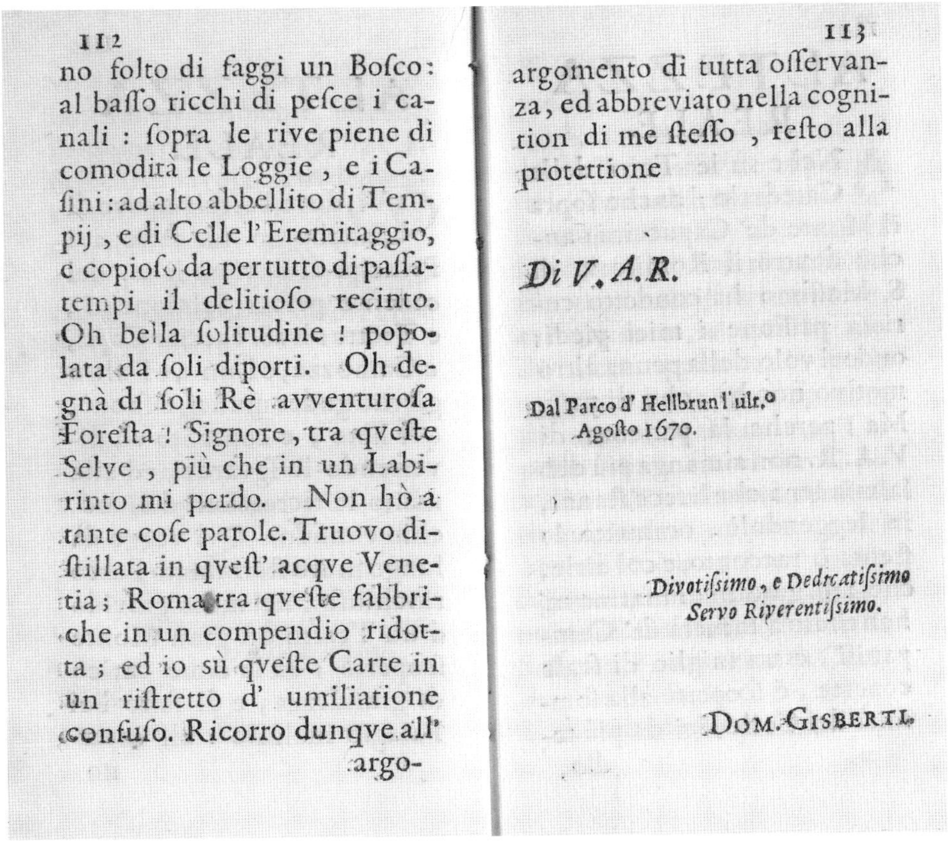

112

no folto di faggi un Boſco: al baſſo ricchi di peſce i canali : ſopra le rive piene di comodità le Loggie , e i Caſini : ad alto abbellito di Tempij , e di Celle l'Eremitaggio, e copioſo da per tutto di paſſatempi il delitioſo recinto. Oh bella ſolitudine ! popolata da ſoli diporti. Oh degnà di ſoli Rè avventuroſa Foreſta ! Signore , tra qveſte Selve , più che in un Labirinto mi perdo. Non hò à tante coſe parole. Truovo diſtillata in qveſt' acqve Venetia ; Roma tra qveſte fabbriche in un compendio ridotta ; ed io sù qveſte Carte in un riſtretto d' umiliatione confuſo. Ricorro dunqve all' argo-

113

argomento di tutta oſſervanza, ed abbreviato nella cognition di me ſteſſo , reſto alla protettione

Di V. A. R.

Dal Parco d' Hellbrun l'ult.o Agoſto 1670.

Divotiſsimo, e Dedicatiſsimo
Servo Riverentiſsimo.

Dom. Gisberti.

KÖNIGLICHE
HOHEIT.

Auch auf die Türme der Kathedrale, auch auf den Kapuzinerberg, auch in die Klause des hl. Maximus hat neugierige Leidenschaft meine Füße geführt. Deshalb hat der Flug der Feder keinen anderen Beweggrund als den der Schritte. Aber damit die Geduld Eurer königlichen Hoheit nicht länger strapaziert werde als meine Kraft, die beim Lesen ermüdete, unterlasse ich die mühselige Erzählung und berichte Euch, daß 239 Marmorstufen mich bis zur Mitte der Türme führten und eine Meile überdachter und freiliegender Stiegen auf die Hügelkuppe, befreie Euch auf diese Weise von weiterer Langeweile und mich von größerem Einsatz. Ich erinnere nur an das heilige Andenken der Einsiedelei[123]. Der Mönchsberg (so benannt nach dem Benediktinerkloster, das an seinem Fuße gegründet wurde[124]) öffnet sich auf der Seite, die steil abfallend nach Norden und Osten blickt, zu einer abschüssigen Höhle, die, außen halb verschlossen von einer armseligen Steinvorrichtung, ihre göttlichen Schrecken in zwei Kapellen teilt[125]. Man steigt auf einer Stiege hinauf, die in das steinerne Innere des Berges geschlagen wurde. In der ersten Höhle betet man vor zwei Altären, einer der hl. Gertraud, der andere der hl. Agatha geweiht, zum Bild Christi und Unserer Lieben Frau. In der zweiten, die höher oben und gut verborgen liegt, betet man vor zwei ähnlichen Altären das Bildnis der hl. Jungfrau und des Schöpfers an. Hier war ein großer, sargähn-

123 Die „Katakomben", drei nach außen abgemauerte, möglicherweise frühchristliche Höhlenkapellen in der Mönchsbergwand hinter dem St. Peter-Bezirk, wurden im 16. und 17. Jahrhundert als „eremitorium" bzw. „Einsiedelei" bezeichnet.

124 Die Benediktiner-Erzabtei St. Peter wurde nach alter Haustradition 582 gegründet und um 696 vom hl. Rupert erneuert. (das Jahr 696 gilt heute als gesichert). Von dieser Keimzelle des Bistums aus wurden die Gebiete des heutigen Kärntens, der Steiermark, Nieder- und Oberösterreichs und Westungarns missioniert.

116

in alto, e in un' antro più ſegreto riposto pur ſopra due ſimili Altari l' effigie della Vergine, e del Creatore s' adora. Qvivi un gran ſaſſo, in forma di ſepolcro ſcavato, fù di S. Maſſimo il Letto, e par, che la ſteſſa foſſa, niente più capace d' un corpo, s' abbia pietoſa intenerita a qvel peſo, e con i ſegni laſciati dal ripoſo d' un Santo alla divotione di chi la contemp'a, lo dica. Sù la parete, a cui ſtà unita la Tomba così parla, qvaſi lapida delle ruine paſſate una pietra. *Anno Domini 477. Odoacer Rex Ruthenorum, Gepidi, Gothi, Hungari, & Heruli contra Eccleſiam Dei ſævientes, B. Maximum cum ſocijs 50. in hoc Spelæo latitanti-*
bus,

117

bus, ob confeſsionem fidei trucidatos præcipitarunt. Noricorum qvoqve provinciam ferro, & igne demoliti ſunt. Dunqve poſſo dire, d'aver veduto ſotto la Fortezza di Paride di Lodron i Qvartieri di 50. Martiri; e dove ſi ricovrarono, e d'onde furono precipitati da' Barbari, e di Maſſimo, il S. Prete, ſe non la pianta, che fù il patibolo, almeno il luogo, in cui patibolato rimaſe. Poſſo dire, d' aver veduto il precipitio, ancora bagnato di ſangve; la ſelva ancora aſperſa di viſcere; ſe bene qveſta in un Cimitero è converſa, qvello in nuovo precipitio caduto; e V.A.R. ſe non d' aver tutto ciò
tra

lich behauener Stein das Bett des hl. Maximus, und es scheint, daß das Grab, das nicht mehr als einen Körper fassen konnte, sich dieses Gewichtes mitleidsvoll erbarmte und dies mit den Zeichen kundtut, die der ruhende Heilige der Frömmigkeit derer hinterlassen hat, die es betrachten. An der Wand, an der sich das Grab befindet, steht auf einer steineren Gedenktafel über die Verwüstungen in der Vergangenheit Folgendes: *Anno Domini 477. Odoacer Rex Ruthenorum, Gepidi, Gothi, Hungari, & Heruli contra Ecclesiam Dei sævientes B. Maximum cum socijs 50. in hoc Spelæo latitantibus, ob confessionem fidei trucidatos præcipitarunt. Noricorum qvoqve provinciam ferro, & igne demoliti sunt*[126]. Alsdann kann ich sagen, daß ich unter der Festung des Paris Lodron die Zellen von 50 Märtyrern gesehen habe und wo sie sich verbargen, und von wo sie von den Barbaren herabgestürzt wurden, und von Maximus, dem hl. Priester, wenn nicht den Baum, der seine Richtstätte war, so doch den Ort, an dem er gerichtet wurde[127]. Ich kann sagen, daß ich den noch vom Blute getränkten Abgrund gesehen habe, den noch mit Eingeweiden besudelten Wald, auch wenn dieser in einen Friedhof verwandelt, jener in einen neuen Abgrund gestürzt ist. Und wenn Ihr, königliche Hoheit, auch nicht all das zwischen den Verderben bringenden Steilhängen gesehen habt, so habt Ihr doch, mehr oder weniger, in einigen Sätzen davon gehört. Der Klang sei Euch teuer, der von diesen heiligen Höhlen als Echo frommen Rufens widerhallt, und rechnet es dankbarer Erinnerung an, denn der Eifer allein bringt es hervor. Noch mehr: damit Ihr nicht meine neue Frömmigkeit vergeßt, weil Ihr Euch an die Altertümer anderer erinnert, strapaziere ich das undankbare Vergessen. Und ich fasse weiterhin Berichte ab, weniger um der Eitelkeit der Feder willen als um mit meinem Herzen zu prunken, und damit man schließlich erkennt, daß ich nicht ehrgeizig bin im Dienst, den ich ausübe, sondern daß ich mich der Treue rühme, die ich bekenne, und des Titels, den ich trage:

Eurer königlichen Hoheit

ergebenster, untertänigster, & dankbarster Diener

Domenico Gisberti.

Salzburg, 1. September 1670.

125 Die Gertraudenkapelle und die höher gelegene Maximuskapelle.

126 „Im Jahr des Herrn 477 haben die mit Odoaker, König der Ruthenen, gegen die Kirche Gottes wütenden Gepiden, Goten, Ungarn & Heruler B. Maximus und seine in dieser Höhle versteckten 50 Gefährten wegen ihres Glaubensbekenntnisses in den Abgrund zu Tode gestürzt. Auch wurde die Provinz Norikum durch Schwert & Feuer zerstört." (Übersetzung von Irene Schrattenecker.)

127 Das angebliche Märtyrergrab des (in Salzburg Maximus genannten) Maximianus erinnert an dieses Ereignis, das sich laut der Biographie der 511 vollendeten Vita sancti Severini jedoch in Juviaco (zwischen Engelhartszell und Aschach an der Donau) und nicht in Juvavum zugetragen hat. Vgl. F. Martin (Anm. 54), S. 19/20. Die blutrünstige Heiligengeschichte von den fünfzig Märtyrern ist wohl humanistischer Legendenbildung zu verdanken.

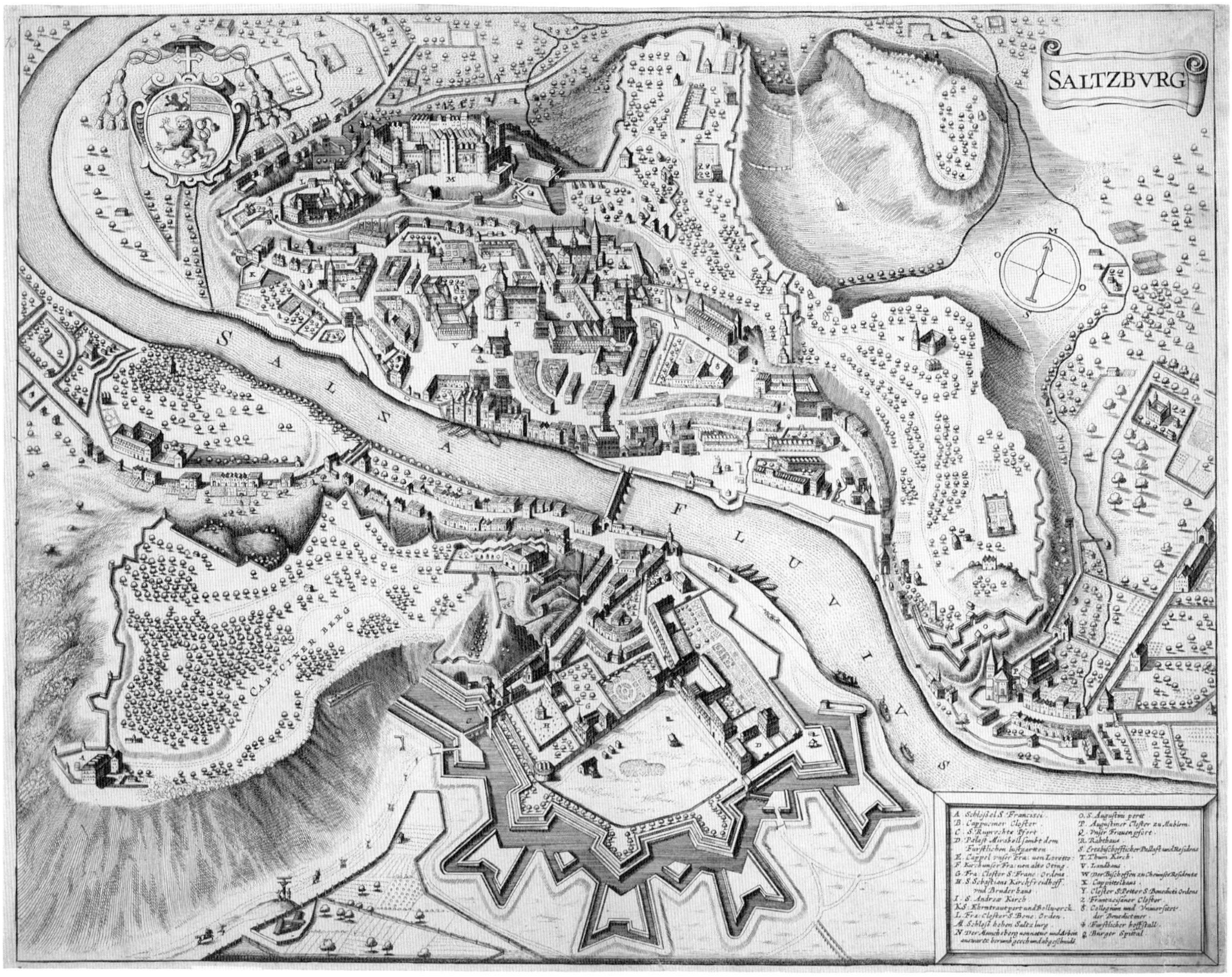

Johann Janssonius: Salzburg von Norden, 1657. Kupferstich. Salzburg Museum, Inv.-Nr. 119/25

KÖNIGLICHE HOHEIT.

Das antike Ursprungsdatum, die Vornehmheit der Gründer, die Erhabenheit der Gebäude, die Höflichkeit der Untertanen, die hervorragende Regierung, die Größe des Ortes, die Wohlhabenheit, die glückliche Lage, die Vergnügungen, der Handel und das Klima sind bedeutende Gründe für das Lob einer großen Stadt, ich gestehe es. Und nur das angenehme Schicksal, einen wertvollen Heiligenschatz zu besitzen, einen Staatsschatz geheiligter Reliquien, vermag das Glück der Beschützer noch zu mehren. Rühme sich Salzburg nur, eine der vornehmsten Städte Norikums gewesen zu sein, eine der größten Wiedergutmachungen des Julius Caesar, eine der berühmtesten Ruinen des Attila & schließlich eine der schönsten Umwälzungen der Welt unter den seltsamen Wechselfällen von hundert Völkern, von tausend Zeitaltern. Halte es sich zugute, daß es sechzehn, siebzehn Mal seinen Namen geändert hat, ohne die Krone von seiner Stirn zu nehmen, stets berühmt, gleich, ob es nun Adria, Adriana oder Aderata[128] genannt wurde, stets bedeutend, gleich, ob unter dem Titel Juvavia oder Juvavio, Juvania, Vivano und Joviaco, denkwürdig immer, sowohl als Jopia als auch als Topia, lateinisch Petena, deutsch Helfenburg und Peding, desgleichen als Juvano und Juvaro, Salesburgo und Salzeburga. Da ich die Stadt voller heiliger Leichname gefunden habe, kann sie zu besserem Frommen die alten Namen den Bergwerken oder Flüssen überlassen, oder den Burgen oder Jahrhunderten, und sich mit frommem Stolz als das Sakrarium Bayerns, den Reliquienschrein Deutschlands bezeichnen. Königliche Hoheit, in dieser prunkvollen Metropole sind Asche, Bruchstücke und Gebeine der Märtyrer, Beichtväter und heilige Jungfrauen sonder Zahl. In jeder Kirche sind sie in Schreinen und Altären zur Anbetung ausgestellt. Ich zähle sie nicht auf, denn hättet Ihr auch einen ganzen Tag Geduld, es wäre nicht genug, und ein Blatt reicht nicht aus, das Thema zu behandeln. Und wenn ein Schreiber in zehn Zeilen darüberhastet, so geschieht es, weil er den Körper des hl. Hermes[129] in Schweigen gehüllt hat, der zu Rom von Erzbischof Liuphram[130] erfleht wurde, und diejenigen der hll. Krispin, Krispinian, Krisant, Maurus und der Jungfrau Daria, die durch die Fürsprache seines Nachfolgers Adalwin[131] nach Salzburg kamen[132]. Es stimmt, daß in der Kathedrale die Leichname des hl. Rupert und des hl. Virgil liegen & in St. Peter die des hl. Amandus[133] und des hl. Vitalis[134] und auf dem Berg bei den Nonnen derjenige der hl. Erentrudis, aber es ist auch wahr, daß der hochehrwürdige Leichnam des hl. Martin zu sehen ist, der durch die Vermittlung von Otto[135] und unter Arno, ja von Arno selbst, aus Tours geraubt wurde[136]. Ich gebrauche die Feder nicht zu solchen Erzählungen, denn wie ich sagte, habe ich weder genug Papier noch Zeit. Auch will ich Eure königliche Hoheit nicht mit einem Bündel Aufzählungen zu fruchtloser Lektüre verpflichten. Entbindet mich davon, der Ihr es mit gutem Willen könnt. Erwartet mich wieder, wenn Ihr es gern seht, und während ich Euch ganz ergeben diene, anerkennt mich als

Eurer königlichen Hoheit

ergebensten, untertänigsten und treuesten Diener

Domenico Gisberti.

Salzburg, 2. September 1670.

128 Hierbei handelt es sich um Phantasienamen, hinter denen sich Kaiser Hadrian (117–135) verbirgt. Tatsächlich erhielt Juvavum unter dem Imperator Claudius um 54 sein Municipialrecht.

129 Die Reliquie des hl. Hermes befindet sich im Domschatz.

130 Liupramm regierte von 836–859.

131 Regierte von 859–873.

132 Alle erwähnten Heiligen sind im Dom bestattet.

133 Wo seit 1485 inmitten des Friedhofs die Margarethenkapelle steht, stand vorher eine dem hl. Amandus geweihte Kapelle.

134 Die Grabplatte des hl. Vitalis von 1430/40 befindet sich seit 1761/67 im südlichen Querarm von St. Peter.

135 König Otto I. der Große (936–973).

136 Der gebürtige Baier Arno leitete die Geschicke des Landes 785–821 und war seit 798 Erzbischof. Er pflegte enge Kontakte zur Hofschule in Tours. Hat er tatsächlich den Leichnam des hl. Martin nach Salzburg verbringen lassen?

KÖNIGLICHE HOHEIT.

Wenn ich Eurer königlichen Hoheit berichte, daß es in Salzburg schöne heilige Schätze gibt, so scheint mir, daß ich der Pflicht einer mühevollen Erzählung zur Gänze Genüge getan habe. Ich kann mich nicht überreden, unter der Bezeichnung Staatsschatz auch den wertvollen Besitz, bestehend aus Kandelabern und Kreuzen, Statuen und Bildern anzuführen, die entweder ganz aus Silber oder vergoldet sind oder ganz aus Gold oder mit Edelsteinen geschmückt, mit wunderschönen Paramenten, die wegen der sie zierenden Steine und wegen des sie rühmenden Fleißes des Titels würdig sind, den das Sacrarium, das sie umschließt, von ihnen herleitet. Beachtlicher Mangel, am eigenen das Vergnügen anderer zu messen! Und doch, wenn niemand sich daran vergnügt, so bin ich der ersten einer, denn weil ich keine Geduld habe, lange Verzeichnisse zu lesen, kann ich sie auch nicht den Blicken anderer zumuten. Man vergebe mir die Schuld, die nur den Langeweiler kränkt, obgleich sie des Genauen Feindin zu sein scheint, und man überlasse solche Sorgfalt in der Aufzählung der Schätze der Hand dessen, der sie bewacht, nicht dem Blick dessen, der sie betrachtet. Und laßt es genug sein, daß ich Euch sage, daß mir das Schicksal erlaubte, eine Welt von angehäuften Reichtümern zu betreten und der Zeit zum Trotz einen Tempel unsterblicher Altertümer. Ich habe hölzerne Bischofsstäbe gesehen, die wurden geschnitzt, als die Seelen der Hirten

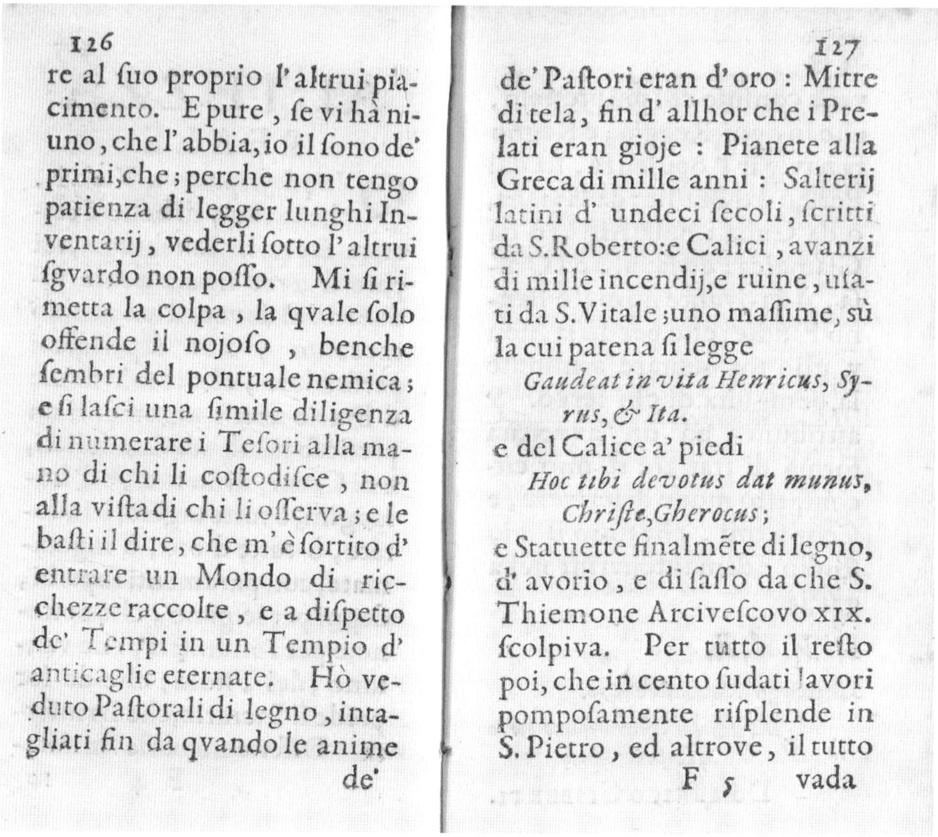

126

re al ſuo proprio l'altrui piacimento. E pure, ſe vi hà niuno, che l'abbia, io il ſono de' primi, che; perche non tengo patienza di legger lunghi Inventarij, vederli ſotto l'altrui ſguardo non poſſo. Mi ſi rimetta la colpa, la qvale ſolo offende il nojoſo, benche ſembri del pontuale nemica; e ſi laſci una ſimile diligenza di numerare i Teſori alla mano di chi li coſtodiſce, non alla viſta di chi li oſſerva; e le baſti il dire, che m'è ſortito d'entrare un Mondo di ricchezze raccolte, e a diſpetto de' Tempi in un Tempio d'anticaglie eternate. Hò veduto Paſtorali di legno, intagliati fin da qvando le anime de'

127

de' Paſtori eran d'oro: Mitre di tela, fin d'allhor che i Prelati eran gioje: Pianete alla Greca di mille anni: Salterij latini d' undeci ſecoli, ſcritti da S.Roberto: e Calici, avanzi di mille incendij, e ruine, uſati da S.Vitale; uno maſſime, sù la cui patena ſi legge

Gaudeat in vita Henricus, Syrus, & Ita.

e del Calice a' piedi

Hoc tibi devotus dat munus, Chriſte, Gherocus;

e Statuette finalmēte di legno, d'avorio, e di ſaſſo da che S. Thiemone Arciveſcovo XIX. ſcolpiva. Per tutto il reſto poi, che in cento ſudati lavori pompoſamente riſplende in S. Pietro, ed altrove, il tutto

F 5 vada

aus Gold waren, Bischofsmützen aus Leinwand, aus der Zeit, da die Prälaten Juwelen waren, auf griechische Art gefertigte Kaseln, die waren tausend Jahre alt, lateinische Psalter aus elf Jahrhunderten, vom hl. Rupert verfaßt[137], und Kelche, die tausend Feuersbrünste und Zerstörungen überlebt haben und vom hl. Vitalis benutzt worden sind, einen vor allem, auf dessen Hostienteller zu lesen steht

Gaudeat in vita Henricus, Syrus, & Ita.

und am Fuße des Kelches

Hoc tibi devotus dat munus,
Christe, Gherocus;[138]

und schließlich kleine Statuen aus Holz, aus Elfenbein, aus Stein, aus der Zeit, da der hl. Thiemo, der XIX. Erzbischof, in Stein meißelte[139]. Alles Übrige, das in hundert mühevollen Arbeiten zu St. Peter und anderswo glänzt und prangt, stellt Euch mit dem Wertvollsten vermischt vor, das in jedem Königsschloß, in jedem Königreiche der Reichtum aus Peru oder aus Brasilien, aus Guayana oder aus Kuba, aus Haiti oder aus Jamaika, aus Java oder aus Orissa oder aus den Bergwerken Indiens übers Meer herbeischaffen läßt: Damit will ich sagen, daß ich nicht das Wohlwollen dessen, dem ich diene, mit Einzelheiten quälen will. Behandelt auf Eure kluge Weise meine bedachtsame Art des Schreibens und seid überzeugt, daß all mein Eifer darin liegt, mir die Gnade zu bewahren von

Eurer königlichen Hoheit

Euer ergebenster, hochachtungsvollster,
leidenschaftlichster Diener

DOMENICO GISBERTI.

Salzburg, 3. September 1670.

137 Das sog. Manuale Sti Ruperti, das in der Stiftsbibliothek von St. Peter verwahrt wird.

138 „Henricus, Syrus und Ita sollen sich des Lebens freuen. / Dieses Geschenk macht Dir, / oh Christus, der fromme Gerhoh" (Übersetzung von Irene Schrattenecker). Der Hostienteller befindet sich in St. Peter.

139 Thiemo, zuvor Abt von St. Peter, von 1090–1101 Erzbischof, nicht der 19., sondern der 18. in der Reihe seiner „Kollegen", wurden früher viele in ganz Süddeutschland verbreitete Statuen aus Molassekalk und Steinguß aus dem 14. und der ersten Hälfte des 15. Jahrhunderts zugeschrieben. Vgl. F. Martin (Anm. 54), S. 89.

Philipp Harpff: Die erzbischöfliche Hauptstadt Salzburg, 1643. Kupferstich. Salzburg Museum, Inv.-Nr. 578/49

KÖNIGLICHE HOHEIT.

Waffen und Schrifttum, Schwert und Feder, Rüstungen und Talare sind der wahre Schmuck der Untertanen, die sichere Gewissheit der Fürsten, der unbesiegbare Schutz der Königreiche. Die Stadt, die Lorbeer und Palmzweig gleichermaßen fördert, die Krieg und Gelehrsamkeit ausgeglichen unterstützt und gleichen Anteil hat an Athen und Sparta, sie besteht entweder ewig oder geht ruhmreich zugrunde. Die Erzbischöfe zu Salzburg, die das wissen, lassen klug und weise weder die Gelehrten noch die Soldaten an öffentlicher Freigebigkeit Mangel leiden. Für die einen unterhalten sie ein Seminar, zwei Kollegiate[140] und eine große Universität unter der fürsorglichen Aufsicht der Benediktinerpatres, und die unterwiesenen

140 Paris Lodron gründete das Collegium Marianum und das Collegium Rupertinum.

jungen Männer werden Tausende sein[141]. Für die anderen gibt es die Wachen an den Toren, die Soldaten in den Schlössern, die Garnisonen auf den Festungen, und es werden ihrer ungefähr sechshundert bezahlt, neben den mehr als tausend bewaffneten Bürgern und den mehr als zehntausend Männern, die im ganzen Land im Sold stehen, erfüllte Anordnung aller Hauptmänner und Offiziere. Dank der Feldübung einerseits und der Schulübung andererseits wachsen Tag für Tag so tüchtige Untertanen heran, daß die sechs Ratsversammlungen, der Geheime Rat, der Geistliche Rat, der Hofrat, der Kammerrat, der Kriegsrat und der Stadtrat wunderbar gedeihen[142]. Zum Gedeih dieser zwei großen Stützen der guten Regierung wird eine öffentliche Bibliothek unterhalten, wird ein berühmtes Arsenal bewacht[143]. So wie jene voll ist von ausgewählten Schriftstellern, ist dieses angefüllt mit eleganten Waffen, denn es gibt dort kein antikes Buch, das man nicht lesen könnte, und hier keine glänzende Kriegswaffe, die man nicht fände. So groß ist die Klugheit dieser Herrschaft, so die Ordnung meines Berichts, und so das Bekenntnis meiner unendlichen Verpflichtung:

Eurer königlichen Hoheit

ergebenster, untertänigster und gehorsamster Diener

DOM. GISBERTI.

Salzburg, 4. September 1670.

141 Im Jahr 1639 studierten 126 junge Männer an der Alma Mater Paridiana, 1643 waren es 154, 1648 (im letzten Kriegsjahr) stieg die Hörerzahl auf 198. Vgl. Reinhard Rudolf Heinisch: Die Zeit des Absolutismus. In: H. Dopsch u. H. Spatzenegger (Anm. 78), Bd. II/1,S. 167–244, hier S. 218. – Siehe a. Anm. 75.

142 Der Hofkammerrat war von Max Gandolph neu errichtet worden. An der Spitze aller Dikasterien standen Domherren als Präsidenten und ein adeliger Beamter als faktischer Direktor. Vgl. F. Martin (Anm. 16), S. 125.

143 Wohl die Universitätsbibliothek und das Waffenarsenal im Hofstall.

KÖNIGLICHE
HOHEIT.

Gestern vor dem Abendmahle sind die Fürsten von der Jagd zurückgekehrt, heute nach dem Mittagsmahle sind sie ins Theater gegangen, es war eine lateinische Komödie, italienische Bühneneinrichtung und sechzehn Szenenwechsel der gottvollen Handlung. Als schön kann man das Werk bezeichnen, für großartig muß man den Aufwand halten, und da viele Schauspieler und Sänger aufgetreten sind, der Zulauf sehr groß und das Stück teils in Worten teils in Musik abgefaßt war, will ich es als eine amüsante, als Zeitvertreib gedachte Mischung bekanntgeben. *Corona laboriosae Heroum virtuti imposita* lautete der Titel[144]. *Dij laboribus omnia vendunt*[145] war das Thema. Ich beschreibe Eurer Majestät kurz die Handlung. *I. AKT: Jupiter schickt Herkules auf die Welt, um die Sterblichen des Himmels würdig zu machen, und gewährt ihm Ganymed als treuen Begleiter, und dem himmlischen Mundschenk gibt er in die Rechte das Horn der Ziege Amalthea, aller Güter voll. Als die glücklichen Halbgötter zur Erde hinabsteigen, errichtet Herkules auf die gelehrten Ratschläge Merkurs hin die Tempel der Tugend und des Ruhms, aber solcher Art, daß man zum Ruhm nur durch die Tugend gelangen kann. Die Helden ereifern sich für hehre Unternehmungen, die Tugend wird angebetet, die Großmütigen opfern sich. Auf den Blättern der Unsterblichkeit verzeichnet die Fama die Namen, und die Mühe ist ihr fröhlich behilflich, und ganz Verachtung verjagt sie die unglückselige Trägheit, gefolgt von der Armut und vom Hunger, und sie verdient sich von Pluto den goldenen Schlüssel. Nachdem sie die alte Freundschaft erneuert haben, rufen Pallas und Mars die Kühnen zu den Waffen und zur Literatur. Diana ruft die Tüchtigen zur Jagd in die Wälder, und nachdem Cupido wegen seiner Tränen zum Gespött gemacht worden ist, entreißt Venus ihn dem wohlverdienten Gelächter.*

II. AKT: Ganymed verteilt gemeinsam mit Merkur an die fleißigen, bekümmerten Menschen mit kunstvollem Maß die göttliche Gunst. Scipius Africanus triumphiert, mehr als ruhmreich, nachdem er das neue Karthago eingenommen und in einem Tag bezwungen hat. Unter der schönsten Beute befindet sich die Braut des Allucius. Aber am Ende besiegt er sich selbst und gibt sie dem bekümmerten Fürsten zurück. Er überläßt ihm mit seinem Schatz einen Schatz, und der Bühne erwächst eine königliche Episode. Der Kaufmann dankt dem seinen Reisen günstigen Himmel, der Steuermann rühmt die Hilfe des Meeres bei den Mühen seiner Fahrten, an den Abenden vor seinem Vergnügen bleibt der Jäger den Wäldern verpflichtet und unter den mühevollen Wegen des Pfluges der Bauer der Erde. Man sieht auch die gemeinsten Mühen von den Göttern belohnt, und selbst die Unterwelt verurteilt die unwürdige Faulheit zum Vergessenwerden.

III. AKT: Mars verachtet die Verderbnis des Müßiggangs. Er bewahrt die Kraft durch kriegerische Übungen. In der Person des M. Brutus verzweifelt die vom Glück überwundene Tüchtigkeit und öffnet sich die Pulsadern. Und auf das tragische Ereignis folgt komische Geschicklichkeit. In wenigen Augenblicken fallen hundert Tücher rasch herab, und in einigen Momenten erblüht ein Garten, schnell fliegt eine Hexe durch die Luft, und eindrucksvoller Hagel entblättert ihn. Leuchtend kommt nach der Dunkelheit die Sonne hervor, und die verstorbenen Nachkommen der Morgenröte auferstehen von den Toten. Die widerwärtigen Schicksalsschläge der schönen Blumen begleitet ein emsiger Gärtner, einmal traurig, einmal fröhlich, mit

144 „Ehren-Cron, Hochansehlichen Helden umb wegen mühlicher Tugendwebung von Gloria auffgesetzt" lautet der deutsche Titel des in Latein gespielten Stückes. Verfasser der 1670 bei Johann B. Mayr in Salzburg gedruckten Allegorie war der aus Seeon stammende Benediktiner Otto Guzinger. Vertont wurde das Stück von Andreas Hofer. Aufführungsort war das 1661 vollendete Akademietheater, das Große Theater in der Aula der Salzburger Universität. Dargeboten wurde das Stück von der Academica Iuventus, einem Ensemble der gesamten Hochschule einschließlich des Universitätsgymnasiums. Pater Guzinger war seit 1640 Comicus – so lautete der offizielle Titel der Professoren der Rhetorik und Poesie an der Salzburger Universität – und als Dramatiker äußerst produktiv: Von 1641 bis 1672 wurden 28 allegorische und historische Stücke von ihm, zumeist unter seiner Spielleitung, zur Aufführung gebracht. Über Otto Guzinger s. Artur Kutscher (Anm. 107), S. 48 sowie Eduard Beutner: Literatur und Theater vom 16. bis zum 18. Jahrhundert. In: H. Dopsch u. H. Spatzenegger (Anm. 78), Bd. II/3, S. 1707–1732, hier S. 1718 f. In der Universitätsbibliothek Salzburg werden übrigens 19 von Guzingers Stücken, bzw. die Periochen davon, verwahrt. Der gebürtige Reichenhaller Andreas Hofer (um 1629–1684) besuchte das Universitätsgymnasium in St. Lambrecht, wo er als Organist tätig war und nach dem Studium der Theologie zum Priester geweiht wurde. 1654 kam er nach Salzburg und wurde 1666 zum Vizekapellmeister ernannt. 1678 wurde Heinrich Ignaz Franz Biber auf das Amt des Vizekapellmeisters berufen und Andreas Hofer rückte zum Hofkapellmeister auf. Hofers Schaffen war hauptsächlich der Kirchenmusik gewidmet und läßt in seiner Leidenschaft. Der von der Vernunft bediente Bacchus geleitet den ermüdeten Sterblichen und bietet seine erlesenen Flüssigkeiten zum Frohsinn, nicht zur Trunkenheit. Er macht demjenigen Vorwürfe, der Wasser betrügerisch verkauft, indem er den Wein panscht, und unter lustigen Formen des Trinkens wird der Keller in ein Meer verwandelt. Cosmophilus beweint den Schiffbruch des Sohnes, Neptun bemitleidet ihn, und wegen des zu Schiff und zu Wasser erlittenen Leides läßt er ihn ihm am Ufer von einem liebreichen Delphin wiedergeben. Die Faulheit wird in eine hinterlistige Tarantel verwandelt, eine große Schar junger Leute treibt sie auf einen Wink des Apoll hin in die Flucht, und so vergnügt ein großer Charakter sich in jugendlichem Alter. Der Tempel des Ruhmes öffnet sich, und die Tugend, die den Helden die verdienten Kronen erbittet, verleiht in Anwesenheit von Pallas, Mars, des Ruhmes und des Alcide der Tapferkeit die Palmzweige, und der Triumph der Tüchtigkeit wird gefeiert. Jupiter, von den Göttern gekrönt, nimmt von der Erkenntnis die Mühen der Lebenden entgegen und verspricht ihnen ewige Ruhe im Himmel. Am Schluß wird mit bedeutenden Unternehmungen auf die vornehmen Gäste angespielt, und man applaudiert den norischen Unternehmungen mit Glückwünschen. Diese Bemühungen bildeten das dargestellte Drama. Die Salzach mit dem Genius von Salzburg inmitten der drei Bayern, des frommen, des starken und des heiligen, hat den Prolog gebildet, und anmutige Kavaliere haben in den Einschüben die Tänze gestaltet[146]. Eure königliche Hoheit sollen wissen, wie aus dem Faden das Gewebe gesponnen wird, und wenn Ihr keinen anderen Knoten findet, mögt Ihr Euch mit meiner unauflöslichen Verpflichtung zufriedengeben, denn es konnte meiner Feder kein schönerer Zufall entstehen, als Euch zu schreiben, und kein froherer Zweck konnte meiner Hochachtung geschehen, als Euch zu dienen, und keine glücklichere Katastrophe mir passieren als die, daß ich, vordem ein Unbekannter, bekannt werde als

Eurer königlichen Hoheit

ergebenster, untertänigster & gehorsamster Diener

Domenico Gisberti.

Salzburg, 5. September 1670.

allen Stilgattungen hohe Meisterschaft erkennen. Neu an seinen Werken ist das Ringen um den musikalischen Ausdruck und echte Dramatik in der Tonsprache. Vgl. E. Hintermaier, (Anm. 78), S. 1642 f. bzw. Joseph Messner: Salzburgs musikhistorische Stätten. Salzburg 1967, S. 15.

145 Der Spruch, den Otto Guzinger als Thema seines Stückes wählte, ist in allen Quellen anonym, in Ernst Bury (Hrsg.): In medias res – Lexikon lat. Zitate u. Wendungen. Digitale Bibliothek. Band 27 (CD-ROM). Berlin 2000 ist er unter der Nummer 4861 folgendermaßen verzeichnet und übersetzt: Laboribus dii nobis vendunt omnia. Nur um den Preis der Anstrengung überlassen die Götter uns alles. (Walther, Proverbia sententiaeque 37787a) (Hinweis Meinhard Leitich).

146 Die getanzten Interludien vervollständigten die barocken Theateraufführungen, bei denen – im Sinne eines Gesamtkunstwerkes – Gesang, Tanz, Instrumentalmusik und Chorauftritte die Handlung begleiteten bzw. ergänzten.

Philipp Harpff: Salzburg von Norden, 1643. Federzeichnung. Salzburg Museum, Inv.-Nr. 70/25

KÖNIGLICHE
HOHEIT.

Heute morgen wurde als Unterhaltung ein Turnier gefochten, und der durchlauchtigste KURFÜRST hat den Ruhm davongetragen. Er ritt, und seine Rechte hätte weder mehr noch schönere Stiche anbringen können. Er hat gewonnen, und sein Genie hätte weder größeren Applaus noch schönere Beute holen können. Es ging darum, die Köpfe zu treffen: Der Preis des Turnieres war ein reich aufgezäumtes, tüchtiges Streitroß und zudem dicke Goldmünzen, welche die Kavaliere bekamen, die im Turnier um den Ruhm des Zweiten und Dritten kämpften. Das Turnier hat mir gefallen, aber noch viel mehr der Anblick der Festung. Ich habe diese Burg gesehen[147], Königliche Hoheit, sie ist uneinnehmbar aufgrund ihrer Lage auf dem Berg, unbezwingbar wegen der Befestigungen, berühmt wegen des Ortes, bekannt für die viele Munition, deretwegen man sie als das Arsenal Deutschlands bezeichnen kann, und sie ist überdies eines der schönsten Zeughäuser Europas. Drinnen befinden sich 20.000 Soldaten und 20.000 blanke Rüstungen, Getreide für 100 Jahre, damit man auch fünf Jahre hintereinander 600 Belagerte ernähren kann, reichlich Lebensmittel jeder Art, hölzerne Kanonen, die man den rebellischen Bauern abgenommen hat[148], solche aus Leder, Feinde der Schweden[149], zahlreiche aus Bronze gegossene, in langer Zeit angehäuft, Schießpulver, Blei, Eisen, Kugeln, Bomben, Pistolen, Musketen, Arkebusen, Bombarden, Geschütze und tausend anderes militärisch Kunstvolles, mit dem man das ganze Reich bewaffnen, gegen die Welt Krieg führen könnte. Hier dauerte das KURFÜRSTLICHE Vergnügen bis zum Abend, und zwischen dem Beschauen der zahllosen Waffen, der Betrachtung einiger merkwürdiger alter Dinge, dem Genuß einer üppigen Jause und dem Ausprobieren einiger großer Kanonen ver-ging ein halber Tag. Die Maschine, die dazu dient, ein paar Ochsen mit schweren Versorgungskarren lange, geheime und tief eingeschnittene Wege hinaufzuziehen, ist äußerst kunstvoll und sehr leicht. Der Keller, in dem nicht 24 Fässer, sondern 24 ganze Weinkeller aufbewahrt werden, ist sehr geräumig, sehr be-quem. Die

147 Die Festung Hohensalzburg auf ihrem steilen Felskegel wurde ab 1077 erbaut und bis 1681 mehrfach erweitert.

148 Die eichenen Kanonen, mit denen die Aufständischen im Bauernkrieg von 1525, in der Regierungszeit von Kardinal Matthäus Lang von Wellenburg, der Burg vergeblich beizukommen suchten.

149 Paris Graf Lodron (1619–1653) ließ das ganze Erzstift unter der Leitung von Santino Solari befestigen. Dieser starke Schutz und die kluge Politik des Erzbischofs hielten den Schwedenkönig Gustav Adolf, der mit seinen Heeren schon in München stand, von Salzburg ab. Wie oben (Anm. 25) erwähnt, fand der bayerische Hof in den Jahren 1632 und 1648 Schutz vor den Truppen des Schwedenkönigs auf der stark bewehrten Salzburger Festung,

quem. Die Wohnräume, die auf der höchsten Erhebung der Burg eingerichtet sind, um im Falle einer Flucht – was nie eintreten möge – den Erzbischof zu beherbergen, sind großartig und königlich. Wir fuhren mit Kutschen und Pferden hinauf und von dort auf von Männern gezogenen Schlitten wieder herab. Sowohl den Hinweg als auch die Rückfahrt genossen wir mit außerordentlichem Vergnügen. Mehr als alles andere jedoch war mir teuer, daß ich eine bronzene Statue berühren und aus einem Glas trinken konnte, die beide vielen Jahrhunderten zum Trotze unbeschadet aufbewahrt wurden[150]. Der Himmel wolle es, daß der Ruhm Eurer königlichen Hoheit noch dauerhafter sei und daß, wenn meine Dienste schon nicht ewig sein können (die Schuld daran liegt bei unserer elenden conditio humana), wenigstens die Erinnerung daran ewig dauern möge, daß ich Euch auf einen bloßen Wink hin ergeben zu Willen war, mit dem einzigen Begehren, vor allen Dienern durch die Ehre ausgezeichnet zu sein, genannt zu werden

Eurer königlichen Hoheit

ergebenster, untertänigster,
demütigster Diener

DOMEN. GISBERTI.

Salzburg, 6. September 1670.

150 Unklar, um welche Statue und um welches Glas es sich handelt.

KÖNIGLICHE
HOHEIT.

Ein angenehmer Spaß ist jener der Gans über der Salzach[151], ein anmutiges Turnier jenes der Boote auf dem Wasser[152]. An einem fest gespannten Seil, das von einem zum anderen Ufer läuft, ist der zahme Vogel an den Füßen angebunden und sträubt sich gleichsam gegen die Luft. In zwei sehr kurzen Booten sitzen am Heck zwei mit langen Stangen ausgestattete Ruderer. Von dem Seil hängt, in der Mitte befestigt, der Vogel herab. Je nach der Bewegung des einen bewegt im Gegenzug rasch der andere das Boot. Beide bewegen kräftig die Ruder und nähern sich einander, gleichzeitig schlagen sie die tiefen Wogen, bis sie an einer Stelle aufeinandertreffen und die plebeischen Turnierkämpfer einander die marinen Spieße wild gegen die nackte Brust schleudern. Schlagartig beenden sie den Kampf, beim ersten Zusammenstoß in dem Duell, und im Sturzfall trägt der eine unter dem allgemeinen Stimmengewirr der Zuschauer unter Lachen den Hohn, der andere unter Schreien den Triumph davon. Der Tüchtige, der dem Schlage widersteht, erhält die Siegespalme. Der Feigling, der rücklings in die Wellen gestoßen wird, schwimmt verspottet ans Ufer, und auf diese Weise verliert, wer ins Wasser fällt, es gewinnt, wer nicht versinkt. Und der triumphierende Sieger auf dem Schiffchen nähert sich mit raschen Ruderschlägen der hängenden Trophäe, an die er sich mit den Händen hängt, sie fahrend ergreift und durch sein Gewicht zerquetscht. Mit den zerfetzten Resten in der Faust stürzt er mitten in den Fluß, und stolz die Wellen teilend, öffnet er sich mit dem Stück Gans den schäumenden Weg ans Ufer. Solange ein Rest Federn herabhängt, werden die Fahrten wiederholt, wird der Kampf fortgesetzt, weitere Stürze gibt es zu sehen, weitere Feste. Aber ich, der ich nicht mit langem Bericht Euer Vergnügen verkürzen will, füge nur noch die Bezeugung der Freude an, die ich mehr als bei jedem anderen Vergnügen empfinde, wenn ich unterzeichne als

Eurer königlichen Hoheit

ergebenster, untertänigster und
ehrerbietigster Diener

DOMENICO GISBERTI.

Salzburg, 7. September 1670.

151 Wir kennen dieses Geschicklichkeitsspiel im Rahmen des „Schifferstechens“ als das „Wurstspringen“: An einem über die Salzach gespannten Seil werden heute allerdings nicht mehr (lebende) Gänse, sondern eben Würste aufgehängt, die der Schiffer zu erhaschen versucht, während das Boot unter dem Seil durchfährt.

152 Dieses Turnier zu Wasser, das oben erwähnte „Schifferstechen“, wird auch heute noch im Abstand von zwei bis drei Jahren im Juli oder August in Oberndorf/Laufen als Attraktion für Bewohner und Besucher dargeboten: Statt wie mittelalterliche Ritter auf einem Pferd zu sitzen, steht jeder Kämpfer in einer Zille (einem kleinen, beweglichen Boot) und versucht mit einer langen Stange, den Gegner im anderen Boot aus dem „Gransel“ (dem hinteren Teil der Zille) ins Wasser zu stoßen. Im damals salzburgischen Laufen wurde dieses Turnier 1640 zum ersten Mal gefochten. Aber auch auf den Salzburger Seen wurden Wasserturniere gekämpft, und das Schifferstechen war nicht auf den Salzburger Raum beschränkt, man kannte es auch andernorts in Europa.

KÖNIGLICHE
HOHEIT.

Damkitze und Hirsche haben den heutigen Zeitvertreib mit viel Blut bezahlt und Pulver und Papier die nächtlichen Feste mit viel Feuer. Das Jagdvergnügen übergebe ich dem Genius Eurer königlichen Hoheit und, indes ich meine Blätter mit wenig Rauch bedecke, die Beschreibung der Flammen dem Talent. Nachdem der Himmel sich in Finsternis gehüllt hatte, in Wolken die Luft, in Dunkelheit die Erde, wurden im Wasser hundert Feuerbrunnen entzündet, an den Ufern der Salzach ein Flammenmeer, die Nacht wandelte sich zum Tage und das furchtbarste Element zum ergötzlichen Spektakel. Der Fluß war ganz brennender Glanz, und an den Ufern schien es, als ob Troja brennte oder Archimedes[153] eine Kriegsflotte in Brand gesteckt hätte[154]. Ein einziger Donner schleuderte hundert kleine Blitze in die Höhe, in einem Aufleuchten fielen die Blitze zu Tausenden herab, und indem die flammenden Lichter durch die Dunkelheit strichen, säten sie Himmel voller Sterne, regneten Wolken von Lichtern herab, und zwischen Wolken aus Funken und Fünkchen verlosch in wenigen Augenblicken eine Lichterflut. Eine fortgesetzte Belagerung, einen unablässigen Angriff täuschte das Dröhnen der bronzenen Kanonen vor, das Explodieren der Geschoße, der tosende Lärm des Feuers. Wie viele Spiele es gewesen sind, wie viele Künste, Maschinen, mit Hilfe derer die Flammen sich wie Räder drehten, das Licht wie Pfeile flog, die Blitze sich im Bogen schlängelten, das Sonnenlicht nachgeahmt, die Glut der Sterne imitiert und funkensprühend ein entzückendes Inferno vorgestellt wurde, weiß die Redegewandtheit nicht wiederzugeben. Die gewaltige Masse entflammte in den anmutigsten und verschiedenartigsten Formen, das Feuer wurde auf die merkwürdigste und ungewöhnlichste Art zerstört, und dieses Fest währte zwei Stunden. Eure königliche Hoheit erwäge, ob mir jetzt ein einziger, vergänglicher Augenblick reicht, um es Euch klar und deutlich zu beschreiben. Um mich also zu größerem Nutzen in diese Zeitknappheit zu fügen, widme ich mich mit brennendem Eifer meinem Gelübde. Ich kehre zu meinem Opfer zurück, und damit das Feuer der Liebe nicht erlösche, das meine Ergebenheit in Ehrbezeigungen verbraucht, entzünde ich einen neuen Scheiterhaufen im Herzen, und ganz heiße Empfehlungen, auf den Knien liegend vor Eurem Schutze, flehe ich um die Gnade, die mich erhält als

Eurer königlichen Hoheit

treuesten, leidenschaftlichsten,
ehrerbietigsten Diener

DOMENICO GISBERTI

Salzburg, 8. September 1670.

153 Der griechische Mathematiker und Physiker Archimedes (285–212 v. Chr.) konstruierte auch hydraulische und Kriegsmaschinen.

154 Hier wird am nächtlichen Salzburger Himmel wohl eine Schlacht in Szene gesetzt, in einem Feuerwerk, wie es zum würdigen Abschluß eines Festes im Zeitalter des Barock als unentbehrlich galt. Aus dem wunderbar eindrücklich geschriebenen Buch von Richard Alewyn: Das große Welttheater. Die Epoche der höfischen Feste. Nachdruck d. 2., erw. Aufl. München 1989 (1. Aufl. 1959) erfährt man, daß die Kunst des Feuerwerks einst eine großartige war und wir heutzutage nurmehr einen schwachen Eindruck davon bekommen. Alewyn schreibt (S. 27): „Wir haben es verlernt, aus kreisenden Sonnen, sprühenden Sternen, lodernden Garben Symphonien des Lichts zu dichten. Wir hören nur mit Staunen von feurigen Architekturen und leuchtenden Schriften, mit denen die Feuerwerker den Nachthimmel zu zeichnen wußten". Stundenlang wurden Schlachten dargestellt oder lange Handlungen, die wie Theaterstücke in mehrere Akte eingeteilt waren. Die bedeutendsten Künstler liehen dazu ihre Hand. Alewyn erläutert, daß es unter Kaiser Karl VI. kein Geringerer als Fischer von Erlach war, der die Entwürfe lieferte, und daß man bei Händels glanzvoller „Feuerwerksmusik" bedenken müsse, daß sie dazu bestimmt war, zur Feier des Aachener Friedens 1748 die Detonationen eines Feuerwerks zu begleiten und seine Figuren auszudeuten.

Abb. S. 84/85 Johann Anton Eismann: Blick über die Salzach auf die Stadt Salzburg, um 1660. Öl auf Leinwand. Salzburg Museum, Inv.-Nr. 1150/96

KÖNIGLICHE
HOHEIT.

Mit der Gemsenjagd haben die Vergnüglichkeiten unseres Salzburger Aufenthaltes geendet, und früh am morgigen Tage werden wir abreisen. Schon haben die Fürsten einander die üblichen Abschiedsbesuche abgestattet und Entschuldigungen vorgebracht. Die königlichen Geschenke haben bereits den Besitzer gewechselt, und der gesamte Hof ist dabei, seine Sachen für die Verladung einzusammeln. Ein großes Glas aus Bergkristall, durch lange, ausgefeilte Arbeit in einen Löwen verwandelt, war das Geschenk, das der Erzbischof mit großzügiger Hochachtung dem KURFÜRSTEN dargereicht hat. Das der durchlauchtigsten KURFÜRSTIN war ein Tischchen, ganz von Goldblättchen und silbernen Zeichnungen bedeckt, eine treffliche Augsburger Arbeit, und ein Teppich, aus tausend lieblichen Seidenblumen kunstvoll gewoben, lobenswerte Anstrengung vieler Hände, die Flamen und Perser in den Schatten stellt. Die beiden durchlauchtigsten KURFÜRSTLICHEN Kinder bekamen zwei Kästchen aus Filigranarbeit, randvoll mit goldenen ungarischen Vierteldukaten, damit sie wertvolle Stunden beim Spiele verbringen können. Der Prinz bekam überdies ein Pferd, wenig größer als ein englischer Hund, das mehr wert ist als ein indischer Elefant. Ich zähle die privaten Geschenke nicht auf und auch nicht die vielen anderen, welche die großherzige Dankbarkeit unserer durchlauchtigsten königlichen Hoheiten unter Damen, Kavalieren und hundert verschiedenen Offizieren verteilen ließ, denn es zu sagen ist nichts Besonderes, und zudem fehlt dafür die Zeit. Was mir anläßlich dieser schönen Gelegenheit zu berichten nötig erscheint, ist die vollkommene Hingabe meiner Person an Eure königliche Hoheit; ein wahrhaftiges Geschenk der Hochachtung, ein einziger Tribut der Ehrerbietung. Verschmäht Ihr nicht die niedrigen Formen der Spende in den Händen des hohen Respektes, denn wenn sie die Hostien nicht von den Altären nimmt und die Opfer nicht vor der Opferung bewahrt, so bleibt nur, daß meine Schuld unter dem Namen eines Geschenkes kein großes Opfer verbirgt. Nehmt denn die bescheidenen Herzensgaben wohlgefällig an, während ich keine größere Erwiderung ersehne als Euer königliches Wohlgefallen. Auch ersehne ich keine größere Ehre, als mich zu bekennen als

Eurer königlichen Hoheit

untertänigster & dankbarster
ehrerbietigster Diener

DOM. GISBERTI.

Salzburg, 9. September 1670.

KÖNIGLICHE
HOHEIT.

Am Morgen auf dem Boot, nach Mittag in der Kutsche, gegen Abend in der Unterkunft. Sechs Stunden auf dem Wasser, drei auf festem Boden, die ganze Nacht zur Ruhe, das waren die Ereignisse unseres Tages. Der Erzbischof begleitete in Gesellschaft zahlreicher Kavaliere und Damen unsere fürstlichen Herrschaften vom Palast der Residenz zu den Ufern der Salzach, und er hatte die liebenswürdige Güte, am Ufer des Flusses zu verweilen, bis sich alle Schiffe auf das Erschallen mehrerer Trompeten hin frei der Strömung und den Rudern ergaben[155]. Nachdem wir Wildshut zur Rechten und Laufen und Tittmoning zur Linken hinter uns gelassen hatten, kamen wir nach 40 Meilen grüner Ufer in Burghausen an. Die Stadt gehört zum KURFÜRSTLICHEN Staat[156], ist schön, stark und bürgerlich, hat einen großen Platz in der Mitte, eine hohe Burg[157] davor und uralte Befestigungsanlagen ringsum. Hier verzichten wir auf die Ruder, ergreifen wieder die Zügel und reiten den Rest des Weges. Wir lassen die Pferde glücklich das Gras des weiten Landes zerstampfen, überqueren fröhlich den kleinen Fluß Alz, und nach dem Anblick ausgedehnter Forste und den Schatten dichter Wälder, über die sonnige Ebene voll der gepflegten Ruinen des alten Ötting, erreichen wir Ötting. Dies war einstmals die Metropole der Herzöge und Könige von Bayern[158]. Der Jagden, des Vogel- und Fischfangs wegen war es einst die Wonne der Fürsten. Lange Zeit war

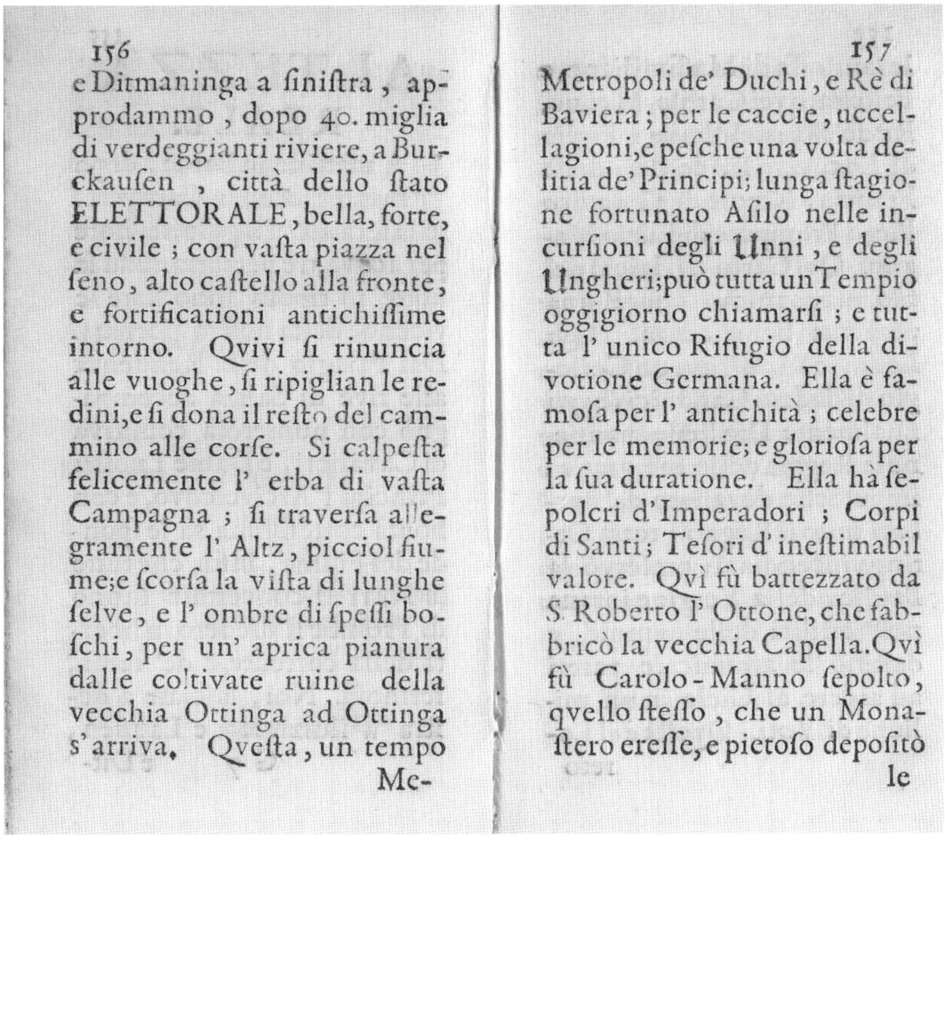

156

e Ditmaninga a ſiniſtra, approdammo, dopo 40. miglia di verdeggianti riviere, a Burckauſen, città dello ſtato ELETTORALE, bella, forte, e civile; con vaſta piazza nel ſeno, alto caſtello alla fronte, e fortificationi antichiſſime intorno. Qvivi ſi rinuncia alle vuoghe, ſi ripiglian le redini, e ſi dona il reſto del cammino alle corſe. Si calpeſta felicemente l' erba di vaſta Campagna; ſi traverſa allegramente l' Altz, picciol fiume; e ſcorſa la viſta di lunghe ſelve, e l' ombre di ſpeſſi boschi, per un' aprica pianura dalle coltivate ruine della vecchia Ottinga ad Ottinga s'arriva. Queſta, un tempo Me-

157

Metropoli de' Duchi, e Rè di Baviera; per le caccie, uccellagioni, e peſche una volta delitia de' Principi; lunga ſtagione fortunato Aſilo nelle incurſioni degli Unni, e degli Ungheri; può tutta un Tempio oggigiorno chiamarſi; e tutta l' unico Rifugio della divotione Germana. Ella è famoſa per l' antichità; celebre per le memorie; e glorioſa per la ſua duratione. Ella hà ſepolcri d'Imperadori; Corpi di Santi; Teſori d' ineſtimabil valore. Quì fù battezzato da S. Roberto l' Ottone, che fabbricò la vecchia Capella. Qvì fù Carolo-Manno ſepolto, qvello ſteſſo, che un Monaſtero ereſſe, e pietoſo depoſitò le

155 Ferdinand Maria hatte eine Vorliebe für das nasse Element und ließ sich „aufs Wasser setzen", wo immer sich die Möglichkeit dazu ergab. Fuhr er mit seinem Gefolge die Isar hinab, mußten vorher die Brücken abgetragen und die Fahrtrinne freigehalten werden. Oft ließ er sich von Starnberg aus über den See bis zur Südspitze rudern und genoß die Fahrt auf dem Wasser. Vgl. R. v. Bary (Anm. 4), S. 179.

156 Burghausen gelangte 1164 in den Besitz der baierischen Herzöge.

157 Die ab 1253 errichtete Burg erstreckt sich über eine Gesamtlänge von 1.043 Metern.

158 Altötting war 748 agilolfingische Pfalz, seit 788 war es karolingisch. Karlmann errichtete 877 ein Chorherrnstift. Im 11. Jahrhundert kam die kleine geistliche Siedlung an die Herzöge von Baiern. Zu Bedeutung gelangte sie durch die um 1490 aufblühende Marien-Wallfahrt, die in der Reformationszeit wohl bedroht war, in der 2. Hälfte des 16. Jahrhunderts aber wieder Boden gewann. Hier und im folgenden siehe Reclams Kunstführer Bayern (Anm. 8), S. 23–27, und Dehio: Handbuch der deutschen Kunstdenkmäler. Bayern IV: München und Oberbayern. München – Berlin 1990, S. 21–32.

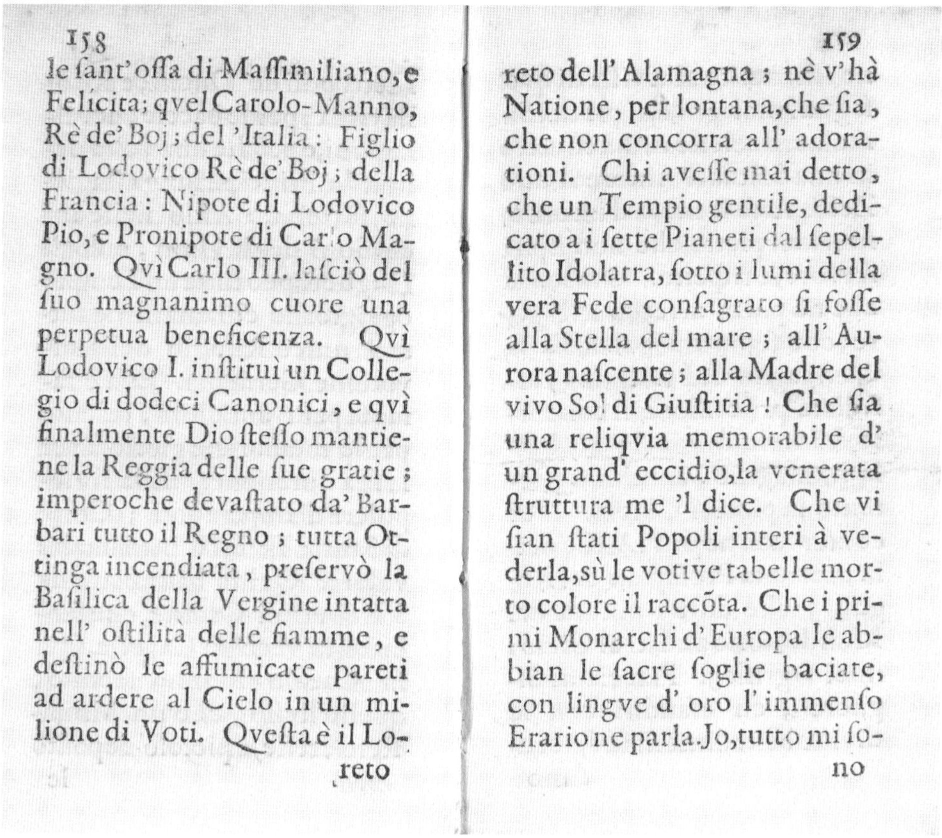
158
le ſant' oſſa di Maſſimiliano, e
Felicita; qvel Carolo-Manno,
Rè de' Boj; del 'Italia: Figlio
di Lodovico Rè de' Boj; della
Francia: Nipote di Lodovico
Pio, e Pronipote di Carlo Ma-
gno. Qvì Carlo III. laſciò del
ſuo magnanimo cuore una
perpetua beneficenza. Qvì
Lodovico I. inſtituì un Colle-
gio di dodeci Canonici, e qvì
finalmente Dio ſteſſo mantie-
ne la Reggia delle ſue gratie;
imperoche devaſtato da' Bar-
bari tutto il Regno; tutta Ot-
tinga incendiata, preſervò la
Baſilica della Vergine intatta
nell' oſtilità delle fiamme, e
deſtinò le affumicate pareti
ad ardere al Cielo in un mi-
lione di Voti. Qveſta è il Lo-
reto

159
reto dell' Alamagna; nè v' hà
Natione, per lontana, che ſia,
che non concorra all' adora-
tioni. Chi aveſſe mai detto,
che un Tempio gentile, dedi-
cato a i ſette Pianeti dal ſepel-
lito Idolatra, ſotto i lumi della
vera Fede conſagrato ſi foſſe
alla Stella del mare; all' Au-
rora naſcente; alla Madre del
vivo Sol di Giuſtitia! Che ſia
una reliqvia memorabile d'
un grand' eccidio, la venerata
ſtruttura me 'l dice. Che vi
ſian ſtati Popoli interi à ve-
derla, sù le votive tabelle mor-
to colore il raccōta. Che i pri-
mi Monarchi d' Europa le ab-
bian le ſacre ſoglie baciate,
con lingve d' oro l' immenſo
Erario ne parla. Jo, tutto mi ſo-
no

es glücklicher Zufluchtsort während der Hunnen- und Ungarneinfälle. Heute kann es sich ein einziges Gotteshaus nennen, einzigen Zufluchtsort der deutschen Frömmigkeit. Die Stadt ist berühmt wegen ihrer Altertümer, bekannt für ihre Andenken, und wird gerühmt wegen ihres Alters. Sie hat Grabmäler von Kaisern[159], Leichname von Heiligen, Kostbarkeiten von unschätzbarem Wert[160]. Hier wurde Otto[161], der die alte Kapelle errichten ließ, vom hl. Rupert getauft. Hier wurde Karlmann[162], König der Bojer[163], begraben, eben jener, der ein Kloster erbaute und fromm die heiligen Gebeine von Maximilian und Felizitas begrub, jener Karlmann, König der Bojer und von Italien, Sohn von Ludwig, König der Bojer und von Frankreich[164], Enkel von Ludwig dem Frommen und Urenkel von Karl dem Großen. Hier ließ Karl III. eine immerwährende Wohltat seines großmütigen Herzens[165]. Hier richtete Ludwig I. ein Kollegiatum für zwölf Kanoniker ein[166] und hier unterhält schließlich Gott selbst das Schloß seiner Gnade. Während das ganze Reich von den Barbaren verwüstet, Ötting in Brand gesteckt wurde, bewahrte er die Basilika der Jungfrau unversehrt vor den feindseligen Flammen und bestimmte die rauchgeschwärzten Wände dazu, mit millionenfachen Gelübden zum Himmel zu brennen[167]. Dies ist das Loreto Deutschlands, und es gibt keine Nation, sei sie noch so weit entfernt, die nicht zur Anbetung herbeiströmte. Wer hätte je gesagt, daß ein lieblicher Tempel, der vom begrabenen Götzenanbeter den sieben Planeten geweiht war[168], im Lichte des wahren Glaubens dem Meerstern geweiht würde, der aufgehenden Morgenröte, der Mutter der lebendigen Sonne der Gerechtig-

159 Das die Gnadenmutter hochverehrende wittelsbachische Herrscherhaus bestimmte die Hl. Kapelle (Gnadenkapelle) zur Beisetzungsstätte ihrer Herzen. Die Herzurnen stehen in Wandnischen aneinandergereiht. Auch für die Familie derer von Tilly diente Ötting als Grablege. Der Plan Ferdinand Marias, die Gnadenkapelle in einen mächtigen Zentralbau einzuschließen, wurde nicht ausgeführt. Bis 1822 gehörte Altötting übrigens zum (Erz-) Bistum Salzburg.

160 Für die immer zahlreicher werdenden Votivgaben wurde um 1510 die Schatzkammer erbaut. Hier fanden hervorragende Stücke europäischen Kunsthandwerks ihre Aufstellung, darunter ein Meisterwerk französischer Goldschmiedekunst, das „Goldene Rößl", entstanden 1492 in Paris – es stellt Karl VI. von Frankreich vor der Gottesmutter kniend dar –, kostbare Gold- und Silberaltärchen, Monstranzen, Stickereien usw.

161 Recte der Agilolfinger Herzog Theodo.

162 Um 830 geboren, starb Karlmann, der älteste Sohn Ludwigs des Deutschen, am 29.9.880 in Ötting und liegt auch dort begraben. Er war seit 876 König in Bayern und in den Marken, vertrat die Ansprüche der ostfränkischen Karolinger auf Italien und auf das Kaisertum gegen Karl II. den Kahlen, König des Westfränkischen Reiches. 879 trat er Italien an seinen Bruder Karl III. den Dicken (876–887) ab.

163 Die Bojer (Boier, lat. Boii) waren einer der bedeutendsten Keltenstämme. Gisberti meint mit „Boj" freilich die Baiern.

164 Ludwig der Deutsche war in den Jahren 833–837 und 840/843–876 ostfränkischer König.

165 Karl III. der Dicke, Bruder Karlmanns, König des Ostfränkischen Reiches (876–887), gebo-

keit![169] Daß er die denkwürdige Reliquie eines großen Gemetzels ist, sagt mir die verehrte Anlage. Daß hier ganze Völker waren, ihn zu betrachten, erzählt die verblaßte Farbe auf den Votivbildern. Davon, daß die ersten Monarchen Europas die heilige Schwelle geküßt haben, spricht der riesige Schatz mit goldenen Zungen. Ich war ganz gerührt beim Anblick der heiligen Felsblöcke des Kirchplatzes, und zu Füßen des himmlischen Bildes[170] hat mein Eifer mich in eine Statue der Liebe verwandelt. Die verbrannten Mauern ringsum enthalten keinen Stein, der nicht Inbrunst und Achtung einflößte. Jetzt werde ich nicht mehr von Verwunderung ergriffen darüber, daß das Land stets von Pilgern voll ist, der Zustrom einer Prozession gleicht, da doch das schöne Bild ein Wunder ist, fortwährendes Wunder die kleine Kirche. Daß Eure königliche Hoheit und das gekrönte Geschlecht gesund bleiben und das Reich so lange bestehen möge wie die Welt, dafür habe ich meine Opfergebete zum Himmel gerichtet. Möge es dem Herrn gefallen, sie zu erhören, sodaß sie mit den göttlichen Segnungen auf Euren Thron herabfallen und, nachdem mein guter Wille getröstet ist, Ihr Euch rühmt, nicht dem Königspalast, sondern dem Altare die Treue geschworen zu haben, die ich gelobe, der ich die Ehre habe zu sein

Eurer königlichen Hoheit

ergebenster, untertänigster & dankbarster Diener

DOMENICO GISBERTI.

Ötting, 10. September 1670.

ren 839, wurde in Neudingen/Donau am 13.1.888 ermordet. Er wurde 876 König in Alemannien und 879 in Italien. 881 zum Kaiser gekrönt, erbte er 882 von seinem Bruder Ludwig III. Ostfranken und vereinigte 885 zum letzten Mal das gesamte Karolingerreich. Im Kampf gegen die Normannen erfolglos, wurde er 887 von Arnulf von Kärnten abgesetzt und nach Neudingen verbannt.

166 Herzog Ludwig der Kelheimer erneuerte 1228 das 877 als weltprieserliches Kollegiatum gegründete karolingische Stift.

167 Das Stift erlag den Ungarnstürmen.

168 Unklar, was Gisberti meint. Der Name Ötting geht wohl auf einen „Thing"-Platz von um 500 eingewanderten Germanen zurück, und die Lage in weiter Ebene ohne natürlichen Schutz weist auch auf einen solchen öffentlichen Kultcharakter des Ortes hin. Sollte Gisberti darauf anspielen? Die Römer kannten fünf Planeten: Mars, Merkur, Jupiter, Venus, Saturn; außerdem wurden Sol und Luna dazugerechnet.

169 Gemeint ist Maria, die Mutter Jesu Christi.

170 Das Gnadenbild, die „Schwarze Muttergottes", ein Schnitzwerk des frühen 14. Jahrhunderts, das der seit dem 17. Jahrhundert bezeugte Prunkornat verdeckt.

Melchior Küsell: Maria Plain, um 1676. Kupferstich. Salzburg Museum, Inv.-Nr. 770/49

KÖNIGLICHE HOHEIT.

Heute morgen hat sich der große Hofstaat in zwei Teile geteilt, und die Fürsten haben sich mit den meisten über den Inn nach Mühldorf begeben und von dort, entlang einem Nebenflüßchen der Isen, nach Schwindegg. Dort haben sie genächtigt. Morgen werden sie gemächlich gegen Mittag nach Kopfsberg und gegen Abend nach Markt Schwaben weiterfahren. Zeitgerecht am 13. wollen sie in München zurücksein. Ich, der ich mit dem Obersthaushofmeister Fürst von Fürstenberg in Gesellschaft einiger Damen und Kavaliere den Weg über andere Burgen und Orte genommen habe und in eine sehr bequeme Unterkunft gekommen bin, gedenke mit der Feder eine andere Route zu nehmen. Ich will mir vorstellen, mit Eurer königlichen Hoheit an Orten zu sein, wo ich nie gewesen bin und die Dinge zu sehen, die ich nicht wirklich gesehen habe. Euer Geschmack möge sich der Vorstellungskraft anvertrauen und Euer Wachen dem Jetzt, welches nicht nach wohlfeilem Schlafe verlangt. Zwei Doppelmeilen rund um Salzburg herum genießt das Auge nur kleine Gärten und Schlösser, nur Lauben und Lustorte. Ich bin nur in dem der Herren Barone von Rehlingen gewesen, der wunderschön und galant ist[171]. Und dort war es, daß die fürstlichen Herrschaften nach dem Fischfang abstiegen und den Gaumen an einem reich mit Süßigkeiten, Konfekt und kandierten Früchten gedeckten Tische erquickten. Auf dem Wege nach Hallein befindet sich der sogenannte kalte Keller oder kaltes Haus[172], das in ganz Deutschland berühmt ist. Ich bin an die Tür gekommen, hatte aber nicht das Glück, hineinzugehen; deshalb kann ich nur annehmen, daß auch im Hochsommer die Kälte unerträglich ist, mir war es nicht möglich, zu Mittag und in großer Wärme die strenge Kälte zu ertragen, die durch einen engen Spalt aus der Höhle kam. Am Ufer, zwei Stunden von der Stadt entfernt[173], hält sich der Fürst zahlreiche wunderschöne Rassepferde mit 500 Reitstuten (so sagt man)[174]. In Laufen befinden sich die ergötzlichsten Jagden; fünfundvierzig Meilen entfernt jagt man das kaiserliche Albino-Wild[175]; im Zillertal die seltenen Steinböcke; in Vadesperg die merkwürdigen Gemsen; im Park das häufig anzutreffende Damwild; und vor allem Hirsche und viele andere Tiere. (Ich gebe Berichtetes wieder.) In Plain wird ein wundertätiges Bild angebetet: dort wird eine Kirche erbaut[176], die ebenfalls Wunder wirkt. (So geht die Fama.) Aber da nun schon das Gerücht geht, warum bemühst du die Feder, wozu brauchst du sie? Fruchtlos ist der Hand Schreiben, wo die Zungen so viel Lärm machen. Für besseren Gebrauch sei das Papier bestimmt, für ein größeres Unterfangen der Geist, und für bedeutendere Gelegenheit die Bezeugungen, daß ich wirklich bin, wofür ich mich ausgebe.

Eurer königlichen Hoheit

ergebenster, untertänigster & dankbarster Diener

DOM. GISBERTI.

Haag, 11. September 1670.

171 Möglicherweise das auf einer Anhöhe gelegene Schloß Goldenstein nahe der Kirche in Elsbethen. Das im 14. Jahrhundert erbaute Schloß war 1586 durch Heirat an die Freiherrn von Rehlingen gelangt, 1649 allerdings in den Besitz der Familie Kurz von Goldenstein.

172 Die Brauerei Kaltenhausen, urkundlich 1475 erwähnt, erbaut von den Herren von Elsenheim, von 1498 bis 1815 landesfürstlich.

173 Entfernungen werden gerne mit der Zeit angegeben, die man für ihre Zurücklegung im Schritttempo braucht (vgl. Anm. 3).

174 Schloß Rif, südlich der Einmündung der Königseeache in die Salzach, gehörte seit 1560 zum Besitz des Erzbischofs. Es diente als Sommersitz und war als Lustort mit Wasserwerken ausgestattet. Seit 1586 war Rif erzbischöflicher Gestüt- und Meierhof.

175 „chiamate" im italienischen Text: Die Bezeichnung leitet sich her aus „chiara" (weiß) und „mater" (Mutter), bedeutet also soviel wie Albino-Wild (Hinweis Adolf Hahnl). Worauf sich Gisberti bezieht, bleibt unklar.

176 Die Wallfahrtskirche Maria Plain bei Bergheim wurde in den Jahren 1671–1674 erbaut. Baumeister war Giovanni Dario.

KÖNIGLICHE HOHEIT.

Da ich nun Eurer Königlichen Hoheit alles, was ich gesehen und was ich nicht gesehen habe, so gut ich es vermochte, berichtet habe, ist es vonnöten, daß ich auch das, was ich diesbezüglich ausführlich gelesen habe, kurz schriftlich wiedergebe. Das Erzbistum Salzburg, das im zweiten Reichskreis[177] den ersten Platz einnimmt, ist Teil Bayerns und im Norden mit Bayern verbunden; an die Berge Kärntens und Österreichs grenzt es im Süden, im Osten auch an die Steiermark, im Westen auch an Tirol. Und in seiner ganzen Ausdehnung ist es zum Teil das großzügige Geschenk der wohltätigen Bojer[178], zum Teil fortgesetzter Neuerwerb der Fürsterzbischöfe. Es ist eine historische Tatsache, daß ein Teil davon der großherzigen Verschwendung der norischen Freigebigkeit zu verdanken ist.

Theodo III.[179], Herzog von Bayern, der Gemahl von Regintrud, der Tochter des Frankenkönigs[180], gehorchte der heiligen Überzeugungskraft der Ehefrau und des Schwiegervaters und berief den hl. Rupert, Bischof von Worms, nach Regensburg, denn er wünschte, daß er, der Herzogssitz und sein Land im katholischen Glauben unterrichtet würden. Der heilige Prälat folgte mit 12 weisen Gefährten der Einladung; und soviel bewirkte die Gnade des Himmels durch sein Kommen, daß Theodo und sein Sohn in Regensburg, in Ötting Otto, in Bozen die Brüder Diepold und andernorts weitere Fürsten sich taufen ließen. Überall wurde eine so große Zahl von Menschen zur Religion bekehrt, daß der hl. Rupert zu Recht als Apostel Deutschlands bezeichnet wird und als Zeichen erinnernder Dankbarkeit aus der barmherzigen Rechten des Christen Theodo die Stadt Salzburg erhielt sowie die Festung und den dazugehörigen Landbesitz mit den Grenzen[181]. Theotpert schenkte im Jahr 582 den Hof Tittmoning, Otto 958 Grabenstätt[182], die Kirche St. Johann, und in Müesempach[183] den Zehent. Der andere Teil besteht aus den nachfolgenden Erwerbungen seiner mit der Mitra gekrönten Hirten: hier die ununterbrochene Reihe:

Als Adalwin regierte[184], kam Karantanien nach dem Erlöschen dieses Bistums unter die Rechtssprechung Salzburgs.

In die Regierungszeit Gebhards[185] fiel die Errichtung dreier Festungen, die eine in Juvavum, die zweite in Werfen, die dritte in Karantanien[186].

Unter Adalbert II.[187] wurde Halmburg erbaut.

Unter der Regierung Eberhards[188] kamen zu den übrigen Pfarren Gastein und Thalgau hinzu.

Dem Fleiße Philipps[189] ist es zu danken, daß der Bischof von Bamberg seine Besitzungen in Mondsee an Salzburg verkaufte.

Unter der Aufsicht von Ladislaus[190] wurden zwei Lehensgüter erworben, St. Veit und St. Georgen.

Friedrich[191] trug Sorge dafür, daß alle Erträge, die der Bischof und das Kapitel von Regensburg in Mondsee genossen, erworben wurden, sowie Lichten- und Altentann von den Herren zu Tann.

Dem Fleiße Konrads[192] ist es zu verdanken, daß Bergheim erworben wurde, zudem wurde Guetrat Otto zu Lehen gegeben.

Unter der Regierung Friedrichs III.[193] kam Salzburg in den Besitz der Grafschaft Burgstall, Antherings und Tittmonings.

177 Die Reichskreise (die von Maximilian I. im Jahr 1500 geschaffenen Bezirke, die je einen Beisitzer für das Reichsregiment delegieren und seit 1507 die Beisitzer zum Reichskammergericht wählen sollten) waren ursprünglich folgende: der Fränkische, der Bayerische, Schwäbische, Rheinische (später Oberrheinische), Niederrheinisch-Westfälische (später Westfälische) und Sächsische (später Niedersächsische) Kreis. 1512 kamen der Kurrheinische, Obersächsische, Österreichische und Burgundische Kreis hinzu.

178 Gisberti bezieht sich darauf, daß nach den vorhandenen Überlieferungen der heilige Rupert die „Stadt" Salzburg im Jahr 696 vom baierischen Herzog Theodo zum Geschenk erhielt. Vgl. Herwig Wolfram: Die Zeit der Agilolfinger Rupert und Virgil. In: H. Dopsch u. H. Spatzenegger (Anm. 78), Bd. I/2, S.121–156, hier S. 121.

179 Recte Theodo I.

180 Verheiratet mit der vermutlich merowingischen Prinzessin Regintrud war nicht der agilolfingische Herzog Theodo (ca. 680 – nach 716), sondern sein ältester Sohn Theotpert, der spätere Teilherzog mit Sitz in Salzburg. Vgl. H. Wolfram (Anm. 178), S. 127.

181 Theodo schenkte außerdem 20 von 60 Reichenhaller Sudpfannen der Salzburger Kirche.

182 Kaiser Otto I. hat 959 auf Intervention Erzbischof Friedrichs I. (958–991) den Kanonikern von Salzburg Besitz in Grabenstätt im Chiemgau einschließlich von Höfen und Salzrechten in Reichenhall sowie einem Forstgebiet an der Traun geschenkt. Die Schenkung bildete den Grundstock für den späteren, umfangreichen Besitz des Salzburger Domkapitels im

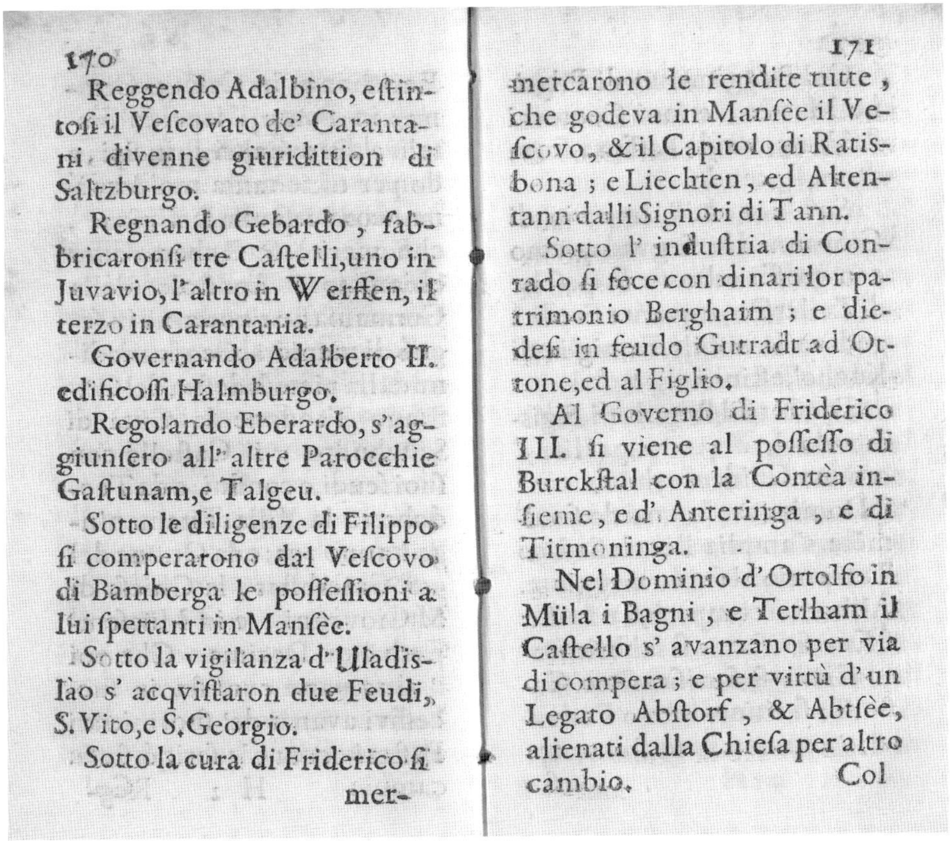

170

Reggendo Adalbino, eſtintoſi il Veſcovato de' Carantani divenne giuridittion di Saltzburgo.

Regnando Gebardo, fabbricaronſi tre Caſtelli, uno in Juvavio, l'altro in Werffen, il terzo in Carantania.

Governando Adalberto II. edificoſſi Halmburgo.

Regolando Eberardo, s'aggiunſero all'altre Parocchie Gaſtunam, e Talgeu.

Sotto le diligenze di Filippo ſi comperarono dal Veſcovo di Bamberga le poſſeſſioni a lui ſpettanti in Manſèe.

Sotto la vigilanza d'Uladiſlao s' acqviſtaron due Feudi, S. Vito, e S. Georgio.

Sotto la cura di Friderico ſi mer-

171

mercarono le rendite tutte, che godeva in Manſèe il Veſcovo, & il Capitolo di Ratisbona; e Liechten, ed Altentann dalli Signori di Tann.

Sotto l' induſtria di Conrado ſi fece con dinari lor patrimonio Berghaim; e diedeſi in feudo Gutradt ad Ottone, ed al Figlio.

Al Governo di Friderico III. ſi viene al poſſeſſo di Burckſtal con la Contèa inſieme, e d' Anteringa, e di Titmoninga.

Nel Dominio d'Ortolfo in Müla i Bagni, e Tetlham il Caſtello s' avanzano per via di compera; e per virtù d'un Legato Abſtorf, & Abtſèe, alienati dalla Chieſa per altro cambio.

Col

Unter Ortolf[194] kamen durch Kauf das Heilbad Müla[195] und Burg Tettelham an Salzburg. Mittels eines Legats wurden Abtsdorf und Abtsee durch einen Tausch der Kirche entfremdet.

Unter Pilgrim[196] werden Mattsee und seine Umgebung dem Bischof von Passau abgekauft.

Auf dem Höhepunkt der Oberherrschaft Johanns II.[197] werden mit hohen Auslagen die Fischgründe am Zellersee und das Erbe der ausgestorbenen adeligen Familie von Kuchl erworben.

Unter der Regierung Sigmunds I.[198] kommt nach langem Streit der Goldeggerhof an Salzburg.

Als schließlich Leonhard[199] regiert, wird das kirchliche Territorium im höchsten Maß erweitert. Damals wurde gekauft, eingezogen; gemacht, neu gemacht: Städte wurden erbaut, Burgen befestigt; Festungen erneuert, die Einnahmen erhöht; Gerichtsbarkeiten zurückgewonnen; kurzum, der ganze Staat gewann in jenen glücklichen Zeiten. Jetzt ist diese Güterverbindung, die aus der Frömmigkeit der Baiern entstand, durch den Eifer der Bischöfe wuchs und durch die heilige Sorgfalt der nachfolgenden Erzbischöfe befestigt wurde, das schönste Fürstentum (ausgenommen die KURFÜRSTENTÜMER des HEILIGEN RÖMISCHEN REICHES), dessen Deutschland sich rühmen kann, und das ruhigste Reich (nach dem des Papstes), das die Kirche besitzt. Es ist reich an Gold-, Silber- und Kupferminen, an Vitriol, Schwefel und Alaun. Es ist ein entzückendes Land, bedenkt man die Jagdgründe

Chiemgau. Vgl. Heinz Dopsch: Die Zeit der Karolinger und Ottonen. In H. Dopsch u. H. Spatzenegger (Anm. 78), Bd I/1, S. 157–228, hier S. 209.

183 Konnte nicht eruiert werden.

184 859–873.

185 1060–1088.

186 Friesach.

187 Adalbert II. von Böhmen regierte 1168–1177 und nach neuerlicher Wahl 1183–1200.

188 Eberhard II. von Regensburg, der 1200–1246 regierte.

189 Philipp von Spanheim, 1246/47 gewählt, 1257 durch Papst Alexander IV. abgesetzt.

190 Wlodizlaus (Ladislaus) von Schlesien, aus dem Hause der Piasten, Wahl 1265, gest. 1270.

191 Friedrich II. von Walchen regierte 1270–1284, Burg Lichtentann kam 1362, also in der Regierungszeit des Ortolf von Weißeneck, an den Erzbischof, Burg Altentann überhaupt nicht.

192 Gemeint ist Konrad IV. von Fohnsdorf, Erzbischof von Salzburg 1291–1312.

193 Friedrich III. von Leibnitz, Erzbischof von Salzburg 1315–1343.

194 Ortolf von Weißeneck, Erzbischof von Salzburg 1343–1365.

195 Konnte nicht eruiert werden.

196 Pilgrim II. von Puchheim, Erzbischof von Salzburg 1365–1396.

197 Johann II. von Reisberg, Erzbischof von Salzburg 1429–1441.

198 Sigmund I. von Volkersdorf, Erzbischof von Salzburg 1452–1461.

199 Leonhard von Keutschach, Erzbischof von Salzburg 1495–1519.

voller Wildschweine und Hirsche, Steinböcke und Rehe, Damwild, Gemsen, Hasen und anderer Tiere, die allerorts in großer Zahl vorkommen. Es ist ein Land voller Wonnen, denkt man an die Seen, Flüsse und Teiche voller Fische, an die Beute, die man an hundert verschiedenen Vogelarten machen kann. Es ist das glückliche Land vieler Vasallen, weniger Adeliger und aller Reichen. Fleißig sind die Untertanen, lauter Kaufleute und Handwerker. Glücklich ist seine Regierung, denn der Erzbischof ist ein Herrscher, der das Land mit zweischneidigem Schwert verteidigt und es erhält. Kurzum, es ist stark und sicher, weil es mitten in den Alpen liegt, die es beinah ringsum beschützen, und weil es Geld besitzt, Kräfte und Festungen, die es unversehrt von feindlichen Waffen bewahren. Das sagen die Bücher, so spricht sein Ruhm, und so erkenne ich es selber wie den Löwen an der Kralle. Man bedenke nur: Sowohl die Berge als auch die Ebene machen es reich an Weizen und Heu; Saalach, Salzach, Inn und Mur sowie dreißig weitere Flüsse und noch mehr Bäche enthalten Fisch im Überfluß; acht Städte veredeln es: Salzburg, das von der Salzach zweigeteilt wird, Hallein, Laufen und Tittmoning, die an ihren Ufern liegen; Mühldorf am Inn im Norden; Radstadt zwischen den Bergen im Süden; Friesach und St. Andrä in Kärnten. 22 Burgen bewehren es; an die hundert Ortschaften schmücken es, 4 Bistümer, alle vier Fürstentümer des Reiches, nämlich Freising, Regensburg, Passau und Brixen, erkennen es als übergeordnet an; vier Bischöfe werden in Abhängigkeit von Salzburg gewählt und bestätigt: der von Seckau, der von Lavant, der von Chiemsee und der von Gurk. Sie werden aus den 24 Kanonikern des Domkapitels oder, wenn nötig, aus anderen Wählbaren, erkoren. (Abgesehen jedoch von der Ernennung, die der Kaiser, als Herzog von Kärnten, abwechselnd vornimmt.) Allein die Hauptstadt (die eine Doppelmeile moderner Befestigungsmauern besitzt) zählt ungefähr 20.000 Seelen. Der Bereich seiner weltlichen Gerichtsbarkeit umfaßt über 100 italienische Meilen Länge und 75 in der Breite. Der Bereich der geistlichen Zuständigkeit erstreckt sich über einen Teil Bayerns und Tirols, über ganz Kärnten und die Steiermark. Diese ungeordnete Anhäufung von Eigenschaften und Vorrechten genügt, um die Größe und das Glück der religiösen Herrschaft vorstellbar zu machen. Der Himmel möge das Land weiterhin mit dem günstigsten Blick seines Augenlichtes betrachten, das Schicksal bewahre es im Verein mit der Sonne, und als eines der schönsten Schlösser der Christenheit und wahrhafte Zufluchtsstätte des katholischen Glaubens mögen ihm stets die Sterne ihre seherischen Pupillen leihen, während ich, auf den Knien liegend, Eurer königlichen Hoheit Jahrhunderte dauerndes Leben erbitte, meine Gelübde der ewigen Dauer des Königreiches weihe und Euren Wünschen beständiges Glück wünsche, verbleibe ich

Eurer königlichen Hoheit

untertänigster & dankbarster Diener

DOMENICO GISBERTI.

München, 12. September 1670.

KÖNIGLICHE
HOHEIT.

Die kurfürstlichen Hoheiten sind bei bester Gesundheit nach München zurückgekehrt, mein mit aller Sorgfalt verfaßter Bericht geht nach Turin, ich beende das Schreiben, zu dem ich mich verpflichtet habe und schicke die letzten Auskünfte. Es ist mir aufgefallen, daß ich Eurer Majestät von allem etwas berichtet habe, außer vom Domkapitel und vom Erzbischof, und so werde ich in einem Briefe von beiden berichten. Verzeiht mir meine allzu sehr in die Länge gezogene Kühnheit und vermindert die Langeweile durch die Gewißheit, daß es zu Ende geht.

Das Kapitel ist eine Versammlung von vierundzwanzig Kanonikern; der Erzbischof wird vom Kapitel frei gewählt. Die Kanoniker müssen den Beweis erbringen, daß sie von reinstem Adel sind, wie die Mitglieder des Malteserordens, und sie wählen stets den Erzbischof. Der Erzbischof, der vom Papst bestätigt werden muß, erwählt (durch päpstliche Huld) die Kanoniker für sechs Monate; in den restlichen sechs Monaten obliegt die Kollatur der Kanonikate den Domherren. Die Domherren, die seit der glorreichen Regierung des Kardinals Matthäus[200] Adelige sind, haben einen Propst und einen Dekan, und unter ihrer Befehlsgewalt 24 Vikare, die zur täglichen Teilnahme am Chorgebet verpflichtet sind. Der Erzbischof, der bis 798 Bischof war und sich Erzbischof nennt, seit Bischof Arno bei Leo III. das Pallium erbat, nennt sich, seit Kaiser Karl der Große ihm das weltliche Recht dazu verlieh, Fürst des Heiligen Römischen Reiches[201]. Er ist Legatus Natus des Heiligen Stuhls seit der Regierungszeit des hl. Thiemo[202] und hat das ganze Volk unter sich und die allgemeine Regierungsgewalt auf Lebenszeit. Die Domkapitulare stellen den Schneeherren einen Propst; die Schneeherren bezeigen dem Erzbischof all ihre Ehrerbietung, und der Erzbischof bestimmt über sie, er wählt sie nach Belieben, bestätigt sie nach Gutdünken, bedient sich ihrer nach seinem Vorteil. Dreizehn an der Zahl sind die Schneeherren, und ein großer Prälat hat den Orden unter mysteriösen Umständen gegründet[203]. Graf Paris Lodron, der 63. Erzbischof, sah, daß seine Domherren, da sie von erstem Adel sein mußten, nicht immer von außergewöhnlicher Tugendhaftigkeit sein konnten, weil doch außergewöhnliche Tugendhaftigkeit untrennbar mit unerträglicher Entbehrung verbunden und Entbehrung Hauptfeind des zarten Körperbaus Adeliger ist. Und wenn sie es auch auszuhalten vermöchten, so gelehrt und vornehm sie zur Zeit sind, so könnten sie es doch schlecht in aller Freiheit, und nicht ohne einige Rücksichtnahme, da doch vielfach das Wissen der Großen gepaart sein muß mit großer Vorsicht hinsichtlich dessen, wem das Wissen dient und wessen es sich bedient, und in Hinsicht auf die Gelegenheit, die Zeit und die Bedachtnahme auf viele weitere politische abergläubische Gründe, welche jeden Traktat ruinieren, Verhandlungen zum Scheitern bringen, in jede Zusammenkunft Zwietracht säen. Der weise Hirte sah also, daß vornehme Abkunft und großes Talent nicht unbedingt mit Untertänigkeit einhergehen, und er beschloß deshalb, daß der Gemeinschaft der Ritter ein Lyzeum der Gelehrten beigesellt werden sollte, und so wie es zum Ruhme eine heilige Republik der Prälaten gab, so sollte es für Ratsbeschlüsse eine weise Versammlung von Gelehrten geben. Er gründete die 13 Kanonikate des Schneeherrenordens, die beträchtlichen Ertrag abwerfen, und vergab sie ausschließlich an Weise, und auch heutzutage werden sie nur an Gelehrte vergeben. (Oh, Salzburg, du bist glücklicher als alle

200 Kardinal Matthäus Lang von Wellenburg, Erzbischof von Salzburg 1519–1540, ehemals Geheimsekretär Kaiser Maximilians I.

201 Auf Wunsch Karls des Großen erhob Papst Leo III. Arno 798 zum Erzbischof. Damit wurde Salzburg Erzbistum und Metropole der baierischen Kirchenprovinz. Später erfuhren die Salzburger Erzbischöfe noch weitere Rangerhöhungen: Ab 870 Kanzler („Erzkaplan") für Bayern, 896/918 für das gesamte Ostfränkische Reich, ab 1026 Legatus des Apostolischen Stuhles, ab 1179 ständiger Legat (Legatus Natus), ab 1650 Primas Germaniae. Vgl. J. Brettenthaler (Anm. 122), S. 37.

202 Thiemo, von 1077–1090 Abt von St. Peter, war 1090–1098 Erzbischof. Er nahm am Ersten Kreuzzug teil und starb 1101 als Märtyrer in Askalon.

203 Erzbischof Paris Lodron gründete das Kollegium der Schneeherren am 4.8.1622 als Sonderform eines Kollegiatsstifts und stellte seine Stiftung unter den Schutz Unserer Lieben Frau vom Schnee, deren Fest am 5. August gefeiert wird. Das Ziel der Stiftsgründung war in erster Linie, qualifizierte Kräfte für die Diözesankurie, vor allem das Konsistorium, zur Verfügung zu haben. Von den dreizehn als „Hoffcaplän", „Canonici" und später auch als „Schneeherren" bezeichneten Stiftsherren sollten neun graduiert sein und die weiteren vier zumindest „... si non Graduati, saltem aliqua praestanti Virtute, seu qualitate ornati, vel de nostra Maiori Ecclesia, aut pro tempore existente Archiepiscopo benemeriti ...", also mit vortrefflicher Tugend oder einer anderen hervorragenden Eigenschaft ausgestattet sein oder sich um die Domkirche oder den jeweiligen Erzbischof besonders verdient gemacht haben. Punkt III. der „Fundatio Collegiatae Beatae Mariae Virginis ad Nives Salisburgi", abgedruckt in Manfred Josef Thaler: Das Schneeherrenstift am Dom zu Salzburg (1622 bis 1806). Ein Beitrag zur nachtridentinischen Kirchenreform. Diss. theol. Salzburg 1997, S. 245.

204 Im Jahr darauf verfaßte Gisberti „La cronologia degli abbati, vescovi & arcivescovi di Saltzburgo"und widmete sie Max Gandolph. Der Hofdrucker Johannes Jäcklin druckte die Huldigungsschrift 1671. Zu Max Gandolph s. Einleitung.

205 Recte 65.

anderen Länder, wenn das Wissen so viel zählt und nur der den Preis erhält, der ihn durch Geisteskraft erringt!). Aber lassen wir die Ausrufe in Klammern und kehren wir zum Bericht zurück. Wenn ich auch über die Domherren nichts mehr zu schreiben weiß, so gibt es doch über den Erzbischof vieles zu sagen. Vom derzeitigen rede ich, der sich anläßlich des Besuchs der durchlauchtigsten KURFÜRSTLICHEN FAMILIE als so freundlich und großherzig erwiesen hat. Es ist seine Durchlaucht MAXIMILIAN GANDOLPH aus dem alten und vornehmen Geschlechte derer von Kuenburg, das der Welt berühmte Helden im Felde, Gelehrte und kirchliche Würdenträger geschenkt hat[204]. 14. in der Reihe der Domherren seiner Familie, 2. als Bischof der gleichen Abkunft, 3. Erzbischof seiner Sippe und 65. in der Reihenfolge seiner Vorgänger, wurde er als Sohn des Grafen Reinprecht Moritz, Ritter vom Goldenen Schlüssel von Ferdinands II. Gnaden und Vizedom der Steiermark und seiner edlen Gemahlin Helena Gräfin von Schrattenbach geboren. In den Schulen von Graz und am Kolleg in Rom erfuhr er seine Bildung und verließ sie gelehrt und weise. Aufgrund seiner günstigen Veranlagung erhielt er zuerst ein Kanonikat in Eichstätt, später in Salzburg. In der Folge wurde er von Paris von Lodron wegen seiner großen Geisteskräfte zum Consistorialrat ernannt und von Guidobald von Thun zum Consistorial-Präsidenten. Und wegen seiner Vorzüge, die des Fürstentums, das er regiert, würdig sind, und wegen der Verdienste, die er sich in 23 Jahren des ununterbrochenen, tugendhaftesten Bemühens erworben hatte, wurde er, nachdem er als Bischof von Lavant und Seckau Zeichen seiner unvergleichlichen Größe und Wohltätigkeit gesetzt hatte, mit der Zustimmung des gesamten Kapitels und dem Segen des ganzen Volkes auf den Stuhl des Fürsterzbischofs erhoben. Er hält den Bischofsstab vorbildlich wie ein Vater und mit christlichem Eifer, das Szepter mit so kluger Gerechtigkeit und umsichtiger Milde, daß in den Herzen der Untertanen Liebe und Furcht im Verein ihn die Doppelherrschaft in Sicherheit und Frieden erfahren lassen. Daß er milde, aber recht regiert, sagt sein Temperament, und die Physiognomie verleugnet es nicht. Von hoher Statur und von hohem Verstand; groß an Körper und Seele; von heißem Blut und heißem Herzen; von guter Farbe und noch besseren Absichten; voll schöner Begabung und schönster Manieren; nüchtern und umsichtig; fröhlich und weise; barmherzig und beständig; von scharfem Blick und überlegtem Urteil; sein Haar ist teils gekraust, teils lang gelockt, er ist einfallsreich; die quadratische Stirn läßt auf Großherzigkeit schließen; die Nase hat die richtige Größe; die Form des Mundes weist ihn als mutig und redegewandt aus; das ganze Antlitz ist fein, er ist zurückhaltend; und das heldenmäßige, königliche Ebenmaß der Glieder versichert dem Auge des Betrachters, daß Salzburg unter seinem 64. Hirten[205] die glücklichste und günstigste Führung zuteil wird. Und schon legt die Residenzstadt mit ihren Monumenten und Bauwerken, legt die Kathedrale lebendiges, Stein gewordenes Zeugnis für ihn ab. Schon bestätigen ihn die neuen Salinen von Hallein mit ehernen Zungen; und mit goldenen Stimmen besingt ihn nächtlicher Fleiß in den Bergwerken. Ganz Einheit in der Anmut, ganz Harmonie im Inneren, kein Befehl, der von seiner Willkür ausginge , der Mißtöne in die gute Ordnung brächte. Was seine öffentlichen Auftritte anlangt, so hält er sich weder allzu fern vom Glanz, noch zeigt er Pomp und verschwenderischen Luxus. Er hält sich an die Regeln, die ihm seine majestätische Stellung vorgibt, er mehrt nicht die Belastungen durch Aufwand. Geistiger Vater vieler Fürsten, lebt er doch nicht wie der verlorene Sohn. Er

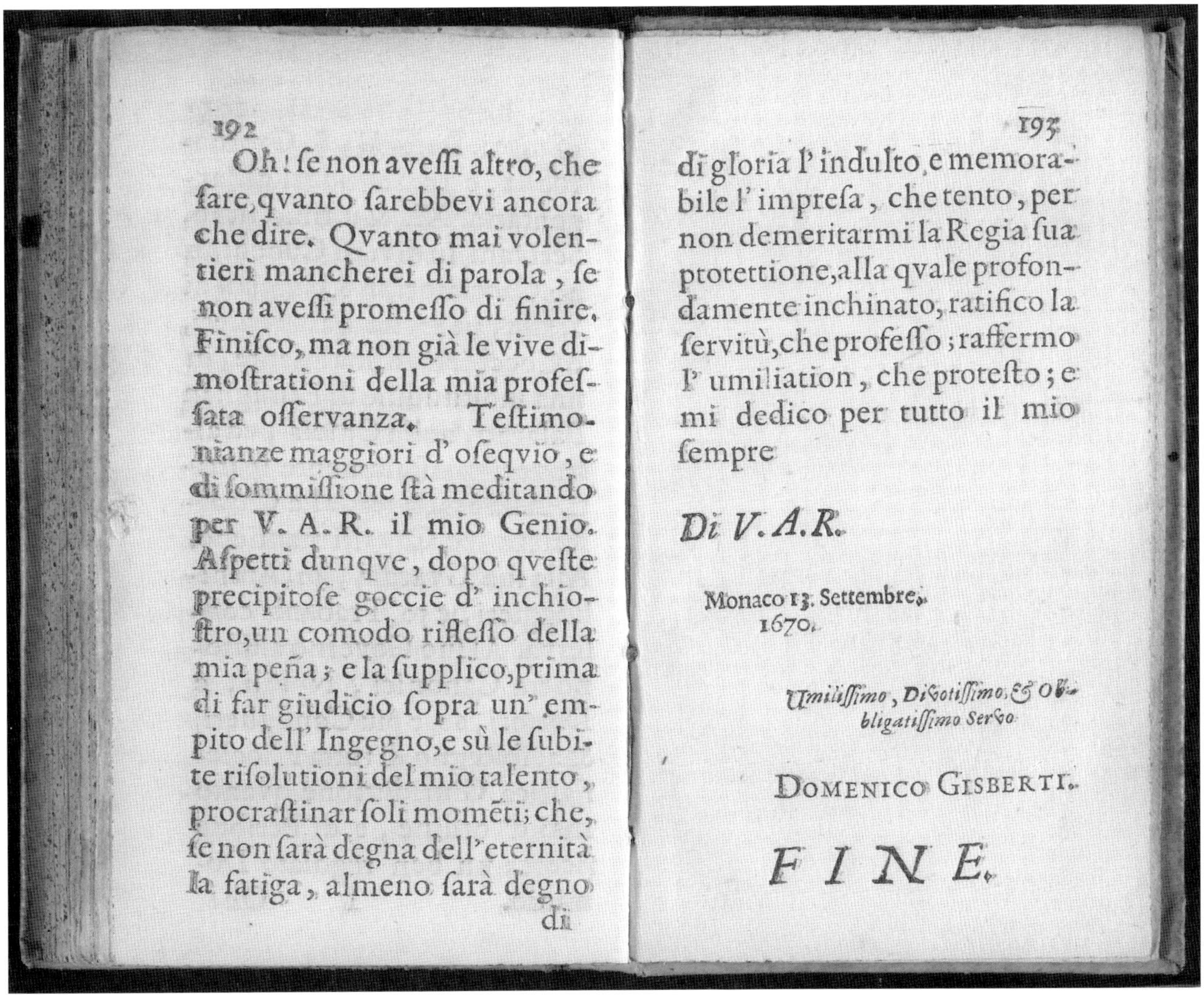
192
Oh! ſe non aveſſi altro, che
fare, qvanto ſarebbevi ancora
che dire. Qvanto mai volen-
tieri mancherei di parola, ſe
non aveſſi promeſſo di finire.
Finiſco, ma non già le vive di-
moſtrationi della mia profeſ-
ſata oſſervanza. Teſtimo-
nianze maggiori d'oſeqvio, e
di ſommiſſione ſtà meditando
per V. A. R. il mio Genio.
Aſpetti dunqve, dopo qveſte
precipitoſe goccie d'inchio-
ſtro, un comodo rifleſſo della
mia peña; e la ſupplico, prima
di far giudicio ſopra un'em-
pito dell'Ingegno, e sù le ſubi-
te riſolutioni del mio talento,
procraſtinar ſoli momēti; che,
ſe non ſarà degna dell'eternità
la fatiga, almeno ſarà degno
di

193
di gloria l'indulto, e memora-
bile l'impreſa, che tento, per
non demeritarmi la Regia ſua
ptotettione, alla qvale profon-
damente inchinato, ratifico la
ſervitù, che profeſſo; raffermo
l'umiliation, che proteſto; e
mi dedico per tutto il mio
ſempre

Di V. A. R.

Monaco 13. Settembre.
1670.

Umiliſſimo, Divotiſſimo, & Obligatiſſimo Servo

DOMENICO GISBERTI.

FINE.

mißt die Größe an den Gesetzen des Bewahrens und Erhaltens, legt Wert auf Zweckmäßigkeit und noch mehr auf Achtung. Sein Hofstaat ist hierarchisch unterteilt.

I. In Adelige: dazu gehören ein Obersthofmeister (d.i. ein Hofmarschall); ein Oberststallmeister und ein Oberstjägermeister, II. die Ämter des Oberstküchenmeisters, des Oberstsilberkämmerers, des Garderobemeisters, III. 24 Ritter vom Goldenen Schlüssel, IV. 24 Truchsesse, V. 16 Edelknaben, VI. 3 Kapläne, VII. zwei Ärzte, VIII. 20 Musiker, IX. 24 Kammerdiener und 26 Kammerportiere. X. 12 Kellermeister, 12 Trompeter[206], 12 Sattelknechte, 8 Kammerdiener und 10 Silberdiener, XI. und letztens 50 Schreiber, mehrere Köche, 40 Jäger, 8 Gestüttmeister, 60 Reitknechte und Kutscher, und schließlich eine Vielzahl an Dienern, die bei Hofe, in der Kirche und anderswo ihren Dienst versehen. Im Marstall hält er 300, bei der Reiterei 200 Pferde. Seine Leibgarde besteht aus 40 Arkebusieren und 50 Trabanten. Seiner Regierung gehören 60 Kanoniker, Adelige und Doktoren an, dazu kommen noch Räte und alles, was einer wohlgeordneten Herrschaft zur Aufrechterhaltung der kirchlichen Rechtsprechung an Dingen und Personen vonnöten ist.

206 Trompeter zählten nicht zu den Musikern, sie hatten eine Sonderstellung inne: Vom ausgehenden Mittelalter bis in die Barockzeit galt die Trompete als Herrschaftssymbol und wurde immer auch als Signalinstrument verwendet. Ernst Hintermaier und Gerhard Walterskirchen: Aufzüge für Trompeter und Pauken. Musikstücke für mechanische Orgelwerke. Denkmäler der Musik in Salzburg 1. Salzburg 1977.

Oh!, hätte ich nichts sonst zu tun, wieviel wäre noch zu sagen. Wie gern würde ich mein Wort brechen, hätte ich nicht versprochen, ein Ende zu machen. Ich höre auf, aber nicht mit den lebhaften Beteuerungen meiner einbekannten Untertänigkeit. Noch größeres Zeugnis meiner Ehrerbietung und Ehrfurcht hofft mein Geist zu erfinden. Wartet also, nach diesen eiligen Tintentropfen, auf die günstige Auswirkung der Gedanken auf den Fluß aus meiner Feder; und ich flehe Euch an, schiebt das Urteil über die Einfälle des Geistes und über die Ergebnisse meines Talents für wenige Augenblicke auf; wenn die Mühe auch nicht der Ewigkeit würdig sein wird, so wird doch Eure Nachsicht Ruhm verdienen und der Versuch denkwürdig sein, den ich unternehme, um mich nicht Eurer königlichen Gunst als unwürdig zu erweisen. Hiermit bekräftige ich mit einer tiefen Verbeugung die stets bezeigte Anhänglichkeit, bestätige die beteuerte Ergebenheit und bleibe für immer und ewig

Eurer königlichen Hoheit

ergebenster, untertänigster & dankbarster Diener

Domenico Gisberti.

München, 13. September 1670.

ENDE.

Anhang

LITERATUR

Nachschlagewerke und Handbücher

Allgemeine Deutsche Biographie. Bd. 6. Leipzig 1877.

Allgemeines Künstlerlexikon. Die bildenden Künstler aller Zeiten und Völker, 17. München – Leipzig 1997.

Allgemeines Lexikon der bildenden Künstler von der Antike bis zur Gegenwart, begr. v. Ulrich Thieme u. Felix Becker. Leipzig 1907–1954.

Josef Brettenthaler: Salzburg Synchronik. Die Welt, Deutschland, Österreich, Salzburg Stadt und Land. Salzburg 2006.

Giovanni Cinelli Calvoli: Biblioteca volante. Continuata dal dott. Dionigi Andrea Sancassani. Edizione seconda in miglior forma ridotta. Venedig 1734–1747.

Dehio-Handbuch. Die Kunstdenkmäler Österreichs. Salzburg, Stadt und Land. Wien 1986.

Enciclopedia italiana di scienze, lettere ed arti, Roma 1949 ff.

L. Ferrari: Onomasticon. Repertorio biobibliografico degli scrittori italiani dal 1501 al 1850. Mailand 1865.

Historischer Atlas der Stadt Salzburg. Hrsg. von der Landeshauptstadt Salzburg und der Landesinnung der Baugewerbe Salzburg. Schriftenreihe des Archivs der Stadt Salzburg, Nr. 11. Salzburg 1999.

Christian G. Jöcher: Allgemeines Gelehrten-Lexikon. Fortsetzungen und Ergänzungen v. J.C. Adelung. Bd. 2. o.O. 1787, S. 156.

Lessico universale italiano di lingua, lettere ed arti, scienze e tecnica. Rom 1968–86.

Die Musik in Geschichte und Gegenwart. Bd. VII. Kassel 1958.

Kurt Pahlen: Das neue Opernlexikon. Weyarn 2000.

Der Große Ploetz. Auszug aus der Geschichte, Freiburg – Würzburg 1980.

Reclams Kunstführer. Baudenkmäler, Bd. I: Bayern. Stuttgart 1959.

Conrad von Wurzbach: Biographisches Lexikon des Kaiserthums Oesterreich. 13. Teil. Wien 1865.

Spezialliteratur

Dieter Albrecht: Maximilian I. von Bayern 1573–1651. München 1998.

Richard Alewyn: Das große Welttheater. Die Epoche der höfischen Feste. München 1989. 1. Aufl. 1959.

Peter Amelung: Das Bild des Deutschen in der italienischen Renaissance 1400–1559. München 1964.

Gerhard Ammerer: Verfassung, Verwaltung und Gerichtsbarkeit von Matthäus Lang bis zur Säkularisation (1519–1803) – Aspekte zur Entwicklung der neuzeitlichen Staatlichkeit. In: Heinz Dopsch und Hans Spatzenegger (Hrsg.): Geschichte Salzburgs. Bd. II/1. 2. Aufl. Salzburg 1995.

Roswitha von Bary: Henriette Adelaide. Kurfürstin von Bayern. Regensburg 2004. Unveränderter Nachdruck der Originalausgabe, München 1980.

Max Braubach: Vom Westfälischen Frieden bis zur Französischen Revolution. Gebhardt. Handbuch der deutschen Geschichte, Bd. 10. 4. Aufl. München 1980.

Emanuele A. Cicogna: Delle iscrizioni veneziane. Venedig 1824–1853.

Emanuele A. Cicogna: Illustri Muranesi richiamati alla memoria. Venedig 1858.

Heinz Dopsch: Die Zeit der Karolinger und Ottonen. In: Heinz Dopsch und Hans Spatzenegger (Hrsg.): Geschichte Salzburgs. Bd I/1, Vorgeschichte, Altertum, Mittelalter. 2. Aufl. Salzburg 1983, S. 157–228.

Franz Fuhrmann: Hellbrunn. Ein Führer durch Wasserkünste, Schloß und Park. Salzburg 1949.

Franz Fuhrmann: Salzburg, Berchtesgaden, Bad Reichenhall, Land um den Untersberg, Lindau und Konstanz. O.O. 1959.

Franz Fuhrmann: Die Stadt Salzburg in alten Ansichten. Salzburg 1963.

Reinhard Rudolf Heinisch: Die Zeit des Absolutismus. In: Heinz Dopsch und Hans Spatzenegger (Hrsg.): Geschichte Salzburgs. Stadt und Land. Bd. II/1. 2. Aufl. Salzburg 1995, S. 167–244.

Ernst Hintermaier: Musik – Musiker – Musikpflege. In: Heinz Dopsch und Hans Spatzenegger (Hrsg.): Geschichte Salzburgs. Bd. II/3, Neuzeit und Zeitgeschichte, Salzburg 1991, S. 1619–1706.

Ernst Hintermaier und Gerhard Walterskirchen: Aufzüge für Trompeter und Pauken. Musikstücke für mechanische Orgelwerke. Denkmäler der Musik in Salzburg 1. Salzburg 1977.

Clemens M. Hutter: Der Tennengau. Kleinod am Fuße der Alpen. Salzburg 1992.

Lorenz Hübner: Beschreibung der hochfürstlich-erzbischöflichen Haupt- und Residenzstadt Salzburg und ihrer Gegenden verbunden mit ihrer ältesten Geschichte. 2 Bde. Salzburg 1792/93.

Artur Kutscher: Das Salzburger Barocktheater. Wien – Leipzig – München 1924.

Gottfried Franz Litschauer und Walter Jambor: Österreichische Geschichte. 5. Aufl. Wien 1974.

Franz Martin: Salzburg in alten Reisebeschreibungen. In: Bergland, Folge 7/8, 1923, wiederabgedruckt in: Heinrich Zillich (Hrsg.): Das Flügelroß. Salzburg 1941.

Franz Martin: Salzburger Fürsten im Barock. 3. Aufl. Salzburg 1966.

Franz Martin: Kleine Landesgeschichte von Salzburg, 5. Aufl., revidiert u. erw. v. Reinhard R. Heinisch. Salzburg 1979.

Kurfürst Max Emanuel. Bayern und Europa um 1700. Ausstellungskatalog. 2 Bde. München 1976.

Joseph Messner: Salzburgs musikhistorische Stätten. Salzburg 1967.

Ulrich Nefzger: Salzburg und seine Brunnen. Salzburg 1980.

Hans Rall und Marga Rall: Die Wittelsbacher in Lebensbildern. Kreuzlingen 2000.

Harro Georg Raster: Der kurbayerische Hofrat unter Kurfürst Ferdinand Maria 1651–1679. Funktion, Ausbau, Personal und Umfeld. Starnberg 1995.

Sigmund Riezler: Geschichte Bayerns. Gotha 1903.

Wilfried Schaber, Übersetzung ins Deutsche von Irene Schrattenecker: Drei Briefe aus Hellbrunn – 1670 im August geschrieben von Domenico Gisberti. In: Barockberichte, Heft 31, 2001, S. 15–22.

Wilfried Schaber: Hellbrunn. Schloß, Park und Wasserspiele. Salzburg 2004.

Johann Schatteiner: Der Salzbergbau Dürrnberg und die Saline Hallein. In: Heinz Dopsch und Hans Spatzenegger (Hrsg.): Geschichte Salzburgs, Stadt und Land. Bd. II/4. Salzburg 1991, S. 2631–2711.

Wilhelm Schaup: Salzburg auf alten Landkarten 1551–1866/67. Salzburg 2000.

Gerhard Schober: Prunkschiffe auf dem Starnberger See. Eine Geschichte der Lustflotten bayerischer Herrscher. München 1982.

Eberhard Straub: Repraesentatio maiestatis oder Churbayerische Freudenfeste. Die höfischen Feste in der Münchner Residenz vom 16. bis zum 18. Jahrhundert. Miscellanea Bavarica Monacensia 14, 1969.

Manfred Josef Thaler: Das Schneeherrenstift am Dom zu Salzburg (1622 bis 1806). Ein Beitrag zur nachtridentinischen Kirchenreform. Diss. theol. Salzburg 1997.

Herwig Wolfram: Die Zeit der Agilolfinger Rupert und Virgil. In: Heinz Dopsch und Hans Spatzenegger (Hrsg.): Geschichte Salzburgs. Bd. I/1, Vorgeschichte, Altertum, Mittelalter. 2. Aufl. Salzburg 1983, S.121–156.

Judas Thaddäus Zauner: Neue Chronik von Salzburg. Zweyter Theil. Salzburg 1816.

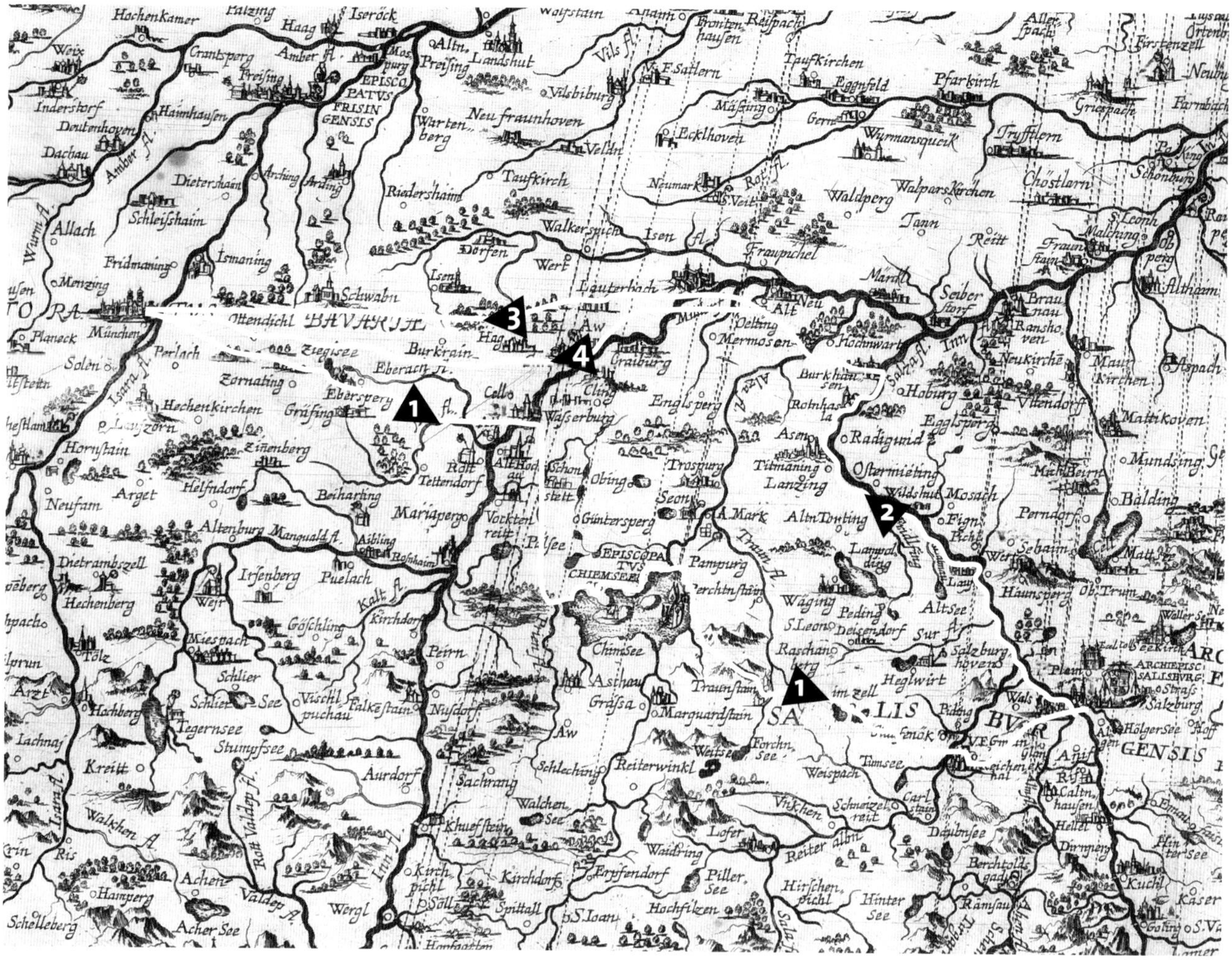

Rupert Marith: Karte des Erzbistums Salzburg (Ausschnitt). Salzburg 1675. Kupferstich. Salzburg Museum, Inv.-Nr. SL 18/3 (s. S. 24/25)

DIE REISEROUTE

1 Die Hinreise führt von München über Zorneding, Ebersberg, Wasserburg, den Chiemsee, Traunstein, Reichenhall und den Walserberg nach Salzburg.

2 Die Rückreise führt von Salzburg auf Schiffen bis Burghausen, dann zu Lande bis Altötting.

Dort teilt sich die Reisegesellschaft:

3 Ferdinand Maria und Henriette Adelaide fahren mit einem Teil des Gefolges über Mühldorf, Schwindegg, Kopfsberg und Markt Schwaben nach München zurück.

4 Gisberti und der restliche Teil der Begleitung nehmen beritten den Weg über Haag und andere, ungenannte Orte nach München.

EDITORISCHE NOTIZ

1. Die von Gisberti erwähnten Ortsnamen sind in der Übersetzung – soweit sich die Orte verfizieren lassen – in der heute gültigen Form geschrieben.

2. Die Bebilderung des Bandes beschränkt sich auf die Stadt Salzburg und spart die Reise- und Ausflugsorte aus.

DANK

Folgenden Personen und Institutionen danke ich für (schriftliche) Auskünfte und Hilfe:

Dott. Vincenzo Franco, Archivio di Stato Venezia
Dr. Heimers, Stadtarchiv München
Dr. Höppl, Bayerisches Hauptstaatsarchiv
Mag. Meinhard Leitich, Ebenau
Monika Lück, Deutsches Theatermuseum München
Dott.ssa Paola Melegato, Biblioteca Nazionale Marciana, Venezia
Dr. Sigrid v. Moisy, Bayerische Staatsbibliothek München, Abteilung für Handschriften und Seltene Drucke
Dott. Raffaele Santoro, Archivio di Stato Venezia
Diplomarchivarin Alexandra Scharmüller, Bayerisches Hauptstaatsarchiv München
Dr. Edith Schipper, Bayerische Staatsbibliothek München.

Besonders danken möchte ich Herrn Dr. Adolf Hahnl, der mit seinem unerschöpflichen Wissen über Salzburg und dessen Geschichte zur Klärung so mancher unklaren Stelle beigetragen hat.

I. S.

BILDNACHWEIS

Außer den nachfolgend genannten wurden alle Abbildungsvorlagen im Salzburg Museum hergestellt.

München, Bayerisches Hauptstaatsarchiv – Geheimes Hausarchiv: S. 10
Staatliche Graphische Sammlung München: S. 11
Blauel/Gnamm – ARTOTHEK: S. 12, 35
Dommuseum zu Salzburg: S. 14
Aus: Roswitha von Bary: Henriette Adelaide. Kurfürstin von Bayern. Regensburg 2004: S. 38 (2)
Bayerische Staatsbibliothek München: S. 40

Zur Transkription

Es wurde eine typographische Ähnlichkeit mit dem Originaltext angestrebt, Kursivstellungen, Kapitälchen, Versalien etc. wurden berücksichtigt. Gestalterische Eigenheiten der Originalausgabe wurden nicht übernommen.

Die Zeichen ā, ē, ō, ū, n̄ sind Auslassungszeichen und stehen jeweils für den nachfolgenden Buchstaben n.
Das Zeichen m̄ ist ein Auslassungszeichen und steht für den nachfolgenden Buchstaben m.

Die Ziffern am jeweiligen Briefbeginn bezeichnen die zugehörige Seitenzahl in der Originalausgabe/Seitenzahl der Übersetzung in diesem Band.

Il
VIAGGIO
Dell' AA. SS. EE.
di Baviera
A
SALZBVRGO
IN GIORNATE
DIVISO,
E
ALL' ALTEZZA
REAL DI SAVOIA
In lettere di Ragvaglio
descritto.

****

MONACO,
Per GIOVANNI JECKLINO,
Stampatore ELETTORALE.

M. DC. LXX.

ALL' ALTEZZA
REALE
DI
CARLO
EMANUELE
SECONDO,
DUCA DI SAVOIA, etc. 1/28

La Carta, che non patisce vergogna, invita la Penna, che non ammette arditezza, e con speranza, che la Curiosità si sodisfi, toglie d' un troppo rigoroso silentio le obbligationi al rispetto. Da qvì a' tre, ò qvattro giorni si partirà la Corte Elettorale al destinato viaggio di Saltzburgo, e dovendola pur' io segvire, e servire, per non perdere il tempo, risolvo d' occupar l' otio alle relationi, e con benigna licenza de' savj divertimenti di V.A.R. rapirle ogni posta i più tediosi momenti del giorno con le novità de' miei foglj. Dispensi affabilità Reale i voti del Genio, e tolte le superstitioni del *non si debbe*, ò *non lice*, che rubano la più bella ricreatione del Grande, lasci al buon' intento godere i privilegj d' un cortesissimo aggradimento. Il permetter, che parli anche chi non hà lingvaggio da Rè, è un dar' animo alle voci del suddito, che per timore potrebbe tacere cose degne d' un Principe. Qvando v' è sovrana patienza, che legge, si trova ignoto Zelo, che scrive; e così una publica udienza alle lettere rimedia ad una privata passione d' eccessi, che vivono; perche mille mal nati rigvardi li pascono. Nulla può celare il Ministro, se tutto vede il Regnante. Ciò dalla mano mi cade, non per difender la lingva, che troppo audace con V.A.R. favella; ma per allettare ad uopo maggiore lo sgvardo, che con troppo tedio, e poco frutto sù la vista delle mie debolezze si perde. Meglio non mi sò esprimere, e mi compatisca, umilmente la supplico; imperoche la sola apprensione d' essere anche in ombra alla presenza de' Gran Monarchi le potenze dell' anima stessa confonde. Sono in disordine, e così accade cui non conosce l' abilità de' proprij talenti. Da tropp' alto principio hò dispiegato i miei voli; non hò ben misurato alle penne de' Struzzi la lena dell' Aqvile. Altro piede si conveniva al mio passo; altri passi allo scopo. Hò errato; ma non mi pento, essendo l' errore un' aborto non inteso dalla mia rassegnatissima divotione. Se mal sò dire qvel, c' hò voluto far bene, non merita sdegno la colpa; tanto più, ch' in un grand' impegno un gran volere è bastante. Dunqve volendo qvanto si dee, opero qvanto posso, e se non pago un gran debito, d' un gran desiderio m' appago; e creda, che, se mancan parole all' Inchiostro corrispondenti all' ufficio, che imprende, non manca la debita cognitione. Qvindi, se non vale alla dedicatione verbale l' ingegno, supplirà nelle vene la vita; ed il sangve, in vece della facondia, protesterà nelle occasioni ad un Mondo, che sono

Di V.A.R.
Monaco di Baviera
15. Agosto 1670.
Divotissimo, Fedelissimo Servo
Riverentissimo.
DOM. GISBERTI.

*

ALTEZZA
REALE. 6/30

Chi viaggia senza curiosità, si stanca senz' utile, fatiga, e non hà piacere. Io nell' uscire dalla bella Città di Monaco, per non entrare nel numero di tanti, che vanno; perche vanno attorno le ruote, e inanti i Cavalli, subito dimandai la porta, che ci apriva la strada; ricercai la strada, che ci additava il camino, e m' informai del camino, che dee condurci à Saltzburgo. La porta fù qvella, che si spalanca solamente al passo de' Principi, è che gvarda al Ponte dell' Isero: la strada venne à dirittura verso l' Oriente, e che non la calpesta, che 'l privilegio del Sole, che la possiede: e finalmente il camino riescì delitioso per la pianura, e che non lascia d' essere ameno, se ben tortuoso in molte strane girate si perde. A Zornaltinga arrivammo sù le undeci del mezo giorno, partiti intra le nove della mattina; e ad Ebersperg si trovammo sotto le qvattro ver sera; qvindi come non fù, che di qvattro leghe lo spatio, così non passò che di cinqv' hore l' andata. Avanti il pranzo perdeva l' occhio intrà vaste campagne i suoi sgvardi, e non terminava l' Orizonte dell' erbe, che in Cielo; dopo non fatigava, che per dentro Boscaglie; onde nella prospettiva d' infinite piante, che mi fuggivano, era il punto della Veduta una verzura, che non finiva. Si desinò in seno al Villaggio, ed accampata la Corte, se non parea in altro un' Esercito, il rassembrava ne' Padiglioni, sotto de' qvali fece strage de' morti armata fame de' Vivi. Non descrivo l' allegro spettacolo del Convito, in cento Mense diviso; imperoche non avendo l' Intelligenza stomaco a tanto pasto, non è cibo per la mia penna. Basta il dire, che parea tornata addietro l' età dell' oro a la villa, e risplēdendo a i camperecci ordigni, e rurali strumenti meschiati gli orbi, e le tazze d' argento Reali, si confondeva la povertà con la pompa; nè sà tutto il mio riflesso distingvere ancora, se più superba di qvello sparso tesoro se ne stava allhora simplicità rusticale, ò più del villereccio disprezzo ambitiose qvelle disperse ricchezze. Sò bene, che non potea smeraldi più belli, nè più vaghi smalti sortire il fasto, che le verdeggianti erbicciuole, e i coloriti fioretti di Zornaltinga; nè la Grandezza far dell' erario di Monaco più decoroso strapazzo, ch' nelle selve. Al suono di dodeci trombe levata la nobile confusione dal villano Recinto, si venne à cenare a qvesto abitato di Ebersperg, passando a Newkirchen il cuore, e togliendo dal petto del romito cōtorno l' invidia, che la troppa dimora in un luogo di tanto ben concepiva. Non rappresento a V.A.R. la ricca maestà dell' andare, il numeroso ordine della pompa, sapendo molto bene un Gran Principe con qval ségvito sia obbligato viaggiare un Gran Principe. È breve il camino, ma non abbreviato l' animo di chi l' imprende. Egli è il Serenissimo F E R D I N A N D O M A R I A, che veramente figliuolo di Massimiliano, chiude il vasto Cuor d' Alessandro, piagne le strette angustie del Mondo. E poi per comprendere con qvanto splendore si vada, basti l' accennare, che vi sia la Serenissima A D E L A I D E, sorella degna di V.A.R. e nella gloria, e nel sangve, e che s' attrovino anche i Principi Elettorali, ch' è a dire due altre Corti perfettamente composte. Certamente al nostro passaggio resteranno popolati i Diserti, affollate le Ville, e le Valli, e le Città medesime empite. Oramai in una giurisdittione d' una lega, e meza di terra, antico patrimonio Benedittino, non si possiam muovere. Qvì, dove 1500. anime vivono ligie de' Giesuiti, s' è fatto un Paradiso di Principi. Qvì, d' onde ne cavano settantamila fiorini d' entrata, u' è una Tesorerìa senza prezzo. E qvì finalmente un Convento di venti Padri s' è convertito in una Reggia di 500. Persone. Il luogo, che si chiama d' Ebersperg, e che sin del 900 era un Castello, fabbricato contro le incursioni degli Vngheri da Sigardo, Conte di Sempta, vedesi in mezo i due fiumi Eno, e Sennona nella Selva, prima Carnodunese, poi detta d' Ebersperg dall' Apro, che vi trovò il Fondatore, situato sì bene, che alzar non può la Magnificenza più bella, nè più ricca mole alle Stelle. Nel recinto di qvest' Arce famosa Eberardo, & Adalbero, pur' essi Conti di Sempta, Nipoti di Sigardo, nati del figlio Ratoldo, tornati dalla guerra di Vngherìa l' anno di nostra Salute 955, dedicarono insieme con la sorella Wilpirga a S. Sebastiano Martire un Tempio, e così nacqvero a così gran Munistero i principij. Chi qvì a i Monachi di S. Agostino eresse un Collegio, fù Vlrico, figlio d' Adalberone. Chi commutò in un Munistero di S. Ben[e]detto il Castello di Sigardo, e 'l Collegio d' Vlrico, fù Adalberone il padre, e la Moglie Richilde, sorella di Welfone III. Duca di Carintia. Chi finalmente con autorità Pōtificia trasferì nella Compagnìa di Giesù, e Castello, e Collegio, e Munistero fù la sovrana autorità di Baviera, così volendo l' inconstante natura dell' essere, così le volubili rivolutioni de' tempi; così gli arcani non intesi del Cielo: Che qvesta dotta, e celebre Religione goda tutta l' assistenza della Casa Elettorale, il dimostra la bella Basilica dal Serenissimo Alberto Duca di Baviera, e Vescovo di Fraisinga, e Ratisbona, vivente, eretta a gloria del S. Duce di Diocletiano, la qvale merita veramente essere il tabernacolo d' oro al Cranio di tanto Martire, che rinchiude, & insieme la più decorosa struttura del Voto a i ricchi adornamenti, che scuopre.

Domattina scriverò a V.A.R. la sacra ceremonia del Vino; che s' usa di bere all' altare di qvesto Santo, non volendo, che ne parli la lingva, se meglio prima non se n' informa la vista. In tanto generosamente aggradisca il ragvaglio della prima Giornata; permetta, che alle tenebre della sera cedan l' ombre della mia penna, e concedendomi l' onore dell' alto suo patrocinio, ch' io resti.

Di V.A.R.
Ebersperg. 19. Agosto. 1670.
Vmilissimo, Divotissimo Servo
Riverentissimo.
DOM. GISBERTI.

*

ALTEZZA
REALE. 16/32

La luce d' oggi m' è stata di tanto piacere, che appena mi par d' averla veduta; così ella presto apparendo alle mie geniali ricreationi è sparita. Qvanto è vero, che rassembrano lunghe secoli qvelle notti, che vi tormentano con inquietezze, e brievi momenti qvelle giornate, che vi dilettano con passatempi! Un lampo di Cielo mi fù la corsa del Giorno, e se mento V.A.R. il misuri con una prudente distributione di tempo. Svegliato fu 'l mattino co' l' Alba visitai nella Chiesa il mio Sole, e dopo aver del Dì a Dio consacrato i principij, dedicai le prime voci d' augurio al bell' incontro de' Principi. Acesi al Munistero de' Giesuiti; entrai la Basilica; ascoltai la Messa; e genuflesso all' altare sortij l' alta gratia di bere fuor del Cranio di S. Sebastiano con sottile cannuccia d' argento in un sorso di vino un mare di gran divotione. Così, trovate le tazze della Pietà a confusione dell' Empio, fanno qve' saggi Padri vedere, che, se festeggiaron le lor Vittorie i Tiranni intrà le calvarie de' trucidati Nemici, trionfa la Religione ancora sù le Reliqvie de' martirizati lor Santi. Or dica pure un mordace sacrilego, che la Natione Germana cerca fin nel sangve de' Martiri il Vino, e nelle sacrosante Ossa i Bicchieri, che io imbevuto d' un' uso, veramente divoto e pio, sono sforzato a rimproverarlo, e dire, che stanno su'l dissetar dello spirito, su'l refrigerar dell' Anima i Norici Christiani, e che non pensano, che à convertire in merito anche i pruriti del lusso, & à ridurre nati all' ebbrezza i licori in goccie di salutar temperanza. Beva pure il Bavaro d' Ebersperg da sì bel Calice la sua salute; santifichi il suo palato con la sacra bevanda; e ad eterna memoria si scriva, dov' altri immerge le labbra col gusto, e, naufraga la Virtù, e le buon' opere affondan, purgare il Todesco le viscere al Zelo; annegar la sensualità; e in un' atto di pura veneratione sagrificarsi lo stesso allettamento del Vitio. E qvì, per non trattenermi con troppo tedio di V.A.R. nelle grate memorie del mio spirituale diletto, passo all' economìa di qvell' hore, che mi portarono a mensa e su' l mezo giorno, e alla sera. Dalla picciola Collina d' Ebersperg calati in una delitiosa Valletta, venimmo in compagnia dell' aure più fresche di Zefiro à ritrovare i caldi fiati del pranzo in Tulinga, e per mezo un Autunno grave di poma à mieter l' estate d' un' ardente Cucina. Per rallegrar la vista non hebbe che desiderar l' occhio in andando; per ristorare il gusto non seppe, ch' sospirare il palato in sedendo. La via non poteva esser più bella, la tavola più copiosa. Or riposte che furono le tovaglie, riposato ch' ebbero i Principi, al solito risuonar delle Trombe si ritaccano i destrieri, si risalgono i cocchj, e di buon trotto si corre all' alte rive dell' Eno, che in monticelli freqventi alzate, e disposte, formano qvasi una corona di piante a Wasserburgo, Città bassa; ma bella, sepolta; ma viva, degna d' esser chiamata non *Borgo*; ma Fortezza dell' *Acqve*, servendole il fiume all' intorno di fossa larga, e profonda, e di muraglie forti, e superbe le sponde. Ella è poco meno, che d' ovata figura: e cinta di tutte case merlate, par coronata di Torri: e rinchiusa dal corso dell' onde, sembra Peninsola in Mare: e da spesse verzure interrotta, un' intero Giardino assomiglia. Abbondante riconosce dall' acqva i suoi comodi. Sicura riceve la sua pace dal sito. Unita più d' un miglio Italiano non gira, e freqvente d' abitationi più d' una Piazza non apre. Dentro le religiose mura s' alza l' antichità di sei Chiese: fuori un Munistero di Capuccini assai nuovo, e da per tutto assai civili strutture. Hà una brieve Torricella, che serve all' Oriente di Porta, per traversar sopra la gran mole d' un Ponte la corrente dell' Eno, & alla Porta trà il Settentrione, e l' Occaso una gran fabbrica per Castello. Qvì mantiene il Serenissimo Elettore di Gvardia una Compagnìa; per governo un Colonnello, che Flegher dall' ufficio si dice, il qvale rappresentando la sovrana Maestà di cui regge, giudica, assolve, e condanna, senza però torre al privilegio de' Cittadini cõsiglj la gratia d' un apparente conservatione. Qvesto è qvel Wasserburgo, che di Massimigliano, Gloriosa Mem.[a], fù l' Asilo famoso; e qvesti sono qve' sudditi, che intrepidi si difesero dal Rè di Svecia, e gli rovinarono i Cannoni dal monte. Qvesto è qvel Wasserburgo, che, per abbracciarlo, qvasi in dietro sen torna l' Eno; e qvesti sono qve' Cittadini, che, per proteggerli, poco meno, che non s' inalzino le Montagne alle Stelle, e qvesto finalmente è qvanto in Wasserburgo, e tra suoi Cittadini m' è riuscito d' osservare con tutto giubilo nel secondo giorno del nostro camino, dedicato all' eternità dell' osseqvio, che incontaminatam.[e] professo alla Casa Real di Savoja, & al desiderio immortal, che conservo, per esser creduto

Di V.A.R.
Wasserburg 20. Agosto 1670.
Divotissimo Servo
Riverentißimo.
Domenico Gisberti.

*

ALTEZZA
REALE. 25/34

Un mezo qvarto d'hora da Wasserburgo lontano finì la giurisdittione spirituale del vescovo di Fraisinga, e cominciò qvella di Chiemsèe, Vescovato pur soggetto a Saltzburgo; e dall' Arcivescovo, e del Capitolo di qve' nobilissimi Canonici eletto. La strada di tutta la mattina fù insino a Pfeffinga cattiva; ad una Casa forte dell' Amberg per il folto d' una vecchia selvaccia, e sopra, e sotto d' una diserta Collina, peggiore; e ad Heselwang dentro, e fuori d' antiche siepi, e sù, e giù de' rotti viali fù pessima, tanto più, che congiurata con l' inegvalità del camino l' intemperie del tempo fece doppio il disastro, gemello il disagio. Trà gallerìe di fieno, e sotto loggie di paglia s' imbandì la fioritissima Tavola, e dall' insolenza piovosa del Cielo difendendo i rusticani abituri l' apparato Reale, mi rese più, che 'l ventre di cibo, di pensieri satia la mente, sovvenendomi la desiderata pace di villa, e de' romitaggi la tranqvillità sospirata. Oh qvante fiate (dissi) tra le silvestri capanne sortirono la sicurezza loro i Regi, e le Reggie! Qvante volte le tane divennero qvieto ricovero de' Grandi, e qvante dall' ingiurie delle vicende, e de' tempi si difese in un villano ritiro la maestà de' Mo.-narchi! Più dissi; e più direi, se declamatione fosse la mia, non una lettera, e se il mio tedio sotto gli occhj di V.A.R. convertirsi potesse in divertimento. Ma come sono certo, non darsi altri alchimisti, per fissare in argento il mio troppo viuo Mercurio, e sublimare in oro la bassa lega delle mie Veneri, che benigno compatimento, e cortesìa Tutelare, così non pretendo tormentar di vantaggio passioni sì favorevoli, pur troppo esercitandole con mio rossore la succinta relatione del nostro Viaggio. Per ristrignermi dunqve alla brieve, s' imagini V.A.R. sparecchiata la Mensa; imbrigliati i Cavalli; le Carrozze, che corrono; e finito il corso d' un' hora, tutti alle basse spiaggie del Chimo; parte montati in Nave col Serenissimo Elettore, con la Serenissima Elettrice, e i Principi à visitare le Monache di S. Benedetto, rifugio d' un' Adelaide di Carlo Magno, coronata Eroina del sangve Real della Francia (veramente qvesto bel Nome d' Adelaide è stato sempre accompagnato con Anime di gran fama!) & insieme à vedere del glorioso Massimiliano, Padre di S.A.S.E. i fondamenti d' una Fortezza, che pensava d' ergere a qvalche gran fine qvel vittorioso Regnante: e parte in altre barche al convento de' PP. Agustiniani à ritrovarne le Celle, ad aggiustarsi il riposo. Si raffiguri vedere V.A.R. un gran Lago, lungo tre leghe, largo due, e di figura circolare, se non m' inganna lo sgvardo, in cui due bell' Isole, qvasi nel mezo, & egvalmente distanti i detti Munisterj sostentano. Qvesto di Canonici Regolari, chiamato l' Abbatìa di S. Salvatore, dagli antichi Principi di Baviera al Vescovo Metense, e dal Rè Arnolfo, che la commutà con Lussovio, a Diethmaro Arcivescovo di Saltzburgo per l' anima di Karolomanno suo Padre donata, e poi a Friderico, pure Arcivesco.[o] Conte di Kiemgeu l' anno 969 concessa. Fabbrica degna della regia Pietà, che l' eresse, che fù Tessalono secondo, Duca di Baviera; e della religiosa vigilanza, che la ristorò, rovinata dagli Vgri, che fù

Conrado Vescovo di Juvavia. Tempio trasferito dalla Benedittina all' Agustiniana cultura nelle bellicose vicissitudini di qve' secoli. Vescovato, instituito dal Prelato, fondatore del Seccoviense, e Laventino, cioè da Eberardo secondo, Vescovo di Bressanone, della famiglia di Truchsen. Diocese alla per fine, che per suoi beni possiede Eckstett, Brutting, Ruetheringen, Strumb; Saline in Halla; due ville in Grassau; decime, & altro, tutto l' anno 1157 confirmato dalla F.M. d' Adriano Pontefice.

L' altro di Vergini, parimenti fondato dal Rè Tessalono, e dotato col patrimonio di dodeci terre Evenhausen, Leuchtental, Schonsteten, Tetingen, Sapienzmunster, Puech, Frauhoven Hofhaim, Fridlfingen, Fraundorf, Palchingen; esempio religioso della magnanima Casa Elettorale; Possessione conservata da Carlo, costodita da Lodovico, amata da Enrico Imperadore, il Santo, qvegli, che fece la figlia Irngarda Abbadessa, qvesti, che volle nella med.ma dignità la Sorella Gerpirga: Chiostro felicemente protetto dal Re Enrico IV. e dalla bontà del Ser.mo Ferdinando Maria indefessamente assistito. Se deggio dir vero, qvì tutta la mia divotion si rallegra, ed a sì bella vista tutta l' anima mia si risente. Maestose fabbriche, delitiose colline, verdeggianti Boschetti, fruttiferi Ortaggi; Giardini fioriti; unite le Caccie alle Pesche; in aqcve tranqville, trà placide calme? e non lasciarsi in un' estasi di consolatione rapire? Non è possibile. Jo per me langvisco di contentezza. Mi par d' essere nelle belle laguni dell' Adria, alle rive della mia cara Vinetia. Osservando le delitie di qvesti scogli, trovo l' isole del mio Mare, e specchiandomi sù qvest' onde, vò ravvisando l' immagine della mia Patria. Amate similitudini del mio Cielo! Adorata effigie della mia Terra! Vaghi ricordi delle Vinetiane laguni, vere memorie dell' Adriatico Lido! Vi benedica il Fato, e in voi bell' onde, lucidi vetri, liqvefatti cristalli, non affondi mai Legno, non perisca mai Nave. Sempre vi dorma in seno la calma; vi mantenga la sua pace eterna bonaccia; nè qvella si svegli, che dalle tempeste de' remi; nè qvesta si rompa, che con le prede de' pesci. Mà dove mi trasporta il genio? Mi scordava d' essere cō V.A.R. In somma la tirannìa maggiore del Senso dall' Inclinatione procede. Mi si condoni l' involontario trascorso, e si creda, che se prevarica la prudenza sotto i geniali incantesmi della Natura, in se stessa ritorna al solo riflesso d' essere a V.A.R. presente. È grande in me la violenza dell' innate passioni, mà sempre (e lo protesto) maggiore sarà il rigvardo, di meritarmi la gratia di V.A.R. e le qvalità degne di chi sospira veramente vivere

Di V.A.R.
Chiemsee, 21. Agosto. 1670.
Umilissimo, Divotissimo, Riverentissimo Servo.
DOM. GISBERTI.

*

ALTEZZA
REALE.

35/39

Qvesta Mattina in tre hore passammo l' altra parte del Lago Chimino, e se bene qvalche lagrima di pioggia, e qvalche sospiro dell' aure stava perturbando la pace del mio contento, hò in ogni modo goduto di rivedere in Baviera una delle belle prospettive dell' Adria. In terra altro non hò di stravagante osservato, che le stanze contro il buon' uso della Germania all' Italiana maestosamente inalzate, ed in acqva le sole Barchette in un grosso tronco da inusitato artificio scolpite. Sono pezzi di Qvercia, che per forza di rustica accetta aprono il seno al Passeggiere, al Piloto, e senza dividersi in poppa, e prora: ò separarsi in sponde, e sentine (politie tutte superflue dove l' Uso sicuramente dall' una all' altra ripa tragitta) si fan tutte ventre; perche comodamente s' adagi chi passa, e speditamente s' aggiri, chi vuoga. Mà qvì non manco di maestrìa vi pongono à compaginar le lor Navi, che nello scavare in Barchette il pedal d' una pianta. Le formano di tavole, con poche ossature di legni, e senza stoppa, e pece, con incurvati chiovi asse con asse congiungono. Monstri della Nautica, rassembrano Case al tetto; Navilj al rostro; Burchj alle sentine; Tartane alle falde, & alle vuoghe resupine de' Remiganti Brigantini, e Galere. La maggiore, fabbricata nuovamente al passaggio de' Serenissimi, è un' abbozzo del Bucentoro, che nel gran Lago di Starenberg tutto intagliato d' oro risplende. Hà le sue finestre di vetro, che la chiudono; le sue balaustrate dipinte, che l' adornano, i suoi appartamenti, che la dividono; Arbore; Antenne, Vele, e Bandiere, che così ben l' abbelliscono, che anche sotto gli occhj d' un Veneto Proto può comparir con stupore. Taccio la pesca veduta in lunghe reti strascinarsi alla riva; non parlo della copia del pesce, che abbonda, essendo privilegio a tutte l' acqve della Baviera commune. Una sol lode riferirò particolare del Chimo, & è, che di cento trà Laghi, e Fiumi di qvesto Elettorale Dominio; egli porta il vanto d' aprire il più bel sito, che possa imaginarsi la vista, e di rappresentare le più soavi occasioni, che sappia studiare il diporto. Non mi lascio cader nell' Iperboli. È una Scena di cose; un Teatro di vaghezza; e sù i Norici confini l' unica delitia del Principe. Ancora, benche una lega, e meza di piante me 'l rubano, mi par di vederlo. Sono in Traunstain, e pure ancora mi sembra scorrere Chiemsèe. Ma giacche non s' attroviam più su 'l Lago, e nella Città si riposa, faccia la sua transitione la penna e prenda V.A.R. la pena di leggerne brevissima l' informatione.

Traunstain è una Cittadella sù l' alto, gentile, popolata, e per l' edificio del sale assai comoda. (oh qvanto condisce la povertà de' Paesi un buon trafico!) Tutta in una Contrada compēdia se stessa, e nelle fabbriche ugvali, e dalle genti discrete si conosce il profitto, che rende anche alle doti dell' animo l' utilità del commercio. (La Mercatantia dove regna due gran beni introduce, la Civiltà, che fà l' Uomo, la ricchezza, che fà il Civile.) Qvesta come le altre hà il suo Giudice, i suoi Consiglj, il suo Governo. Al par d' ogn' altra, buone Case, belle Chiese, brava Gente; mà di più le Saline, che sono machine, degne per l' artificio, e per l' utile d' esser vedute, e descritte.

Qveste sono Fornaci, che di grossi matoni sopra gran suolo e sotto grandissimo tetto si fabbricano. Anzi focolari di pietra, ch' alla grandezza d' un' Uomo, col forno addattato dal capo, per accender le legna, e capace, che dentro a gran vampe s' abbrucino, e rovētino le Caldaje di ferro, s' inalzano. Im̄urate d' intorno, e sostentate nel mezo da colonne, fatte di molti pezzi di creta, tanto sollevāsi qveste dal focolare, e dal forno, qvanto possa un braccio di fiamma scorrere ardente per tutto. Lavorate, a maglia sono composte di lame sì forti, e unite da chiodi sì grossi, che ogn' una sarà di spesa 5000 fiorini; e con la grandezza empirebbe una stanza, e al solo costo edificarebbe una casa. L' Acqva, che dal fonte, che nasce, ruba il salmastro, che porta, giudicata rea dall' Industria di chi la prese; costretta à venire per una carcere di piombo venti miglia Italiane, giù da' ripidi monti, e fuor della terra à renderne conto nelle man del gvadagno; messa per qvattro leghe in tortura, comparisce ad una fontana di legno lontā dalla Città pochi passi, e confessa ad uno strumēto Aritmetico, che l' esamina, il poco, ò molto furto del sale, che nelle miniere ha commesso; poscia lagrimante sen passa à depositarlo tra i tormenti del fuoco, e sotto la giusta economìa del Governo a patir la condanna, che veramente le costa salata. Ma lasciamo le Allegorìe. Disidera V.A.R. averne una semplice informatione, e saper veramente, come si fabbrica qvesto candidissimo condimento de' cibi? Eccola.

Viene l' acqva; cade; & empie il vaso. Arde il fuoco; bolle; e ingela il sale; onde non è altro il sale, che una depositione, che fà l' acqva al calore d' un gran incendio nel fondo della caldaja bollente. Deposto il sale un' Lavorante con un paro di zoccoli ben alti in piedi, e con una scopa alle mani lo cōduce dal mezo alle falde. Cōdotto, con pale di legno lo raccoglie un Maestro, e ne và empiendo le forme disposte. Empiute le forme, i Garzoni, raffreddato, lo levano, indurito, il riversciano. Riversciato, resta in tōde Piramidi senza capo, ma così grosse, che comodamēte s' abbracciano, ma così grandi, che agiatamente sù le spalle ad una ad una si portano. Portate al fondaco dagli operarj, con le scuri si tagliano; le scheggie tagliate, con mazze di ferro dentro le botticelle si pistano, le qvali ben' inchiodate, e rinchiuse per tutta la Baviera, ed altrove si mandano. Ma qvì non finisce l' industria venale di qvesto Luogo. Con non minor artificio del pellegrinar, che fa l' acqva dal mōte, corron le legna dal bosco. Un fiumicello, che dalla parte dell' Austro cade, e bagna la Città sù l' Oriente, Traun, da cui Traunstain prēde il Nome, chiamato, avaro del proprio umore dove bisogna, cade preso dall' Arte, e incatenato alle porte, e tra serragli racchiuso, anche nō volēdo raccoglie qvant' onde gli dona la fonte, e tutto prodigo, ad arbitrio di chi lo rende servo, le spande. La sua carica è qvesta. Per lungo tratto vengon da Boscajuoli lasciate disperse le legna, che si recidono continuamente alla selva. Di qvà, di là tutta la terra è piena di travicelli, e di tronchi: sono d' ogn' intorno cataste: da per tutto interi boschi tagliati. Carreggiar tanta provigione fora troppo dispendio, portarla troppa lunghezza. Or che fà senz' aggravio, e prontamente il Fiumicello ristretto? S' alza, si gonfia, e qvante legna sul terreno ritrova, tante sul dorso dell' onde si mette, e per qvella strada, che gli viene aperta a suo tempo, precipitosamente le porta, e qvasi sù la porta delle Fornaci le aggiusta, e per dentro certi fori, che gli preparò l' Ingegnere, lasciando il frutto de' suoi sepolti sudori, sgravato si perde. In qvesta gvisa potrebbero non consumar 200 carra di legna alla settimana, come dicono; non mantener incessantemente il fuoco in qvattro fornaci, come fanno; non occupar 1500 Operarij, come si crede; ma incenerire le Selve; far ardere Inferni; tener in opera un Mondo. Un grand' ingegno è stato qvel di colui, c' ha sì bell' artificio inventato; ma una gran patienza qvella di V.A.R. che sì brutta relatione hà sofferto. Finisco; non mai però di pensare in qval forma possa contestar la mia riverenza, l' eterna dispositione a' suoi cenni, e l' immortal desiderio d' accreditarmi

Di V.A.R.
Traunstain 22. Agosto 1670.
Vmilissimo, Divotissimo, e Riverentissimo, Servo
DOMENICO GISBERTI.

*

ALTEZZA
REALE. 48/43

Siamo per gratia di Dio tutti grondanti d' acqva arrivati ad asciugarsi alla Cucina del Diavolo (così una Donna Todesca soleva chiamar Reichnhall sepellita ne' monti, e dall' alte pendici, che le sovrastano, e dall' acqve spesse, che la circondano di fumose esalationi, e vapori adombrata, e coperta.) Ella è Città murata, mà nè grande, nè bella; e per essere situata, dov' è, nel confine dell' Elettorale dominio; attaccata alle roze montagne, che dal mezo giorno all' Oriente la opprimono, non potea nè farsi maggior, nè migliore. Sala, fiumicello, che in seno d' Saltza si perde, in vece di rallegrarla col passo, la funesta col suono, scorrendole da qvel lato, dove tramonta il Sole, così sqvarciato, e rotto, che qvasi conoscesse la disgratia di passare una sì mesta Contrada, ò l' infortunio di venire in tanti brani diviso, non cade, mà piagne: non corre, ma geme; e qvinci, e qvindi gridando, e sgridādo con argini, e sassi, fugge precipitoso le rive, in cui le sue rovine disperde. Come qvà siam giūti alla sera, il viaggio fù qvesto. Da Traunstain ad Insul ci menò in tre hore ben grandi il faticoso calpestìo de' Cavalli, e tre boscaglie, salite, e discese ci accompagnò due leghe la pioggia. Qvivi una Miniera di Saturno, che cresce la Luna al serenissimo Sol di Baviera, d' onde s' estrae per ogni cento lire di peso sessanta di piombo, ci hà fatto con più allegrezza vuotar le tazze d' argento, e votare alle fortune del Principe un' amor tutto d' oro. Partimmo dall' Insul allegri: si sepellimmo nel monte contenti: l' ascendemmo: il discendemmo: e dopo avere incontrato l' acqva, che all' Edificio del Sale per le sue vene di metallo correva; e calcati molti, e molti rivoletti, che dalle viscere di qve' dirupi limpidi scaturiuano, a Reichnhall si trovammo, d' onde ora scrivo, e dove poco fà nuova ricreatione la mia curiosa vista hà goduto.

In una Casa, che chiude un gran pezzo di Monte, sono entrato impatiente, per vedere la scaturiggine di qvell' acqve, che per 32 stadij assediate dall' arte, vanno ad arrendersi cattive nelle Saline di Traunstain; e l' hò con mio piacere in qvesta gvisa veduta.

Con un gran giuppone di sacco intorno, cō un gran cappellaccio di feltro in testa, (ridicolosa livrea de' Gvardiani, preparata per qve' Forastieri, che vogliono osservare il fonte sorgente, e non bagnarsi alle goccie cadenti) mi condusse al lume d' una Torcia da Vento una gvida dell' acqve per qvattro scale ad un fondo, d' onde zampillava l' umore; & a sinistra più addentro; & a destra più sotto un' altro, che con maggior empito scaturiva; ed il qvarto, chè più salato & abbondante sgorgava. Osservati della provida Natura i tesori, m' additò dell' Arte accurata l' erario, voglio inserire il luogo, dove qvesti ruscelli si raccogliono in Lago, e di piccoli fiumicelli, dove crescono in Mare. A forza d' assi, e d' sassi uniscono l' acqve in un pozzo; unite a forza di ruote ben grandi, e di catene ben grosse, fuor de' condotti angusti, e distesi con gruppi di corame le trasportano in alto, e 420 piedi inalzate, vanno a cader le mentovate qvattro leghe lōtano. A qveste ruote, una ruota maggiore da il moto, e qvesta un precipitio d' acqva furiosa, che dallo stesso monte rovina, perpetuamēte rivoglie. Oltre i primi mobili d' acqve, che diluviano a girar tante sfere di legno, zampillano d' ogn' intorno a cento i rivi, e le fonti. Or perche non si confondano alle salate le dolci, e la discesa di di [!] tanti nembi, non intorbidi la salita di sì bell' onde, conspirò l' ingegno, e 'l dispendio, e con mille insidie le distinsero, le divisero, le dispartirono. Un seno di marmo, fabbricato a volte accoglie tanti flutti dispersi, e reso un Canale d' un miglio Italiano, consegna alle sponde del Sala un qvarto d' hora distante il periglio. Mezo curvo, e bagnato un centinajo di passi hò caminato sotto qvest' Archi, e sopra qvest' onde, che dal mio piede le divideva un tavolato mal fermo; e giunto alla riva, qvasi voleva ascender la barchetta, che così sotterra, e per dentro continuate volte di marmo vi conduce nel fiume, e girmene a S. Zeno; ma facendo qvalche renitenza il Barcajuolo, e 'l timore, me ne tornai d' onde venni, e senza frapor tempo di mezo, registrai la Relation, che le porto. D' uno solo sgvardo la rendi degna V.A.R. e sia d' un precipitio d' inchiostro un baleno de' suoi lumi il ricambio, non pretendendo ad un' istante d' applicatione, che un momēto di gratia, nè all' eternità de' miei Voti, che un puro ricordo delle proteste, ch' io faccio, di voler' andare al sepolcro con la fama d' esser morto

Di V.A.R.
Reichnhall 23. Agosto.
1670.
Vmilissimo, Divotissimo, Servo
Riverentissimo.
DOM. GISBERTI.

*

ALTEZZA
REALE. 56/45

Alla gvisa di qvegli Uccelli, che, dopo aver ben volato, si riposano sù le lor Ali, io, dopo aver ben corso, mi prendo sù la mia penna ristoro. Così faccio; poiche, se non facessi subito ciò, che penso, non farei mai ciò, che debbo. Le dilationi sono il veleno a tempo delle mie cose. Obbedisco a i furori de' miei talenti, per non servire a i lenti consigli dell' otio. Opero ne l'instante, che dico, mutando di momento in momento in mio Genio pensieri. Non m'abuso mai del motivo presente, sicuro, che l'avvenire, successivamente ne sarà provido, e certo di non aver da lagnarmene inutilmente del trapassato. Hò un'Ingegno, che non conosce aspettare; una mente, che non sà diferire; onde l'uno, e l'altra dietro l'immaginatione precipitano. Qvesto sia l' Esordio della mia lettera, e più tosto serva di scusa al mio dire, che di vanto al mio fare, non potendo esser mai così bella una ruina d'acqva, che giù di ripida balza tra mille incolti dirupi s' infrange, come la salita d' un Fonte, che sù per le vie di stentato artificio in vaga pioggia sul capo d' un fiorito giardino dalle poppe d' una scolpita Aurora si sparge. Il mio scrivere non è il fiume dell' Eloqvenza, che dalle superbe rive a grave passo nel mar della Gloria si porta, ma precipitoso torrente, che aspetta l'occasioni, per farsi grande; che rapido compone il suo letto per qvāto corre, e là, dove il Caso il condanna, risoluto suda, e travaglia. Accetti dunqve V.A.R. d' un' impetuosa natura i continuati riporti in un fiato, e giungano qvanto più brievi, più grati; e compatibili, sol qvanto improvisi.

Partiti molto tardi da Reichenhall, molto presto fummo a S. Zeno, munistero destinato ad essere il nostro ospitio. Qvesta è una Fabbrica, che tanto in Chiesa, qvanto in Convento spira da tutti gli angoli gratie, e decoro. Maestosa s'alza alle nubi; vasta tiene occupata una Selva, e ricca, e bella invita la lingva alle lodi, inarca l'occhio a' stupori. Magnanimo fondatore è stato Conrado, Arcivescovo di Saltzburgo, nipote di Babone Conte di Abensperg: Religiosi abitatori sono Canonici regolati di S. Agostino: opulente rendita finalmente il grosso patrimonio d' un Conte Cunrado, che si potrebbe dire un Paese, non arrivando a' suoi termini, che a Chimpergisort, Munechisfurt, Grunethal, Rinpachis, Ursprinch, Aschecke, e Peutaris. D' un qvarto d' hora è stato lungo il viaggio, di tre hore il desinare, e mi parver cent' anni, impatiente di vedere l' incontro, che poco di qvà dall' Elettorale confine di qvesta banda in mezo la campagna vedemmo. Qvì voler da una parte, e dall'altra narrar la moltidudine dell' Eqvipaggio; la comparsa delle divise; la ricchezza delle vesti; il numero de' Cavalieri; la pompa; la regola; a me fora d' un grande intrico, a V.A.R. d' un tedioso racconto. Avendo fatigato l' occhio in darno i suoi sgvardi; senza prò, e senza proposito stancherebbe le sue voci la lingva. Basta, che mi si creda esser egli stato spettacolo degno d' un Mondo. Sceso di carrozza un tiro di pietra lontano il Principe Arcivescovo di Saltzburgo, indi i serenissimi Padroni, con l' aiuto di pochi passi s' incontrarono, e complimentarono. Fù la ceremonia assai breve: assai gratiose le forme, e molto festosa l'entrata. Qvattrocento bocche di bronzo ci salutar dal Castello, e parvero qvattromila; poiche dalla bell' Eccho ingravidata tra valli, e monti del suono, tanti se ne partorir all' ampio contorno, che mai non finiva di moltiplicarsi lo strepitoso ribombo. Certo non hò mai sentito più bel diletto all'orecchio di qvesti tuoni, poi che, rompendosi di monte in monte, fanno risuonar il rumor sì lontano, che sembra langvir di là dagli ultimi colli nel Cielo. Con meza la Città fuor delle Porte, con intere Compagnìe di Moschettieri insino alla Corte si terminò il pomposissimo ingresso, e per qvanto potei, trà l' ombre della sera, e lo splendor delle faci discernere, m'immagino una gran Mole l'Arcivescoval Residenza. La vedrò, spero, con tutto mio comodo; e con tutta prontezza ne resterà V.A.R. raggvagliata dimane. Fin ora posso chiamar sontuose le supellettili, l'Apparato famoso. Col dire, che sia stata una gran Cena la Cena; una gran servitù la servitù, e l'apparenza medesima una grande apparenza, è poca espressione. Confesso non aver parole, che bastino, nè amplificationi, che giovino. Si perde l' Energìa nel pensarvici; non hà voci la Fama. Hanno i Principi cenato insieme: Ministri con Ministri: Dame con Dame: Cavalieri con Cavalieri: Ufficiali con Ufficiali, così che in cinqvanta Gerarchìe divise le Cariche, in altrettanti Cieli sono rimaste compartite le mense, e con profuso dispendio continuerà tutto il nostro soggiorno la generosa distributione. M' attendi V.A.R. più informato, e (se può darsi maggior divotione, e umiliation della mia) sempre più che

Di V.A.R.
Saltzburgo 24: Agosto.
Vmilißimo, Divotißimo,
Servo Riverentiss.°
DOMENICO GISBERTI.

*

ALTEZZA
REALE. 65/50

Hò veduto Juvavia, ò, per chiamarla coll' uso comune, Saltzburgo; qvella gran Colonia di M. Aurelio Antonino; qvel memorabile avanzo dell'armi tiranne d'Attila; qvella famosa reliqvia, lasciata nelle ruine da Odoacro, e sepolta da Vidomaro l'Eretico tra le stragi; generoso Dono della Bavara munificenza; ricca Sedia degli Arcivescovi; fortunata Metropoli di qvesta Ecclesiastica giurisdittione; mà non sò, se la lingva sarà fida ministra dell' occhio; se alla vista corrisponderanno le voci. Ella, ò sia una Città spartita in due dalla Saltza, ò due Città unite in una dal Ponte, a me pare così una picciola Roma, come il suo Principe un gran Pontefice della Germania s'appella. Vede sù i 40 gradi, e 43 minuti l' altezza del Polo; gode lo stesso Meridiano di Braunaw, e di Deckēdorff, e se ben di sovente piovose nubi le nasondono il Sole, non per tanto non lascia d'assisterla il Cielo con salubri splendori. Separata dal fiume, una parte superiore, l' altra inferiore si dice.

Qvesta a Tramontana munita da fortificationi esteriori, Fosse, e Baluardi S. Ruberto, S. Enrico, e S. Virgilio: a Sol nascente gvardata dal propugnacolo di S. Francesco, dal Monte de' Capuccini, resosi forte mezo coll' aiuto della natura, mezo con lo stento dell' arte: all' Occidente, & all' Austro costodita dall' onde, dal bastion S. Vitale, e Cortine, e Frontiere, contiene cinqve Porte, sette Chiese, due Munisterj, uno Spedale, & il Cimitero di S. Sebastiano, che è una Reggia de' Morti, ed il Palagio di Mirabella, ch' è la delitia dello stesso diporto.

Quella con l' acqva corrente, e col Forte stabilito al foro de' pesci, e col Monte de' Monaci, inespugnabile per i dirupi, invincibile per lo recinto, e con l'alto, e ben' armato Castello, che la proteggono intorno, s'apre in qvattro Porte, s' alza in sei Tempij, s'allarga in cinqve Conventi, s'estende in un' Academia de' PP. Benedittini, in un luogo pio de' Cittadini, in una stalla capace di cento, e venti Cavalli, in una piazza atta ad un continuo mercato, ed in fabbriche degne d' un mezo Mondo.

La Catedrale, tutta di sasso qvadrato construtta, all' ombra d' un gran tetto di rame è un corpo vastissimo, nè la maestosa facciata di marmo lo mente, nè tra Statoe, e Colossi le due Torri giganti alla sontuosa mole pregiudicano. Hà il pavimento distinto a pietre bianche, e macchiate sì grandi, che non sò im̄aginarmi, come Pario, e l' Egitto abbian in qvesto Tempio tante delle lor ossa sepolte. Undeci sono gli Altari, tutti d'oro abbelliti: qvattro gli Organi, armoniosamente à coronare il Choro disposti, & una la cupola, che altera sormonta la superba grandezza de' tetti, e in ott' angoli aperta d' ogn' intorno le belle luci del Sole rapisce. Non è arco, che per comodo segreto de' Principi una loggia non formi. Non è angolo, che per curiosità de' forastieri di stupore non serva, e non tragga gli sgvardi alle Volte, ciascuna di gesso a' stentati lavori coperta, e dal pennello famoso d' Arsenio Mascagno dipinta. Ella, se si rigvarda a i pretiosi materiali, che vi concorrono; alla decorosa struttura, che vi risplende, alle ricchezze impiegate da Marco Sittico, e Paris di Lodron, Arcivescovi di G. M. e finalmente a i dotti sudori di Santino Solari, Architetto celebre de' suoi tempi, ella, dico, è una delle più belle Basiliche dell' Europa. E se volessi a minuto parlar di qvesta, e delle altre, massime di S. Pietro, e S. Francesco, in ordine misto l' una, e Gotico l' altra, edificate dalla profusion d' un tesoro, molto vi sarebbe, che aggiugnere; ma perche l' intentione mia è solamente di toccare il più raro, dono il resto al silentio, e passo dalle Chiese alle fabbriche.

Di maraviglioso truovo la Residenza, che, qvasi disterminata, nō lascia distingver dall' occhio nè principio, nè fine. Un solo argomento ci basti. Sul primo solaio stanno tutti e qvattro i nostri Serenissimi Padroni magnificamente alloggiati, uno dall' altro per lungo tratto di Sale, Anticamere, Camere, Gabbinetti, Gallerìe, Ritiri appartato, e lontano.

Di sontuoso veggio la Fontana dirimpetto alla Corte, tutta in marmo bianco scolpita, nella cui cassa, ch' è un Mare, versan dalle nari, e dalle fauci più d' un grosso Ruscello qvattro Cavalli marini; e sù la base, ch' è lo scoglio, sostentano tre Giganti una Tazza, sù la Tazza tre Delfini una Conca, sù la Conca un Tritone, che sopra la fronte alto sedeci piedi vibra un fulmine d' acqva, la qvale in densa nube cadendo, rompe una tempesta di goccie, una procella di pioggia, un nembo, un turbine, che accompagnati da mormorio strepitoso, e sonoro, rendono simile allo sgvardo, e all' udito senza invidia il dilettoso piacere. Da terra la scultura qvaranta cinqve piedi s' inalza, e qvarant' otto s' allarga, e costò trecento mila Fiorini, & è del Cardinale di Thun la memoria d' un generoso dispendio.

Di grande osservo la Scuderìa tutta incrostata di candido marmo per dove la Fonte oppressa da un gran Destriere di gittato metallo piagne la soggettione di somministrar sotto trenta e due grosse Colonne il suo pianto a due centinaia di bestie.

Di considerabile ammiro la Casa del Torniamento, parte scavata a forza di scalpello nel monte, levate scheggie da scheggie, e parte inalzata a sudor d' artificio aggiunte pietre sù pietre.

Di bello scorgo il palagio della Cancellarìa; di vago l' ugvalità delle Case; di polito la Città tutta, che s' adacqva, e si lava ogni sabbato; e di civile la Gente, comoda, industriosa, e discreta. Ma gia che siamo passati dalle abitationi agli abitanti mi conceda la bontà di V.A.R. un' altro poco di patienza, e di tempo all' osservatione.

I villani sono veramente barbari; i Cittadini veramente Tedeschi, e gli uni e gli altri veramente sinceri d' animo, robusti di corpo. La Nobiltà, ch' è poca, hà del Francese assai; cortesemente tratta, ed in qvesta occasione con molto splendor comparisce.

Il vestito della Plebe è Germano, del Mercante all' Italiana, della Femmina tra l' uno, e l' altro, usandosi nell' ordine delle più ricche le maniglie d'oro alle braccia, e delle più illustri le novità delle Corti all' intorno. I signori Canonici hanno del Secolare in Palagio, del Prelato in Chiesa, e da per tutto del grande. L' Arcivescovo và da Cardinale nelle funtioni, da Patriarca all' Altare, e dovunqve si diverte da Principe.

La Corte, come tutte le altre d' Alemagna, mantiene Cavalieri dalla chiave d' oro, Gentiluomini da bocca, Paggi, Valletti di Camera, e (tolto il Maggiordomo Magg.) tutte le cariche d' una gran Reggia con prudenza, e decoro distribuite, oltre la moltitudine degli Ufficiali, e Capellani, Gvardie di Trabanti a piedi, e di Carabini a cavallo, che la rendono maggiore, e più nobile. Le Livree, tagliate alla gvisa poco meno di Baviera, sono paonazze, e con listre di velluto rosso fregiate; gli addobbi delle Pareti per lo più di porpora, e d' oro; i Qvadri per lo manco, ò di Paesaggi famosi, ò di buona mano moderni; e per finirla tutto il Vasellame, ò dorato, ò d' argento. Taccio la magnifica Residenza del Vescovo di Chiemsèe, erario destinato à godere annualmente cento mila fiorini d' entrata; perche temo di non rendermi, qvando m' auguro l' amore, e la gratia di V. A. R., con la mia troppa lunghezza mal cauto, e odioso. Se dunqve per gran rispetto devo defraudarla di pochi periodi, per grā riverenza mi costituisco debitore di tutto me stesso, e col baciarle profondamente inchinato la destra, sigillo l' inviolabile proponimento, di chiamarmi

Di V.A.R.
Saltzburgo. 25. Agosto. 1670.
Vmilissimo, Devotissimo, Riverentissimo Servo.
DOMENICO GISBERTI.

*

ALTEZZA
REALE. 78/56

Oh che bel Ritiro, oh che vaghe Delitie, oh che Paradisetto Terrestre hò sortito di osservar hoggi mai fuor di Saltzburgo un' hora, servendo i miei Serenissimi Padroni, che se n' andár à goderlo! Egli è **Hellbrunn** / luogo veramente degno di qvesto Nome, avendo all' intorno l' acqve più del vetro chiare, più del cristallo limpide, e più de' medesimi Cieli trasparenti, e diafne. Jo non credo, che la Natura, per qvanto sudi, possa in onde più lucide liqvefare i suoi monti. Ristrette intrà rive di marmo le calme, formano sì bei specchj alla vista, che nel seno profondo si distingvono i pesci da i pesci, ed altrove dall' arene le arene. A qvanti ufficij elle servano, a qvanti impegni vengano costrette dall' arte, se l' immagini V.A.R. alla sola consideratione, che sono state l' amore d' un Principe, il diletto d' un grandissimo Ingegno. Marco Sittico, Arcivescovo di famosa memoria, inamorato in qvesto Colle, che con cento ruscelli piagneva su'l verde seno d' una vasta pianura l' incolta felicità d' un sito, che meritava d' essere il desiderio d' un mondo, chiamò da straniere contrade Ingegneri, e vendicando il torto continuato fino al suo tempo, dalla inavertenza de' trasandati, lasciò alle ricreationi de' posteri una perpetua delitia dell' animo; e così ad eterno ricordo del suo nobile divertimento la redentione di qvè' perduti diporti in un gran sasso scolpita.

Quos hic amœnos Colles,
Herbosa Prata, nitidas vides aquas,
MARCUS SITTICUS
Archiepiscopus Salisburgensis, et Princeps
Neglecta Naturae dona,
Non absque commiseratione admirans,
Mœnibus cinxit, Theatris ornavit,
Paludoso Limo
Tot varios fontes collegit,
Dilectae Posteritati dicavit.
M. DC. XIII.

E di vero, se si gvardan le mura, può dirsi, che qviui sia la fortezza del Passatempo; se a' Teatri, lo spettacolo del piacere; se finalmente alle Fonti il vago tripudio dell' acqve. Non m' arrischio à descrivere a minuto i portenti di qvesto Giardino; imperoche nella varietà mi confondo, nella rarità mi ammutisco. Il dirle, che fatto un lago tra marmi, si pesca col filo, si preda col ferro, e si discerne qvanti, e qvai pesci vengono all' esca, qvanti, e qvai dell' acuto tridente alle punte: lo scriverle, che sotto Cieli di sasso s' addensa l' acqva in nebbie, si dilegva in rugiade; s' alluma, e si colora in Iridi; si cribra, e si discioglie in pioggia; si rapprende, e si sgranella in grandini; che si sqvarcia in nembi, che si diffonde in diluvij, che cade in zampilli, che ascende in goccie, che gira tra spruzzaglie, e stille, or filandosi in tende, or tessendosi in tele, sempre vaga, e sempre varia, fora troppo vile il racconto, troppo vulgar l' apparato. Il narrar, che si dilata in qvadrate lastre di vetro, e che cuopre, senza nasconder, le immagini: che si forma in lanterne, e che serra, senza spegnere, il lume: che ascende in bicchieri di puro cristallo, i qvali continuamente si sfanno, facendosi, e successivamente coll' unirsi, si rompono: che riversciandosi in orbe, compone un Mondo sotto i piedi d' Amore, tanto più durevole qvanto più labile; da cui la mortalità moralità ricavando, impara, che indefesso perire è il nostro essere; un' essere incessante il nostro perire; precepitio la vita; esistenza la distruttione medesima. L' ostentar, che capricciosa da cento Statoe se n' esce, ò sia dal labbro di chi la vomita senza fastidio, ò dalle trombe di chi la soffia, ò da strumenti di chi la balza, ò dall' armi di chi la vibra: che garrula singhiozzando imita il canto degli Uccellini, emula ogni suono, mente ogni passo; è poco. Che finge il nuoto dell' Anitre; il moto de' Draghi, il corso di bestie, il guizzo de' pesci, il volo d' alati: il girar di ruote, il lavorar d' artefici, il rimbombar d' oricalchi: l'aprir delle fauci; il voglier de' lumi; e tutte le stravaganze possibili; non basta. Che insidiosa da mille bande recondite sorge, e sommerge; insulta, & assalta; assedia, & insidia, ò sotto scagni, sedendo, ò sopra il suolo, in andando, ò a piedestalli, appoggiandosi, ò ad un' nicchio fermandosi, ò che sò io, non è credibile. Pur con mio stupore, la vidi piovere in una nube, spirare da una sampogna, nascere da vermini, strisciarsi con serpi; circondarmi, qval turbine, imprigionar tra le sue grade il curioso, invogliere nelle sue reti l' incauto. Ancor io ne venni deluso, e ne ringratio la fraude; poiche non senza godimento m'offese. Una testa di pietra, che aprivasi all' onde, e mi mostrava con beffe la lingva, e per ischerno stravoglieva, e stranulava le luci, m' incantò così bene, che poi se ne rise di mia disgratia. Volli fuggire, e tutte si serrar d'acqva le porte; correre, ed ogni passo, era la zampa del Pegaso; fermarmi, ed ogni dimora il il [!] comodo dell' insulto; così che allo schizzo di tante canne insolenti mi diedi per vinto, e cessi ben bagnato allo stratagema del fonte, anzi de fonti, essendo un labirinto d' acqve il Giardino, un giuoco delle Naiadi, qvel Teatro di fiori, qvell' Anfiteatro di lóggie, qvel Campidoglio di Statoe, qvel Museo delle Gratie, qvell' Ente di ragione visibile trà le delitie. Un' altro bel motivo sarebbe alla penna, se potesse far da pennello, e dipingere a V.A.R. una Stanza, qvivi fabbricata in forma di ruvinosa anticaglia, dove atteriscono le volte rose, e cadenti; le cornici rotte, e scomesse; inchinate le pareti, aperti gli archi, precipitosi gli uscj, e tutto all' intorno, finta una vecchia reliqvia del tempo, all' ultimo scompaginarsi ridotta; ma nō avendo ne pur ombra, non che, per rappresentarla, colori, cedo all' immaginatione il mio carico; e solo attesto esser' ella una bella ruina, un gratioso spavento, & una delle bugìe più strane, che sappia inventar l' architetto. Non parlo dell' Horto, fatto la selva de' Fagiani; non d' un Monte, reso abitation de' Coniglj, non de' Canali, colmi di Testuggini; non delle rive popolate dall' Anitre d' India, e Turche; non dell' Aqvile, che domestiche stanno sotto le piante, non de' Cigni, che muti navigan, vive navicelle, qvell' onde, non de' rivi, che fingono un' inestricabile Meandro alle Trote; non finalmente del Palagio edificato in un mese sù le cime del Colle; imperoche a tanta copia di cose corto sarebbe un' Anno, stretto un volume. Rompendo dunqve il filo al discorso, continuo il corso alla riverenza; aggiungo nuovi nodi alle obbligationi dell' animo, e mi confermo

Di V.A.R.
Saltzburgo 26. Agosto.
Vmilißimo, Divotißimo,
Servo Riveretiss.°
DOMENICO GISBERTI.

*

ALTEZZA
REALE. 89/59

La ricreatione d' oggi è stata a *Mirabella*, urbana delitia di qvesto Arcivescovo; così detta, per esser veramente una *bella mira* al Bersaglio. Qvivi s' unirono i Principi, le Dame, i Cavalieri, e tutto il segvito più nobile delle due Corti. S' alzò nel suo posto lo scopo; s' esposero sopra una gran mensa i bei premj; e dalla Serenissima coppia Elettorale si cominciò à scaricar le canne rigate. Anche la Serenissima Prole s' armò del pesante strumento le braccia, ed ambidue meritarono ad ogni tiro l' affetto; ad ogni colpo l' applauso. Chi tra Marchesi, Conti, e Baroni all' iterato giuoco del ferro, e del piombo riportasse la mercede d' oro, e d' argento, no 'l volli sapere; perche vedendo nel cuore trafitto del Segno dall' unione di tante ferite una sol piaga scoperta, mi dispiaceva, che tutti non avessero alla bravura delle lor Armi un tesoro. L' ottennero i più valenti; e n' sarei degno ancor io, se potessi nelle mie vicende, serrare un occhio al Destino. Finito il divertimento Martiale tra Cavalieri, e il Mercurial delle Dame, pure introdotto dalla generosa inventione del Grand' Ospite di Saltzburgo, che, mentre gli uni alla peritia de' sgvardi vibravan le balle infuocate, faceva da qveste gittar alla Sorte i Dadi, e a qvelle mani, che sanno ricamare i punti sì bene, gvadagnare in un punto le gioie, si partì dalle finestre, d' onde fulminarono tanti globi, e si venne sopra un Cortile, dove il latrato di cento Cani tuonava, e si godette la curiosa Caccia dell' Orso. Ridevole fù il principio, sangvinosa la fine, non volendo a dispetto de' Cacciatori uscire dal covacciuolo, augure del suo male la bestia, nè, insatiabili del loro bene, cessar dai morsi i Molossi, e gli Alani. Ricreata dal gratioso spettacolo a bastanza la vista, se n' andò invitato ad una Merenda di Zuccheri il Gusto, e così Proteo dell' Accoglienza il Diletto, trasformandosi di piacere in piacere, passò da un Sentimento all' altro; onde in tutto il corso del giorno, non si trovò senza il suo diporto un momento. E lo sò ben' io, che per dirlo a V.A.R. hò rubato alla meza Notte mez' hora, & il più bel tempo al riposo. Un gran merito fora qvesto, se degna fatiga fosse la mia! Bella perseveranza, se grata succedesse per cui l' osservo! Ma di che diffido? Arde anche in una buona intentione un gran sagrificio. Basta col Principe, c' hà del divino l' aver voluto il possibile, c' hà dell' umano. S' osserva il cuore; s' accetta l' animo, se manca il potere, e la forza. Lusingato dunqve da sì belle speranze; reitero i voti del mio rispetto; ratifico la professione dell' osservanza, e ribaciando la regia destra, aggiungo per obbligatione al mio debito l' aggradimento; ed aspetto le occasioni di di [!] comprobarmi in effetto, qval sono in voce

Di V.A.R.
Saltzburgo 27. Agosto. 1670.
Vmilissimo, Divotissimo, Servo Riverentissimo.
DOMENICO GISBERTI.

*

ALTEZZA
REALE. 94/62

Se mi si raccontasse ciò, che voglio a V.A.R. descrivere, crederei certo favola qvel racconto, che nella mia descrittione pretende l' onor dell' Istorie. Vicino al Prato, che serve di Paradiso Terrestre a Saltzburgo, s' alza una verde Collina, sù la cui fronte amena un bel Palagio si scuopre; nelle cui sassose viscere un gran Teatro s' asconde. Del Palagio non parlo; poiche, ancorche fosse, com' è, un Miracolo dell' Architettura, essendone pieno il Mondo, vuotarebbe in vano sopra vulgari portenti la sua facondia la penna. Nel solo Teatro mi fermo, raro, e forse unico nell' Universo. Egli mezo scavato dalla Natura, e mezo dall' Arte scolpito, lascia in dubbio a cui di qvesti due gran principij delle cose sia debitore della sua Gloria. In vero ad ambidue molto debbe. Alla Natura la maestà dell' ingresso in arco sì ben disposto, che a mille, a mille può sotto, e sopra nascondere, e sostentare delitiosamente gli spettatori. All' Arte la maestria della scena, in ovato così perfettamente ordinata dallo stentato picchiar de' martelli, che ad ogni attione Pastorale, e Divina capace situatione spalanca. Due pezzi giganti del Monte, dipinti dall' erbe, adornati di piante, ma dallo scalpello corretti, fanno il Proscenio; e una cultura di poch' arbori, ma dal Caso nodriti, l' Orchestra. Staccatasi da se stessa la Montagna sortisce il Cielo per Cielo, e prende il suo lume dal Sole; non però mai solo ministro di tanta sorte memorando accidente, osservandosi da per tutto le vestigia dell' artefice ferro, che l' assisteva. La discesa medesima additò a i colpi le scale; il sito la prospettiva; e se a comodo de Recitanti fatigò l' Ingegnere, sudò prima nel sasso vivo il Terreno, atto a machine, a voli, e degno, che à far parlar le sue pietre native applauso straniero concorra. Non è dubbio, che nō sia una Caverna sotterranea, una Grotta profonda; pure tāta è la nobiltà del suo posto; tale l' industria ria dell' artificio, che non sà la curiosità non ammirarlo; non cōsolarsene. Qvivi a i serenissimi Padroni è stata rappresentata la forza della Musica nella penosa vita d' Orfèo, e sicome non fù voce, che non si facesse maggior tra qve' sassi, così non fù sasso, che non diventasse armonioso tra qvelle voci, e che la fintione degli animali, e de' tronchi non avesse più del verisimile tra qve' dirupi. Jo sommamente hò goduto, nè mai sariami sognato di vedere nel ventre d' un Colle selvaggio la civiltà d' una Mole, che parte nata, parte cresciuta col tempo, merita la duratione de' secoli. Chi seqvestrato in un cantoncello della sua Casa, si contenta goder la sua parte di mondo alla Patria, mi creda esser qvesta la più stravagante fabbrica, che sortito s' abbia il divertimento. Chi poi và studiando nelle scole del viaggio il profitto, e 'l piacere, venga, e se n' accerti, che non partirà senza un nobile godimento. Non così parlo a V.A.R. che, prima di leggere, sapeva qvanto potevasi scrivere, e che al cenno de' suoi dispendiosi comandi rende sotto le leggi dell' industria soggetto l' impossibile stesso. Tutto ciò, che descrivo, è una pruova d' ingegno. Hò voluto vedere, se poteva rappresentarle una Machina, di cui ne tiene a total cognitione; e se mi serviva di buon pretesto, per cattivarmi l' amore dell' alto suo patrocinio. Per gratia del Caso, mi pare di non aver traviato di molto dalla bella intentione. In qvel, che manca dunqve la penna, la sua gran gentilezza me ne dispensi, e lasciandomi rimarcar l' osservanza per fine, si vegga l' impronta per sempre, che sono veramente

Di V.A.R.
Da Helbrun. 28. Agosto. 1670.
Servo Divotissimo, e Riverentissimo.
DOMENICO GISBERTI.

*

ALTEZZA
REALE. 100/64

I Principi sono andati alle Caccie, e desineranno in Halla, e ceneranno, e dormiranno oggi in Gollinga, dimane in Pliempach, e per tre giorni continovi si divertiranno ad una curiosa, e numerosa strage de Cervi. Jo, che sò, come qvesti animali son fatti; e qvai siano l' armi de' cacciatori, e qvante della cacciagione le insidie, mi sono fermato à considerare i colpi, che si fan con la Falce; e le prede, che riporta di momento, in momento da Saltzburgo la Morte. Hò scorso tutto il Cimitero di S. Sebastiano, Residenza la più nobile, che possano avere i Cadaveri, e la più sontuosa, che in tutta l' Alemagna godano i Corpi defonti, e ne hà celebrato malinconioso Umor le sue feste. In un pezzo di Campo , assai più lungo, che largo, coltivato solo dalle vanghe funeste de' Becchini, tutto ridotto in solchi da' spessi Tumuli, in messi da folte Croci: dove al contrario dell' agricoltura il seminare è un raccogliere, il sotterrare un mietere, fabbricò la pietà Cristiana il Ritiro dell' essere umano; la Galleria della conditione mortale; il vero Antiqvario dell' Uom di Saltzburgo. A Cielo scoperto riposano l' ossa de' Poveri sepellite; ma confuse col terreno qvelle polveri fortunate, vengono ad esser genitrici dell' erbe; Balie de' fiori. Sotto i portici, che in forma di chiostri con settant' otto qvadrate colonne (se mal non mi sovviene) il circondano, stanno le reliqvie de' Ricchi in casse di marmo rinchiuse; ma con tutta la lor pompa superba, non lasciano di farsi cibo de' vermini, nodrimento di puzzo, e d' orrore. (Anche morti ci offende il lusso; ci strugge.) Non v' è Arco, che non ascondi in un sasso i trionfi del Fato. Ogni Volta cuopre un Sepolcro; ogni piedestallo sostenta un' Avello; ogn' angolo un Monumento raccoglie. Ad ogni passo, calcandosi un' Arca, si truova il piè nella Fossa. Ad ogni sgvardo leggendosi la parete, non intende altro l' occhio, che Funerali. Tutte le parole sono incatenate in periodi funesti, tutti i periodi in mesti Epitafij. Non v' è Geroglifico, Impresa, Simbolo, Emblema, che non significhi morte; nè vi si vede statua, ò pittura, che non ricordi, ò distruttioni, ò ruine. Tutte le pietre stanno converse in Lapide, in Mausolèi; e tutte le insegne in Bare, in Cataletti, e Feretri. Oh Fabbrica esemplare! oh vero Tempio di Libitina! oh belle, e necessarie Orridezze! Qvì nè pur' una delle funebri Inscrittioni trasporto, perche finalmente con un *qvì giace*, con un *qvì posa*, qvanto hà di *corso*, qvanto di *vigília* il mortale, si chiude! Fra tante migliaja di calvarie Todesche un solo Italiano in qvesto luogo è sepolto; Elìa Castelli, Statuario eccellente, e mi rallegrai di vedere costodita in pace la sua decorosa memoria. (Estinti in somma habbiam così comune la Casa, come universale l' esilio.) Qvinci poco distante in un' altro piccolo Cimitero, attaccato alle mura della Parocchia hò letto il *Conditur* hîc di Teofrasto, il Miracolo della Medicina, l' Esculapio dell' andato Secolo; e stupij, che in un Sasso mal sano fosse ridotta la stessa redentione della nostra inferma natura. Ah com' è vero, che non v' è Medico alle Malattìe della Tomba! Alle piaghe d' Atropo non distillarsi Balsamo! non Elisire di Vita alla Morte! Bisogna finire. Qvante fiate empiuto il Mondo dalla Generatione, dalla Corruttion si è vuotato? E qvante, e qvante mai l' Universo si popolerà disertato, si diserterà popolato? Morirem tutti; e verrà tempo, che non saremo più in tempo. Or voglia il Cielo, se io non sarò, ch' almeno di me possa dire una memoria scolpita, che sono stato

Di V.A.R.
Saltzburgo 29. Agosto 1670.
Vmilißimo, DivotIßimo,
Fedeliss.° Servo.
DOMENICO GISBERTI.

*

ALTEZZA
REALE. 107/67

In Halla, ò Hellel, ò Hallein, che si dica, dove hieri han goduto il lor pranzo i Padroni, oggi mi truovo alla Cena, nè d' averne perduto un giorno vi penso, nè d' aver corso tre leghe mi pento. Qvesta, e per l' industria, ch' è del Sale, e per lo sito, ch' è sù le rive di Saltza, merita d' essere la prima Città di Saltzburgo. Qvì le Saline più, che in Traunstain, rendono tre volte del sale, e al doppio tengono occupata più gente. Le Caldaje sono 48. piedi larghe, 55. lunghe, e ciascuna con tutto l' edificio, e l' artificio, che vi concorre alla fabbrica, ascende a $\frac{m}{40}$ fiorini di spesa, e nè rende d' anno in anno $\frac{m}{40}$ di frutto; e 40 Anni a qvell' Inferno di fuoco resiste. Un' altra di bel nuovo ne aggiunge il buon governo del sereniss.^{mo} MASSIMILIANO GANDOLFO; e di Kiemburg le dà il Nome; ed accresce del Principato l' entrate. Dello Stato qvesto è l' Erario ben grande; e sarebbe maggiore, se a maggior cómpera fosse obbligata Baviera, se maggior vendita se ne facesse in Carinthia. Poco è l' esito; perche molte sono le impositioni; qveste però non son tante, nè qvello sì tenue, che non riesca di gran rendita all' Arcivescovo; e di gran comodo a i Popoli. Qvasi tutte le Case vivono sù qvesta fabbrica; e gvai ad Halla, se mancassero le Saline; e gvai all' insipida lettera, se non avesse trovato alle sue relationi qvesto poco di condimento. Gvardo, e rigvardo; ma, V.A.R. mi creda, di più non incontra l' occhio di rimarcabile. Tolta la bella vista d' una salita fuor della Città pochi passi, per dove s' ascende ad un Tempio; d' onde si scorge il bel corso del Fiume; e dove si vede la Torre, sopra un' alto dirupo, inacessibile, e alpestro, destinata carcere perpetua di gran felloni; castigo irremissibile di gran delitti; tutto spira dell' ordinario; tutto sà di volgare. Non volgare però, non ordinario sarà mai qvel rispetto, che distintamente conservo alla Casa Real di Savoja, a cui dedicata tutta la mia riverenza, mi converte in un Voto d' oseqvio l' amore, e in un sagrificio d' umiliatione la sola credenza d' essere

Di V.A.R.
Halla 30. Agosto 1670.
Divotißimo, et Obbligatißimo,
Servo Dedicatißimo.
DOM. GISBERTI.

*

ALTEZZA
REALE. 111/68

Qvì, dove l' Arcivescovo di Saltzburgo hà fatto a i Principi di Baviera li 26. del cadente pescar Salmoncini, e Trotte; li 28. cacciar Capri, e Camozze, e l' uno, e l' altro giorno goder musici, e suoni, qvì lieto, e contento vò divertendo lo sgvardo, ed alla mano le ricreationi dell' occhio confido. Qvì veggo da lungo muro sterminato Parco rinchiuso; nel mezo gravido d' un Teatro un gran Monte scoperto; sù le cime carico di grandezza, e di fasto bel Palagio inalzato: all' intorno folto di faggi un Bosco; al basso ricchi di pesce i canali: sopra le rive piene di comodità le Loggie, e i Casini: ad alto abbellito di Tempij, e di Celle l' Eremitaggio, e copioso da per tutto di passatempi il delitioso recinto. Oh bella solitudine! popolata da soli diporti. Oh degnà [!] di soli Rè avventurosa Foresta! Signore, tra qveste Selve, più che in un Labirinto mi perdo. Non hò a tante cose parole. Truovo distillata in qvest' acqve Venetia; Roma tra qveste fabbriche in un compendio ridotta; ed io sù qveste Carte in un ristretto d' umiliatione confuso. Ricorro dunqve all' argomento di tutta osservanza, ed abbreviato nella cognition di me stesso, resto alla protettione

Di V.A.R.
Dal Parco d' Hellbrun l'ult.°
Agosto 1670.
Divotissimo, e Dedicatissimo
Servo Riverentissimo.
DOM. GISBERTI.

*

ALTEZZA
REALE. 114/70

Anche sù le Torri della Catedrale; anche sopra il Monte de' Capuccini; anche dentro il Romitorio di S. Massimo hà condotto curiosa passione i miei piedi; onde il volo della penna altro motivo non hà, che di passi. Ma; perche la patienza di V.A.R. non rimanga più della mia lena, che li fece, stanca, in leggendoli, ommetto lo stentato racconto, e col dirle, che 239. gradini di marmo m' han tirato alla metà de' Campanili, e un miglio di scale coperte, e scoperte alla sommità del Colle, lei da più tedio, e me da maggior' impegno ritolgo;e solo dell' Eremo le sante memorie ricordo. Il Monte de' Monaci (così detto dal munistero de' Benedittini alle sue radici fondato) dalla parte, che dirupata gvarda il Settentrione, e l' Oriente, s' apre in una discoscesa spelonca, la qvale al difuori socchiusa da povera struttura de' sassi in due Capelle i suoi divoti orrori divide. Vi si ascende per una scala, nel duro ventre del Monte scolpita, e nel primo sagrato speco in due altari, uno di S. Gertruda, l' altro di S. Agata, l' immagine di Christo, e di N. Signora si venera; e nel secondo, seqvestrato più in alto, e in un' antro più segreto riposto pur sopra due simili Altari l' effigie della Vergine, e del Creatore s' adora. Qvivi un gran sasso, in forma di sepolcro scavato, fù di S. Massimo il Letto, e par, che la stessa fossa, niente più capace d' un corpo, s' abbia pietosa intenerita a qvel peso, e con i segni lasciati dal riposo d' un Santo alla divotione di chi la contempla, lo dica. Sù la parete, a cui stà unita la Tomba così parla, qvasi lapida delle ruine passate una pietra. *Anno Domini 477. Odoacer Rex Ruthenorum, Gepidi, Gothi, Hungari, et Heruli contra Ecclesiam Dei sævientes, B. Maximum cum socijs 50. in hoc Spelæo latitantibus, ob confessionem fidei trucidatos præcipitarunt. Noricorum qvoqve provinciam ferro, et igne demoliti sunt.* Dunqve posso dire, d' aver veduto sotto la Fortezza di Paride di Lodron i Qvartieri di 50. Martiri; e dove si ricovrarono, e d' onde furono precipitati da' Barbari, e di Massimo, il S. Prete, se non la pianta, che fù il patibolo, almeno il luogo, in cui patibolato rimase. Posso dire, d' aver veduto il precipitio, ancora bagnato di sangve; la selva ancora aspersa di viscere; se bene qvesta in un Cimitero è conversa, qvello in nuovo precipitio caduto; e V.A.R. se non d' aver tutto ciò tra ruvinosi balzi veduto, almeno, ò male, ò bene in pochi periodi sentito. Le sia caro il suono, qval da qveste sante Caverne, Eco di religiosa Fama, rimbomba, e, sol qvanto l' articola il zelo, ad una grata com̄emoratione s'ascriva; mētre più; perche non si scordi della mia nuova osservanza, che perche si ricordi dell' altrui antichità, l' ingrata Obblivione strapazzo; e continuo le Relationi più, che per vanagloria della penna, per far pompa del cuore, ed esser finalmente scoperto, non ambitioso del ministero, ch' esercito; ma glorioso della fedeltà, che professo, e del titolo, che riporto, come

Di V.A.R.
Saltzburgo 1. Settembre.
1670.
Umilissimo, Divotissimo, et Obbligatissimo Servo.
DOMENICO GISBERTI.

*

ALTEZZA
REALE. 120/72

L'Antichità dell' Origine; la nobiltà de' Fondatori; la maestà delle Fabbriche; la civiltà de' Sudditi; la grandezza del Governo; l' ampiezza del Luogo; la ricchezza del Regno; la fortuna del Sito; le delitie; il commercio; il Clima ad una gran Città sono gran motivi di lode, il confesso; ma cosa non v' hà, che superi la felicità de' Tutelari; la bella sorte di possedere il pretioso tesoro de' Santi; un' Erario di consagrate reliqvie. Vanti pure Saltzburgo, d' esser stata una delle prime strutture della Norica Magnificenza: una delle più alte riparationi di Giulio Cesare: una delle più famose rovine d' Attila, & una finalmente delle più belle rivolutioni del Mondo sotto le strane vicende di cento Popoli; di mille Tempi. Si glorij d' aver cangiato sedeci, e diciasette fiate il suo Nome, senza scoronar la sua fronte; Celebre sempre, ò sia stata detta Adria, ò Adriana, ò Aderata:sempre illustre col titolo di Juvavia, e Juvavio; Juvania, e Vivano, e Joviaco; memorabile sempre, tanto chiamata Iopia, come Topia; così in latino Petena, qval in tedesco Helffenburgo, e Pedinga: del pari Juvano, e Juvaro: Salesburgo, e Salzeburga; che trovandola io colma di Corpi Santi, può a miglior' uopo cedere i vecchj Nomi, ò alle miniere, ò ai fiumi; ò alle fortezze, ò a i secoli, e con pregio fedele appellarsi il Sacrario della Baviera, il Reliqviario della Germania. A.R. in qvesta sontuosa Metropoli infinite sono le ceneri, i frāgimēti, e l' ossa de' Martiri, Confessori, e Vergini. Non è Chiesa, che non ne mostri interi gli scrigni, caricati gli altari. Non le numero; perche non è patienza per un giorno, non è materia per un sol foglio. E se v' è Scrittore, che in dieci righe se ne spedisce; avviene dall' aver passato sotto silentio il Corpo di S. Ermete, impetrato in Roma da Luipramo, Arcivescovo, e qvelli de' SS. Crispino, Crispiniano, Crisanto, Mauro, e Daria Vergine, coll' intercessione del successore Adelwino. È vero, che nella Catedrale v' è il Corpo di S. Roberto, e S. Virgilio; & in S. Pietro di S. Amando, e S. Vitale; e sopra il Monte appresso le Monache qvello di S. Erentruda; ma è anche verissimo, che si vede il tanto venerabile di S. Martino col mezo d' Ottone, e sotto Arnolfo, anzi da Arnolfo medesimo da Turona rapito. Non inoltro in simili racconti la penna, non bastandomi, come dissi, nè la carta, nè il tempo; nè volendo con un fascio di Cataloghi obbligar V.A.R. ad una infruttuosa lettura. Mi dispensi, che 'l può di buona voglia. Mi riattenda, se di buon' animo il vede; e mentre tutto rassegnato me l' offro, m' accetti,

Di V.A.R.
Saltzburgo 2. Settembre.
1670.
Umilissimo, Divotissimo, e Fedelissimo Servo
DOMENICO GISBERTI.

*

ALTEZZA
REALE. 125/74

Qvando riporto a V.A.R. che vi sono di belle Tesoerrìe [!] sacre in Saltzburgo, mi pare d' aver interamente sodisfatto al dovere d' un penoso racconto; non sapendomi persuadere, che al solo nome d' Erario non s' argomenti un pretioso riserbo di Candelieri, e di Croci, di Statue, e d' Immagini, ò tutte argēto, ò indorate, ò tutte d' oro, ò ingemmate, con paramenti superbi, degni per le gioje, che portano, e per l' industria, che vantano, del Titolo, che da lor prēde il Sacrario, che li rinserra. Difetto notabile! misurare al suo proprio l' altrui piacimento. E pure, se vi hà niuno, che l' abbia, io il sono de' primi, che; perche non tengo patienza di legger lunghi Inventarij, vederli sotto l' altrui sgvardo non posso. Mi si rimetta la colpa, la qvale solo offende il nojoso, benche sembri del pontuale nemica; e si lasci una simile diligenza di numerare i Tesori alla mano di chi li costodisce, non alla vista di chi li osserva; e le basti il dire, che m' è sortito d' entrare un Mondo di ricchezze raccolte, e a dispetto de' Tempi in un Tempio d' anticaglie eternate. Hò veduto Pastorali di legno, intagliati fin da qvando le anime de' Pastori eran d' oro: Mitre di tela, fin d' allhor che i Prelati eran gioje: Pianete alla Greca di mille anni: Salterij latini d' undeci secoli, scritti da S. Roberto: e Calici, avanzi di mille incendij, e ruine, usati da S. Vitale; uno massime, sù la cui patena si legge

Gaudeat in vita Henricus, Syrus, et Ita.

e del Calice a' piedi

Hoc tibi devotus dat munus,
Christe, Gherocus;

e Statuette finalmēte di legno, d' avorio, e di sasso da che S. Thiemone Arcivescovo XIX. scolpiva. Per tutto il resto poi, che in cento sudati lavori pomposamente risplende in S. Pietro, ed altrove, il tutto vada confuso col più pretioso, che in ogni Reggia, e Regno fà navigar l' opulenza, sia dal Perù, ò dal Brasile: da Gviana, ò da Cuba: dall' Aitj, ò da Giamaica: da Java, ò da Orissa, ò da qvante miniere hanno l' Indie; che, per dirla, non voglio tormentare a minuto la benignità di chi servo. S' attribuisca ad un' avvertita forma di trattare il mio circonspetto modo di scrivere, e si confermi, che tutto il mio studio è di mantenermi nella gratia

Di V.A.R.
Saltzburgo 3. Settembre 1670.
Divotißimo Oseqviosißimo Servo
Appassionatißimo
DOMENICO GISBERTI.

*

ALTEZZA
REALE. 129/76

Armi, e Lettere; Spada, e Penna; Usberghi, e Toghe sono il vero ornamento de' sudditi, la certa sicurezza de' Principi, l' invincibile riparo de' Regni. Qvella Città, che del pari coltiva Lauri, e Palme: che in eqvilibrio Militia, e Studio sostenta: ed ugvalmente partecipa d' Atene, e di Sparta; ò eternamente dura, ò gloriosamente perisce. Gli Arcivescovi di Saltzburgo, che 'l sanno, nè a' Scolari, nè a' Soldati mancano providi, e saggi della publica munificenza. Per gli uni mantengono un Seminario, due Collegj, & una grande Università sotto la sollecita disciplina de' PP. Benedittini, e saran a migliaja i Giovanetti instruiti; per gli altri le Gvardie alle Porte; le Soldatesche ne' Castelli; i presidij sù le Fortezze, e saranno a' seicento i pagati; oltre i più di mille Borghesi aggverriti, e i più di X. mila Uomini per tutto il Paese assoldati; ordinanza di tutti i suoi Capitani, e Ufficiali adempita. Mercè l' uno, e l' altro esercitio di Campo, e di Scola nascono di giorno in giorno così valenti Soggetti, che i sei Consiglj, il Segreto, l' Ecclesiastico, l' Aulico, della Camera, di Gverra, e della Città a maraviglia fioriscono. A comodo di qvesti due gran Sostegni del buon Governo aperta una publica Librarìa si conserva, chiuso un famoso Arsenale si gvarda: così qvella colma di sceltissimi Autori, come qvesto ripieno di forbite armature, non essendovi libro antico, che là non si legga; non truovandosi strumento bellico, che qvà non risplenda. Tanta è la providenza di qvesto Dominio; tal' è l'ordine del mio ragvaglio; e così, qval segve, la cōfessione del mio infinito dovere.

Di V.A.R.
Saltzburgo 4. Settembre 1670.
Umilißimo, Divotißimo, et Obbedientißimo Servo
DOM. GISBERTI.

*

ALTEZZA
REALE. 132/78

Hieri avanti cena tornarono i Principi dalla Caccia, oggi dopo pranzo se n' andarono alla Comedia, e fù la compositione Latina; le machine Italiane, e la mutatione di sedeci scene divina. Bella si può dir l' Opera; grande si dèe creder la spesa; e molti essendo comparsi i Recitanti, e numeroso il Cōcorso, e parte in recita, e parte in musica, voglio publicarla per un gustoso mescuglio del Passatempo. *Corona laboriosæ Heroum virtuti imposita* è stato il Titolo. *Dij laboribus omnia vendunt* l' Argomento. E l' Intreccio, qvale a V.A.R. succintamente il descrivo. *ATTO I. Giove, per far degni del Cielo i Mortali, spedisce Ercole al Mondo, e gli concede per compagno fedel Ganimede, et alla destra del Celeste Coppiere il corno della capra Amaltèa, di tutti i beni ripieno, consegna. Descendono in Terra i Semidèi fotunati. Ercole a i dotti consiglj di Mercurio inalza i Tempij della Virtù, e della Gloria; ma con tal' arte, che non si possa alla Gloria, che per la Virtù pervenire. S' accendono ad alte Imprese gli Eròi; s' adora la Virtù; si consagrano i generosi. Sù i foglj dell' Immortalità registra i Nomi la Fama; e la Fatiga tutta allegra vi aßiste; e tutta sdegno scaccia l' infelice Pigritia, dalla Povertà, e dalla Fame segvita, e ne merita la chiave d' oro da Pluto. Pallade, e Marte, rinuovate le antiche amicitie, chiamano all' armi, alle lettere i Prodi: Diana alle Selve, alle Caccie i Valenti; e fatto ludibrio del pianto Cupido, Venere dalle meritate irrisioni il rapisce.*

ATTO II. Ganimede in compagnìa di Mercurio all' operose destre de' Viventi affannati, a misura dell' arte, le divine gratie comparte. Scipione Africano, presa la nuova Cartagine, ed espugnatala in un giorno, tra le più belle spoglie, della sposa d' Allucio, più che glorioso, trionfa. Alfine vincitor di se stesso la restituisce al Principe afflitto, e gli cede col suo tesoro un tesoro, e cresce un Regio Episodio alla scena. All' industria de' suoi viaggi il mercante ringratia favorevole il Cielo: allo stento delle sue navigationi il Piloto encomia la seconda del mare: alle vigilie del suo diporto resta obbligato il Cacciatore alle Selve, e sotto le sudate vie dell' aratro l' Agricoltore alla Terra. Si veggono ricambiare anche le più volgari fatighe da i Numi, e dal medesimo Inferno condannata l' indegna Prigitia [!] all' Obblìo.

ATTO III. Marte le ruine dell' Otio detesta. Trattiene con esercitij militari la forza. In persona di M. Bruto si dispera il valore superato dalla Fortuna, e si svena; e succede al tragico avvenimento ridicolosa bravura. Precipitose cadono cento Tele in instanti, e fiorisce in momenti un Giardino, rapida vola per l' aria una Strega, e prestigiosa grandine lo disfiora; luminoso spūta dopo le tenebre il Sole, e la morta prole dell' Alba risorge; e sù l' odiose peripetie de' bei fiori le sue paßioni, or mesto, or allegro affacendato Giardiniere accompagna. Bacco, servito dalla Ragione, all' affatigato mortale presiede, e all' allegrìa, non all' ebbrezza i suoi dilicati liqvori offerisce. Rampogna, chi temprando il Vino, fà vender l'acqva alla fraude, e con ridevoli forme di bere si muta la Cantina in un Mare. Piagne Cosmofilo il naufragio del figlio, Nettuno il cómmisera, e per i sofferti patimenti in Nave, ed in acqva gli lo fà restituire alle rive da un' amoroso Delfino. Si converte in Tarantola insidiosa Pigritia; la fuga al cenno d' Apollo generosa turba di Giovanetti, e così una grand' Indole in picciola età si diverte. S' apre della Gloria il Tempio, e la Virtù, che intercede agli Eroi le meritate corone, alla presenza di Pallade, di Marte, della Fama, e d' Alcide, distribuisce alla prodezza le Palme, e si celebra del valore il trionfo. Giove coronato da' Numi, e da' lumi i sudori de' viventi gradisce; eterni promette loro in cielo i riposi: e per fine a i grand' Ospiti con grand' Imprese s' allude, e alle Noriche Imprese con fortunati auspicij s' applaude. Qvesta unione di fatighe è stato il Drama diffuso. Saltza col Genio di Saltzburgo in mezo alle tre Baviere, la Pia, Forte, e la Santa, hà fatto il Prolago, e leggiadrissimi Cavalieri i balli, e diversi altri balli i distinati Intermedi. Apprenda V.A.R. come può la testura dal filo, e se altro Groppo nō truova, dell' indissolubile mio dovere s' appaghi, che più bell' Accidente non potea nascere alla mia penna, che scriverle; nè più lieta Fine succedere alla mia riverenza, che riservirla; nè più fortunata Catástrofe, che d' ignoto farmi evidentemente conoscere

Di V.A.R.
Saltzburgo 5. Settembre 1670.
Servo Umilissimo, Divotissimo,
et Obbligatissimo.
DOMENICO GISBERTI.

*

ALTEZZA
REALE. 139/80

Il Trattenimento di qvesta Mattina è stato un Tornèo, ed il Serenissimo ELETTORE n' hà meritato la Gloria. Hà corso, nè più colpi, nè più bei colpi potea far la sua destra. Hà gvadagnato, nè maggior' applauso, nè più belle spoglie potea riportare il suo Genio. Fù la sua Corsa alle Teste: il suo premio un generoso Destriere, riccamente bardato, oltre le grosse monete d' oro, che sortirono i Cavalieri torniando al vanto del secondo, e del terzo. A me gustosa è riuscita la Giostra; ma assai più del Castello la vista. Qvel Castello A.R. hò veduto, inaccessibile per la Montagna, inespugnabile per le fortificationi, famoso per lo sito: celebre per le munitioni che si può dir l' Arsenal di Germania; e l' una delle più belle Armerìe dell' Europa. Dentro vi sono per $\frac{m}{20}$ Soldati $\frac{m}{20}$ armature forbite: Formenti fin di 100. anni, per mantenere anche un lustro continuo 600 persone assediate: Vittuaglie d' ogni sorte scelte, e copiose: Cannoni di legno tolti a' villani ribelli; di cuojo a' Svezzesi nemici; di bronzo gittati in gran numero, accumulati in gran tempo; polvere, piombi, ferri, palle, Bombe, Pistole, Moschetti, Arcobugi, Sagri, Bombarde, Artigliarie, e mille altri militari artificij, bastanti ad armar tutto il Regno, à far gverra ad un Mondo. Qvivi durò fino a sera l' ELETTORALE divertimento, e tra il vedere la copia grande dell' armi; e l' osservare la stravagāza d' alcune anticaglie, ed il gustare una Merenda lautissima, e provare alcuni grā pezzi di Cannone s' impiegò mezo il giorno. La Machina di strascicar con un pajo di Buoi sù per lunghe vie, segrete, e profonde pesanti Carri di provigioni è artificiosissima, è facilissima. La Cantina per conservare non 24. botti, ma 24. Case di vino, è spatiosissima, è comodissima. Le Stanze sù la sommità maggior del Castello inalzate, per ricoverare in occasione di ritirata (che mai non siasi) l' Arcivescovo Principe, sono magnifiche, e Regie. Qvivi ascendemmo con Carrozze, e Cavalli, e qvincentro sù Slitte strascinate dagli Uomini descendemmo, e tanto in venendo, qvanto in andando godemmo non ordinario piacere. Più d' ogn' altro però mi fù caro toccare una Statoa di bronzo, e bere in un Bicchiere di Vetro, conservati del pari, a scorno di molti secoli, illesi. Voglia il Cielo, che più durevole sia la Gloria di V.A.R. e che, se non può la mia servitù farsi eterna (colpa della miserabile nostra conditione) almeno eterna sia la memoria del mio rassegnato volere a' suoi cenni, col solo desiderio de' qvali sostento fra gli altri servi l' onore, di conservarmi

Di V.A.R.
Saltzburgo 6. Settembre. 1670.
Il più Divoto, il più Riverente,
il più Umile.
DOMEN. GISBERTI.

*

ALTEZZA
REALE. 144/82

Piacevole spasso è qvello sopra Saltza dell' Oca: gratiosa Giostra qvella de' Nuotatori sù l' Acqva. Ad una corda ben tesa dalla parte all' altra del fiume stà per le zampe, qvasi ribelle dell' Aria, il domestico Uccello attaccato. In due barche assai brievi sù la poppa seduti, con lunghe antenne alle mani aspettano due Vuogatori allestiti. Dalla fune pende nel mezo legato il volo. A seconda l' uno, a contrario l' altro volano i legni. Ambi a forza di freqventi remate s' incontrano; in un tempo le spesse vuoghe s' abbattono; in un luogo le accelerate corse s' uniscono, e furiosamente avventandosi al nudo petto le marine Zagaglie i Plebèi Giostratori, finiscono in un colpo il combatto, nel primo incontro il duello, e in una precipitosa caduta riporta colle voci universali de' spettatori qvegli tra le risa lo scorno, qvesti tra le grida il trionfo. Il Valente, che alla percossa resiste, glorioso resta alla palma: il codardo, che supino dentro l' onde vien spinto, nuota deriso alle sponde, e così perde, chi cade; vince, chi non tracolla; e trionfante il vincitor sù la Nave, si porta a' remi battuti sotto l' appeso Trofèo, al qvale appiccandosi colle mani, l' afferra nel corso, lo sqvarcia col peso, e colle spoglie lacerate nel pugno in mezo del fiume strammazza, e sbattendo l' onda superbo, s' apre la via spumosa col brano dell' Oca alle rive. Fin che v' è bravio di piume sospeso, si replican di nuovo le corse; si reitera l' abbattimento; si veggon altre cadute, altre feste; ma io, che non voglio con lungo avviso abbreviarle il piacere, non aggiungo, che le protestagioni dell' allegrezza, che più, che in ogn' altro diporto, sento nel sottoscrivermi

Di V.A.R.
Saltzburgo 7. Settembre 1670.
Umilissimo, Divotissimo, e Riverentissimo Servo
DOMENICO GISBERTI.

*

ALTEZZA
REALE. 147/83

Dame, e Daini hanno pagato l' odierna ricreatione con tanto sangve; e Polvere, e Carte le notturne Feste con tanto fuoco. Al Genio de V.A.R. rimetto il piacer della Caccia, & all' ingegno, mentre spargo di poco fumo i miei foglj, la descrittion dell' Incendio. Copertosi di tenebre il Cielo, di nuvoli l' Aria, d' oscurità la Terra, s' accesero in acqva cento fontane di Fuoco, sù le rive di Saltza una Regione di Fiamme, e si converse in Giorno la Notte, e in dilettoso spettacolo il più tremendo Elemento. Tutto ardenti splendori era il fiume, ed alle sponde, ò parèa Troja, ch' ardesse, od Archimede, che acceso avesse un' armata. Vibrava all' alto cento folgoretti un sol tuono; in un lampo cadeano i fulmini a mille, e strisciandosi per l' ombre le divampanti facelle, seminavano Cieli di stelle, pioveano nubi di lumi, e tra nembi di scintille, e faville terminava in instanti un' abisso di luce. Un' assedio continuo; un' assalto indefesso fingeva il rimbombo de' brōzi, lo scoppio de' Razi, lo strepitoso romore de' fuochi. Qvanti i giuochi sian stati, gli artificij, e le machine, facendosi girare in Ruote gli ardori, volare in Saette le faci, serpeggiare in Arco i baleni; imitar del Sole i lumi; emular degli astri le Vampe, e sfavillādo rappresentar delitioso un' Inferno, non sà la facondia narrarlo. E se in vaghe, e varie forme divampando la Mole; in strane, e disusate gvise distruggendosi il fuoco, durò due hore la festa, consideri V.A.R. se mi basta, per chiaramente descrivergliela, un solo adesso, che passa. Per regolarmi dunqve a maggior prò in qveste angustie di tempo, attendo con ardente fervore a' miei voti; torno a' miei sagrificij; e, perche non si spegna il fuoco dell' amore, che mi consuma la divotione in osequij, accendo un nuovo rogo sul cuore, e tutto calde raccomandationi prostrato al suo patrocinio, adoro la gratia, che mi mantiene

Di V.A.R.
Saltzburgo 8. Settembre.
1670.
Fedelissimo Servo Appassionatissimo, Osservantissimo.
DOMENICO GISBERTI.

*

ALTEZZA
REALE. 151/86

Con la Caccia delle Camozze si sono terminate le ricreationi del nostro soggiorno in Saltzburgo, e dimane sul bel mattino si farà la partenza. Già s' hanno rese le cōsuete Visite di congedo, e di scuse i Principi. Già sono passati i Presenti Regali, e tutta la Corte ormai stà su 'l rammassar le sue robbe all' imbarco. Un gran Bicchiere di Cristallo di monte, convertito in Lione dall' elaborata fattura di molto tempo, è stato il Dono, che al Serenissimo ELETTORE hà presentato la generosa stima dell' Arcivescovo. Qvel della Serenissima ELETTRICE fu un Tavolino, tutto coperto di làmine d' oro, e d' argento istoriate, fatigoso lavoraggio d' Augusta; ed un Tapeto a' mille vaghi fiori di seta artificiosamente tessuto, celebre stento di molte mani, e con vergogna del Belga, e di Persia di qvalche lustro. Qvelli de' Serenissimi Figli ELETTORALI furono due Cassettine di Filagrana, colme di qvarti d' Unghero d' oro, per passar l' hore pretiose nel giuoco, e al Principe in particolare un Cavallo poco più grande d' un Can d' Inghilterra, che più, che se fosse degli Elefanti d' Asia maggiore, s' apprezza. Non prendo à numerare i donativi privati, nè i molti altri, fatti correr di mano in mano dalla magnanima riconoscenza delle nostre Serenissime AA.EE. tra Dame, Cavalieri, e cento diversi Ufficiali; imperoche nè il dirlo hà del proprio, nè il poterlo dire hà del tempo. Qvel, che mi pare in qvesta bella occasione di riferir necessario, è la donatione fatta a V.A.R. di tutto me stesso; omaggio di vera osservāza; unico tributo d' oseqvio. Non isdegni nelle mani d' un' alto rispetto le basse forme dell' oblatione; che, se non toglie l' Ostie agli Altari, e le vittime agli Olocausti, non resta, che sotto il nome d' un Dono, nō asconda un gran sagrificio il mio debito. Prenda ella dunqve in grado le umili offerte dell' animo, mentre io ricambio maggior non sospiro, che 'l Regio suo gradimento; nè di più gloria mi bramo, che 'l dichiararmi

Di V.A.R.
Saltzburgo 9. Settembre 1670.
Divotissimo, et Obbligatissimo
Servo Riverentissimo.
DOM. GISBERTI.

*

ALTEZZA
REALE. 155/87

La mattina in Barca, dopo mezo giorno in Carrozza, sù la sera all' alloggio; sei hore per acqva, tre per terra, tutta la notte in riposo sono state le vicende della nostra giornata. Dal Palagio della Residenza alle rive di Saltza accompagnò con numerosa comitiva di Cavalieri, e Dame i nostri Principi l' Arcivescovo, e con bontà cortesissima sù le sponde del Fiume, infin che tutte le Navi al concertato suono di Trombe si diedero in libertà della corrente, e de' remi, fermossi. Noi, lasciate a destra Wildszhuet; e Lauffen, e Ditmaninga a sinistra, approdammo, dopo 40. miglia di verdeggianti riviere, a Burckausen, città dello stato ELETTORALE, bella, forte, e civile; con vasta piazza nel seno, alto castello alla fronte, e fortificationi antichissime intorno. Qvivi si rinuncia alle vuoghe, si ripiglian le redini, e si dona il resto del cammino alle corse. Si calpesta felicemente l' erba di vasta Campagna; si traversa allegramente l' Altz, picciol fiume; e scorsa la vista di lunghe selve, e l' ombre di spessi boschi, per un' aprica pianura dalle coltivate ruine della vecchia Ottinga ad Ottinga s' arriva. Qvesta, un tempo Metropoli de' Duchi, e Rè di Baviera; per le caccie, uccellagioni, e pesche una volta delitia de' Principi; lunga stagione fortunato Asilo nelle incursioni degli Unni, e degli Ungheri; può tutta un Tempio oggigiorno chiamarsi; e tutta l' unico Rifugio della divotione Germana. Ella è famosa per l' antichità; celebre per le memorie; e gloriosa per la sua duratione. Ella hà sepolcri d' Imperadori; Corpi di Santi; Tesori d' inestimabil valore. Qvì fù battezzato da S. Roberto l' Ottone, che fabbricò la vecchia Capella. Qvì fù Carolo-Manno sepolto, qvello stesso, che un Monastero eresse, e pietoso depositò le sant' ossa di Massimiliano, e Felícita; qvel Carolo-Manno, Rè de' Boj; del' Italia: Figlio di Lodovico Rè de' Boj; della Francia: Nipote di Lodovico Pio, e Pronipote di Carlo Magno. Qvì Carlo III. lasciò del suo magnanimo cuore una perpetua beneficenza. Qvì Lodovico I. instituì un Collegio di dodeci Canonici, e qvì finalmente Dio stesso mantiene la Reggia delle sue gratie; imperoche devastato da' Barbari tutto il Regno; tutta Ottinga incendiata, preservò la Basilica della Vergine intatta nell' ostilità delle fiamme, e destinò le affumicate pareti ad ardere al Cielo in un milione di Voti. Qvesta è il Loreto dell' Alamagna; nè v' hà Natione, per lontana, che sia, che non concorra all' adorationi. Chi avesse mai detto, che un Tempio gentile, dedicato a i sette Pianeti dal sepellito Idolatra, sotto i lumi della vera Fede consagrato si fosse alla Stella del mare; all' Aurora nascente; alla Madre del vivo Sol di Giustitia! Che sia una reliqvia memorabile d' un grand' eccidio, la venerata struttura me 'l dice. Che vi sian stati Popoli interi à vederla, sù le votive tabelle morto colore il raccōta. Che i primi Monarchi d' Europa le abbian le sacre soglie baciate, con lingve d' oro l' immenso Erario ne parla. Jo, tutto mi sono intenerito alla vista di qve' sagrati macigni, e a' piè del Simolacro celeste m' hà cōverso in una Statua d' Amore il mio Zelo. Arse le mura d' intorno, non han pietra, che non ispiri fervore, e rispetto. Ora mai sì che nō più m' arrecco a stupore, che sempre popolata sia la Campagna di Pellegrini, affollata processione il concorso, se intero miracolo è la bella Immagine, continuo portento la picciol Chiesa. Per conservatione di V.A.R. e della coronata Prosapia, e del Regno (che duri a misura del Mondo) sono andati al Cielo i miei sagrificij. Piaccia al Signore, ch' esauditi con le divine benedittioni le descendano al Trono, e, consolato il mio buon' intento, si glorij d' aver, senon alla Reggia, all' Altare giurata la fedeltà, che consagro io, che mi pregio

Di V.A.R.
Ottinga 10. Settembre.
1670.
Umilissimo, Devotissimo et Obbligatissimo Servo
DOMENICO GISBERTI.

*

ALTEZZA
REALE. 162/90

Giache i Principi, divisa in due la gran Corte, sono andati qvesta mattina con la maggior parte, traversato l' Eno, a Mildorff; e di là a Schvindeg, lungo un rivolo d' acqve tributarie dell' Ism à dormire; per dimane a lor comodo portarsi in Kopffsperg su 'l meriggio; e sù la sera in Schawbm; & esser per tempo alli 13. in Monaco; io, che sono col Prenze di Fürstemberg Maggiordomo Maggiore, in compagnìa d' alcune Dame, e Cavalieri per altri Castelli, e Villaggj venuto ad assai comodo Alloggio, penso far con la penna altra strada. Voglio raffigurarmi d' essere con V.A.R. dove non sono mai stato; e di seco veder qvelle cose, che non hò veramente veduto. Concedasi all' Immaginatione il suo gusto; e all' adesso, che non vuol sonno venal, la sua veglia. Due leghe intorno a Saltzburgo altro non si gode, che la vista di Giardinetti, e Palagi; non altro, che loggie, e delitie; pur' io non mi sono trovato, che in qvello delli Sigg. Baroni di Relinghen assai bello, e galante; e fù allhora, che, venendo i Serenissimi Padroni dalle Pesche, smontarono qvivi à ricreare ad una mensa di zuccheri, confetture, e canditi il palato. Sù la via, che và ad Halla, v' è la fredda Cantina, ò fredda Casa, che dicano, tanto rinomata in Germania. Jo, passandovici sù la porta, non incontrai la fortuna d' entrarla; onde sol posso credere anche di mezo Estate intolerabile il freddo, non essendomi stato di bel mezo giorno, e tutto riscaldato possibile di tolerarne il rigore, che per angusto spiraglio tramandava la Grotta. A Riva, dalla Città per due hore distāte, si mantiene al Principe con 500. Giumente una razza numerosa di Cavalli bellissimi. (Così discorresi.) In Lauffen si cōservan le caccie più dilettevoli; qvaranta cinqve miglia lontano le chiamate Imperiali; le rare de' Capricorni in Zellertal; in Vadesperg qvella delle Camozze curiosa; al Parco la freqvente delle Dame, e de' Daini; e da pertutto de' Cervi, e d' altri molti animali. (*Relata refero.*) A Plain s' adora una Immagine, che' è un Miracolo: si fabbrica un Tempio, c' hà del portento. (*Fama volat.*) Ma gia che vola la Fama, che occorre, che stanchi la penna? Infruttuoso è il parlar della mano, dove tanto romor fan le lingve. A miglior' uso si riserbi la Carta, a maggior' impresa l' ingegno, e ad occasione più grande gli attestati, che, qual in parole mi spaccio, tal' in effetto mi trovo.

Di V.A.R.
Hag 11. Settembre 1670.
Servo Umilissimo, Divotissimo, et Obbligatissimo.
DOM. GISBERTI.

*

ALTEZZA
REALE. 167/92

Avendo, e ciò, c' hò veduto, e ciò, che non hò veduto, a V.A.R. alla meglio, che seppi, riferto, è di dovere, che anche ciò, che in simil proposito diffusamente lessi, brievemente le scriva. L' Arcivescovato di Saltzburgo, che ottiene il primo luogo nel secondo Circolo dell' Imperio, è una parte della Baviera, colla Baviera a Settentrione congionta: all' Austro colle montagne della Carinthia, e dell' Austria: anche colla Stiria all' Oriente: anche col Tirolo all' Occaso, e tutta qvanta, qval' è, fù parte generoso dono della Boja beneficenza, e parte continuato acqvisto degli Arcivescovi Principi. Che una parte sia stata magnanima profusione della Norica Munificenza, questa è l' Itoria [!].

Teodone III. Duca di Baviera, marito di Reginotruda Figlia del Rè di Francia, alle sante persuasioni della moglie, e del suocero chiamò S. Roberto, Vescovo di Wormatia a Ratisbona, desideroso d' esser' egli, la Reggia, e le sue Regioni della Catolica Fede instruite. Venne il santo Prelato con 12. savij compagni all' invito; e tanto colla sua venuta operò la Gratia del Cielo, che si battezzarono Teodone, & il Figliuolo in Ratisbona; in Ottinga Ottone; in Potzn Diepoldo Fratelli; altrove altri Principi, e da per tutto tanta moltitudine, conversa alla religione, che meritò S. Roberto esser chiamato l' Apostolo della Germania; e riportarne in segno di memorabile gratitudine dalla pietosa destra del Cristiano Teodone la Città di Saltzburgo; il Castello con suoi feudi, e confini; e da Teodoberto la Villa Titamaninga l' anno 582; e da Ottone del 958. Grambstat, la Chiesa di S. Giovanni, e in Müesempach ogni Decima. Che poi l' altra parte consista in successivi avanzi de' suoi mitrati Pastori; eccone la serie distesa.

Reggendo Adalbino, estintosi il Vescovato de' Carantani divenne giuridittion di Saltzburgo.

Regnando Gebardo, fabbricaronsi tre Castelli, uno in Juvavio, l' altro in Werffen, il terzo in Carantania.

Governando Adalberto II. edificossi Halmburgo.

Regolando Eberardo, s' aggiunsero all' altre Parocchie Gastunam, e Talgeu.

Sotto le diligenze di Filippo si comperarono dal Vescovo di Bamberga le possessioni a lui spettanti in Mansèe.

Sotto la vigilanza d' Uladislào s' acqvistaron due Feudi, S. Vito, e S. Georgio.

Sotto la cura di Friderico si mercarono le rendite tutte, che godeva in Mansèe il Vescovo, & il Capitolo di Ratisbona; e Liechten, ed Altentann dalli Signori di Tann.

Sotto l' industria di Conrado si fece con dinari lor patrimonio Berghaim; e diedesi in feudo Gutradt ad Ottone, ed al Figlio.

Al Governo di Friderico III. si viene al possesso di Burckstal con la Contèa insieme, e d' Anteringa, e di Titmoninga.

Nel Dominio d' Ortolfo in Müla i Bagni, e Tetlham il Castello s' avanzano per via di compera; e per virtù d' un Legato Abstorf, & Abtsèe, alienati dalla Chiesa per altro cambio.

Col Reggimento di Pilgrino Matsèe, e suoi Contorni dal Vescovo di Passau a forza d' oro si prende.

Su' l fior dell' Imperio di Giovanni II. si gvadagnano con grosso esborso le pesche di Zellersèe, e qvanta Eredità godeva la nobile Famiglia di Kuchel, estinta.

Durante il Regno di Sigismondo I. dopo lunga lite s' ottiene Goldeckerhoff.

Dominante Leonardo finalmēte, s' amplia l' ecclesiastico Territorio al segno maggiore. Allhora si comperò, si riscosse: si fece, si rifece: si fabbricarono Città; si fortificarono Castelli; si rinuovarono Fortezze; s' aumentarono l' entrate; si ricuperarono giuridittioni; in somma tutto lo Stato ne rimase in que' felici tempi redento. Ora qvesta sacra unione di Beni, nata dalla Pietà de' Bavari; cresciuta col zelo de' Vescovi, e stabilita dalla santa Politia degli Arcivescovi Successori, è il più bel Principato (esclusi gli ELETTORI del S.R.I.) che vanti la Germania, ed il più qvieto Regno (dopo il Pontefice) che goda la Chiesa. Ricco in rigvardo alle miniere d' oro, d' argento, di rame, di vetriolo, di zolfo, e d' allume. Delitioso, se si riflette alle Caccie di Cinghiali, e di Cervi: di Capricorni, e di Capre: di Daini, e di Dame: di Camozze, e di Lepri, e d' altri animali, da pertutto frequēti; e se alle pesche de' laghi, fiumi, e stagni; e di cento varij uccellaccj alle prede. Felice, rispetto ai molti Vassalli, a i pochi nobili, a i tutti ricchi. Industre per i Sudditi, che in Mercatāti, ed Artefici si restringono. Fortunato nel governo, essendo un' Arcivescovo il sovrano, il qvale cō acciaro d' ambe le parti aguto il difende, il conserva. Forte in somma, e sicuro, avendo la situatione tra l' Alpi, che qvasi all' intorno il proteggono; e dinari, e forze, e fortezze, che incontaminato dall' armi nemiche l' assistono. Tanto dicono i Libri; così ne parla famoso romore; e ben (qval dall' unghia il Lione) io medesimo l' argomento. La sola consideratione, che del pari il monte, ed il piano lo rendano di grani, e di fieni abbondāte: ch' egvalmēte bagnato dal Sala, e da Saltza, dall' Emo, e da Mura, e da trent' altri, e più fiumicelli il facciano copioso di pesci: che otto Città lo nobilitino; Saltzburgo diviso da Saltza; Hellein; Lauffen; Titmoninga alle rive; Mildorff dalla parte dell' Aqvilone sù l' Eno; Ratstat tra le Montagne su'l Mezo-Giorno; e Friesach, e S. Andrea in Carinthia: che 22. Castelli il muniscano: che a cento i Villaggi l' adornino, che 4. Vescovati, tutti e qvattro Principati d' Imperio, Fraisinga, Ratisbona, Passau, e Bressenone superiore lo riconoscano: che nella loro elettione, e confermatione altri 4. Principi Vescovi il Seccoviense, il Lavantino, qvello di Chiembs, e d' Gurch totalmente dall' Arcivescovo ne dipendano, e che dal Capitolo de' suoi 24. Canonici, od occorrendo, d' onde maggiormente gli aggrada da esso lui si trascelgano. (Tolta però la denominatione, che alterna l' Imperadore, come Duca della Carinthia): che solo abbia Circa $\underset{20}{m}$ anime nella Metropoli (che è una lega di fortificationi moderne): Che la Giuridittione sua temporale sia di 100. miglia d' Italia in lūghezza; di 75. in larghezza; la spirituale sparsa in parte della Baviera, e del Tirolo; e in tutta la Carinthia, e in tutta la Stiria ampliata; qvesto solo cumulo di prerogative confuso basta à far credere la grandezza, e la felicità del Religioso Dominio; che non manchi di gvardarlo il Cielo collo sgvardo più prospero de' suoi lumi; che 'l Fato lo costodisca col Sole; e come una delle più belle Reggie del Christianesimo, e come un vero Asilo della Catolica Fede, gli siano sempre vegghianti pupille le Stelle, mentre, prostrato, intercedo a V.A.R. la duratione de' secoli; consagro i miei voti all' eternità del Reame; & a' suoi desiderij costantissima la Fortuna, che mi vuole

Di V.A.R.
Monaco 12. Settembre 1670.
Servo Umilissimo e Divotissimo.
DOMENICO GISBERTI.

*

ALTEZZA
REALE. 179/95

Tornati i Principi con tutta salute in Monaco, ritorna in tutta diligenza il mio ragvaglio in Torino, e termino le obbligationi, che mi son prese di scrivere, e scrivo l' informatione, che avea terminato di prendere. L' essermi sovvenuto, che qvalche cosa hò riferto a V.A.R. di tutto, fuor che del Capitolo, e dell' Arcivescovo, risolvo e per l' uno, e per l' altro consumare una lettera. Perdoni alla mia troppo slungata arditezza, e se le minori il tedio con la certa speranza, che sia finito.

Il Capitolo è un' assemblèa di ventiqvattro Canonici; l' Arcivescovo una libera elettione del Capitolo. I Canonici, che deono far le prove di purgata nobiltà, come nella Religione di Malta, sempre eleggono l' Arcivescovo. L' Arcivescovo, che dee esser confirmato dal Papa, elegge (per gratia Pontificia) sei mesi solo i Canonici; toccando negli altri sei la collatione de' Canonicati al Capitolo. I Canonici, che sono tutti Cavalieri Titolati da che il Cardinal Mattias gloriosamente regnava, hanno tra essi loro un Preposito, & un Decano, e sotto il loro comando 24. Preti Vicarij, tenuti qvotidianamente ad assistere al Choro. L' Arcivescovo, che fin' al 798. fù Vescovo, e che Arcivescovo s' appella da che il B. Arno impetrò da Leone III. il Palio; e che s' intitola Principe del S.R.I. con l' autorità secolare, fin da qvando gliela conferì Carlo-Magno Imperadore; e che si dice Legato Nato della S. Sede Apostolica fin d' allhora che Thiemone, il S. reggeva, egli hà sotto di se tutto il popolo, e tiene, fin che vive, la Despotìa universal del Governo. I Canonici Capitolari danno un Preposito alli Canonici della Neve; i Canonici della Neve tutto l' omaggio all' Arcivescovo, e l' Arcivescovo ne conserva la total direttione; come qvegli, che a suo piacimēto li sceglie; che ad arbitrio suo li conferma, ed a suo commodo se ne vale. Tredeci sono i Canonici della Neve, ed un gran Prelato n' è stato con gran misterio l' institutore. Vedeva il Conte Paris di Lodron Arcivescovo LXIII. che, dovendo i suoi Capitolari essere di fioritissima Nobiltà, non potevano essere di straordinaria Virtù, essendo una straordinaria Virtù indivisa compagna d' un' intolerabile patimento; e l' intolerabile patimento capitale inimico della dilicata complessione de' Nobili; ò se pure il poteano, come egli a qvest' ora sono, e dottissimi, e nobilissimi, male il poteano con tutta libertà, e non senza qvalche rispetto, andando perlopiù congionto il sapere de' Grandi con grandissime circonspettioni, in rigvardo di cui serve, e di cui sene serve; e rispetto all' occasione, ed al Tempo, e in consideratione di tante altre politiche superstitioni, che sono la rovina de' trattati, il precipitio de' negotiati, e la disunione de' congressi medesimi; Vedeva, dico, il Savio Pastore, che, se si marita gran Nascita, e gran Talento, non s' accoppia gran Talento, e gran Nascita con gran Soggettione, deliberò d' aggiugnere al Collegio de' Cavalieri, un Licèo de' Dottori, e così come avèa una sacra Republica de' Prelati al Decoro, così usasse una saggia Ragunanza de' letterati al Consiglio. Eresse con orrevole rendita 13. Canonicati, che si chiamano della Neve, e non li distribuì, che a' sapienti, e non si compartono anche oggigiorno, che a' dotti. (O te più d' ogn' altra Regione felice! se teco hà la sua fortuna il Savere; e se solo il premio riporta, chi di forza studiosa il rapisce.) Ma lasciamo le Parentesi all' esclamationi, e continuamo al Ragvaglio i periodi, che se non hò più materia per li Canonici, non mi mancano di molti motivi per l' Arcivescovo. Del vivente ragiono, che nelle passate accoglienze cō qvesta Serenissima Casa Elettorale s' è mostrato così gentile, e magnanimo. Egli è il Serenissimo Massimiliano Gandolfo, dell' Antichissima, e nobilissima Famiglia, di Kiemburgo; Famosa in armi, e in lettere, e tra le porpore; nella serie de' Canonici del suo Sangve il XIV. nell' ordine de' Vescovi di sua Descendenza il II. nella successione degli Arcivescovi di sua Prosapia il III. e de' Predecessori il LXV. nato del Conte Reinperto Mauritio, Cavaliere della Chiave d' oro di Ferdinando II. e Vice-Reggente nella Stiria, e della gran Consorte Elena, Contessa di Schrettembach, allevato negli studij di Gratz, cresciuto ne' collegj di Roma, uscito dagli uni, e dagli altri adottrinato, e savio; fatto in gratia della grād' Indole prima Canonico d' Eistet, poi di Saltzburgo; successivam.[e] da Paris di Lodron inalzato in rigvardo del suo gran Spirito al grado di Consigliere del Cōcistoro, e da Gvidobaldo di Thun alla carica di Presidente; e per le qvalità degne di qvel Principato, che regge, e rispetto al merito di 23. aññi cōtinui di virtuose fatighe, fù; dopo aver nelli Vescovati di Lavant, e Sekau fatti risplendere i gesti d' una incomparabile grādezza, e beneficēza, fù, dico, esaltato col plauso di tutto il Capitolo, e con le benedittioni di tutto il Popolo all' alto ministero d' Arcivescovo Principe, il cui Pastorale con tanta esemplarità da Padre, e zelo Cristiano sostiene; il cui Scettro con così provida Giustitia, e prudente Clemenza sostenta, che nel petto de' sudditi legato l' amore al timore gli rende pien di sicurrezza, e di pace il gemello dominio. Che soave, ma retto nel suo governo la passi, il temperamento lo dice, la fisonomia non lo mente. Alto di statura; ma più d' ingegno: grande di corpo; ma più d' animo: caldo di sangve; ma più d' affetto: di buon colore, e di migliore intentione: di bel Genio, e di più belle Maniere: asciutto, e circonspetto: allegro, e saggio: misericordioso, e costāte: di pronta gvardatura, e di pesato giudicio: a i capelli, tra il crespo, e il disteso inannellati, ingegnoso: alla fronte qvadrata magnanimo: al naso grande da bene: alla bocca mezana, tra la prominente, e la cava, coraggioso, e facondo: a tutta la faccia dilicato, e discreto: e in tutta la simetrìa delle membra di carattere Eroico, e Reale, assicura l' occhio, che lo contempla, della più fortunata, e propitia direttione, che abbia sortito mai nell' Età di 64. Pastori Saltzburgo. E già ne parla con bocca di vivo sasso nelle fabbriche, e ne' monumenti la Residenza, e la Catedrale. Gia con lingve di ferro nelle nuove Saline Hallein lo conferma; e con voci d' oro tra le Miniere industriosa vigilia il decanta. Tutto concerto nell' avvenenza, tutto armonìa nell' interno, non è comando, che dal suo piacere dipenda, che discorda il buon ordine. In qvel, che rigvarda il suo posto, nè colle comparse si restringe lontan dal decoro, nè colle pompe s' unisce alle profusioni del lusso. Non toglie alla maestà le sue regole, non accresce al dispendio gli aggravij. Padre spirituale di molti Principi non consuma da Figliuol Prodigo. Misura la grandezza alle leggi d' una buona conservatione, e fà più grande il comodo, maggior la stima. In molte Gerarchìe tiene divisa la Corte.

I. In Titolati, ch' è un Maggiordomo-maggoire [!], cioè Grā Maresciallo; un Cavallerizzo maggiore; e d' ū Cacciator Maggiore. II. In Cariche di Mastro di Cucina, di Soprastante all' argentarìa, e in Gvardarobba Maggiore. III. In nobiltà di 24. Cavalieri dalla chiave d' oro. IV. in 24. Gentiluomini, che si dicono Truchses. V. in 16. Paggi. VI. in 3. Capellani. VII. in due Medici. VIII. in 20. musici. IX. in 24. Ajutanti di Camera, e in 26. Portieri. X. in 12. Cantinieri, 12. Trombetti, 12. Staffieri, 8. Gvardarobba, e 10. Servidori all' argentarìa. XI. & ultimo in 50. Scrivani, in diversi Cuochi, in 40. Cacciatori, in 8. Ufficiali di Stalla, in 60. tra Palafrenieri, e Cocchieri, e finalmente, in una moltitudine di Famiglj in Palazzo, nella Chiesa, ed altrove aggiustatamente spartiti. Alla Stalla 300. alla Cavallerizza 200. Cavalli mantiene. Alla sua Gvardia, 40. Archibuggieri, e 50 Trabanti conserva. Al suo Governo assistono tra Canonici, Nobili, e Dottori, 60. e più Consiglieri, & al sostegno di tutta l' Ecclesiastica Giuridittione qvanto mai d' ordine, e di Persone ricerca un ben regolato Dominio.

Oh! se non avessi altro, che fare, qvanto sarebbevi ancora che dire. Qvanto mai volentieri mancherei di parola, se non avessi promesso di finire. Finisco, ma non già le vive dimostrationi della mia professata osservanza. Testimonianze maggiori d' oseqvio, e di sommissione stà meditando per V.A.R. il mio Genio. Aspetti dunqve, dopo qveste precipitose goccie d' inchiostro, un comodo riflesso della mia peña; e la supplico, prima di far giudicio sopra un' empito dell' Ingegno, e sù le subite risolutioni del mio talento, procrastinar soli momēti; che, se non sarà degna dell' eternità la fatiga, almeno sarà degno di gloria l' indulto e memorabile l' impresa, che tento, per non demeritarmi la Regia sua protettione, alla qvale profondamente inchinato, ratifico la servitù, che professo; raffermo l' umiliation, che protesto; e mi dedico per tutto il mio sempre

Di V.A.R.
Monaco 13. Settembre.
1670.
Umilissimo, Divotissimo, et Ob-
bligatissimo Servo
DOMENICO GISBERTI.

FINE.